DIE HOCHSCHULBIBLIOTHEK

DIE HOCHSCHULBIBLIOTHEK

Beiträge und Berichte

Herausgegeben von
Klaus-Dieter Lehmann und Hildegard Hüttermann

Vittorio Klostermann Frankfurt am Main

ZEITSCHRIFT FÜR BIBLIOTHEKSWESEN UND BIBLIOGRAPHIE
SONDERHEFT 27

CIP-Kurztitelaufnahme der Deutschen Bibliothek

Die Hochschulbibliothek : Beitr. u. Berichte / hrsg. von Klaus-Dieter Lehmann u. Hildegard Hüttermann. – Frankfurt am Main : Klostermann, 1978.
(Zeitschrift für Bibliothekswesen und Bibliographie : Sonderh. ; 27)
ISBN 3-465-01324-7
NE: Lehmann, Klaus-Dieter [Hrsg.]

Satz und Druck: Otto KG Heppenheim – Printed in Germany

Dem Direktor der Stadt- und Universitätsbibliothek Frankfurt a. M.
Professor Dr. Clemens Köttelwesch
aus Anlaß seines 40jährigen Dienstjubiläums gewidmet

Inhalt

Ein persönliches Wort

Diese Publikation ist einem Manne gewidmet, der 40 Jahre aktiv im öffentlichen Dienst wirkte, davon allein 36 Jahre im Bibliotheksdienst und davon 24 Jahre an der Stadt- und Universitätsbibliothek Frankfurt, der er die letzten 20 Jahre als Direktor vorstand – Clemens Köttelwesch.

Die Zeiten seines Wirkens assoziieren heute Begriffe wie Beständigkeit, Ausgeglichenheit, Gemessenheit, Politik der kleinen Schritte und ähnliches. Nichts von alledem hier.

Diese 40 Jahre fallen in die Zeit des zu Ende gehenden Zweiten Weltkrieges, des totalen Zusammenbruchs, der Nachkriegswirren – und eines neuen Anfangs, einer Zeit, die voller Schwierigkeiten, Unwägbarkeiten, unsäglicher Mühe, aber auch voller Möglichkeiten war.

Diese Vorzeichen kehren die Voraussetzungen für eine lange Amtsperiode an einer Stelle genau in ihr Gegenteil:

Notwendig für den Wiederaufbau waren sicher eine klare Zielvorstellung und Beharrlichkeit; der Weg, auf dem dieses Ziel zu erreichen war, verlangte jedoch dynamische Eigenschaften, Improvisation, Pragmatismus, unorthodoxes Handeln, Optimismus und mitreißendes Temperament. Diese Attribute sind C. Köttelwesch eigen. Er setzte sich von Anfang an umfassend für die Bibliothek und ihre Bedürfnisse ein. Zeit seines beruflichen Lebens arbeitete er unter Druck, der jedoch für ihn nicht belastend, vielmehr anregend war. H.-P. Geh bezeichnet Köttelwesch in der Laudatio 1975 als den „Motor im deutschen Bibliothekswesen der Nachkriegszeit“. Mit Recht!

Er übernahm unmittelbar nach dem Krieg die verantwortliche Aufgabe des Wieder-Aufbaus der damaligen Hessischen Bibliothek in Marburg, der heutigen SBPK Berlin und sprang damit sozusagen aus dem Assessoramt in die Leitungsfunktion. 1954 holte ihn Eppelsheimer nach Frankfurt als seinen Stellvertreter, und 1958 übernahm er das Amt des Direktors der Stadt- und Universitätsbibliothek Frankfurt, das er bis heute innehat.

Die Chronologie der beruflichen Stationen von C. Köttelwesch steht hier nicht so sehr im Vordergrund, sondern seine bibliothekarische Leistung.

Clemens Köttelwesch ist in seiner ganzen Anlage ein Mann des Aufbaus, jemand, den der Neubeginn beflügelt, der Entwicklungen einleitet und mit seinem intuitiven Gefühl, Chancen und Trends der Zeit erkennt und umsetzt. Dabei kommt ihm seine rheinische, lebensbejahende und mitreißende Art zugute, die den Projekten erst Leben gibt und die sich denjenigen, die mit ihm arbeiten, voll mitteilt.

Im Mittelpunkt seines Schaffens steht die wissenschaftliche Universalbibliothek. Aus den verschiedenen öffentlich-wissenschaftlichen Bibliotheken der Stadt Frankfurt, die durch den Krieg stark dezimiert waren, schuf er eine Einheit; diese Büchersammlung erhielt 1964 ein neues Bibliotheksgebäude, die Stadt- und Universitätsbibliothek. Planung und Realisierung zeigen deutlich seine Handschrift. Es war nicht nur ein neues Bibliotheksgebäude, es war für das Nachkriegsdeutschland die Idee einer neuartigen Bibliothek.

Struktur und Konzeption wurden von der Benutzung her bestimmt: ein großes Informationszentrum in der Eingangshalle, sämtliche Benutzungseinrichtungen auf der gleichen Ebene, Lehrbuchsammlung und Studentenbücherei, gegliederte Fachlesesäle mit umfangreichen Freihandbeständen: Arbeits- und Buchbereiche durchdringen sich – eine offene Bibliothek.

Die Bibliothek sollte kein Refugium sein, zu der man nur nach besonderen Weihen Zugang erhielt, sie sollte vertraut sein, benutzbar – die Bücher in greifbarer Nähe haben. Ein Begriff der frühen 70er Jahre, Bibliothek als Dienstleistungsbetrieb, war für ihn damals schon geübte Praxis. Trotz oder gerade wegen dieser „marktgerechten" Überlegungen, den Massenbedarf durch ein abgestimmtes Instrumentarium zu befriedigen, hat es Köttelwesch verstanden, die Universalbibliothek auch als Forschungsbibliothek weiter zu entwickeln. Die Masseneinrichtungen wirken wie Filter, die den speziellen Bedarf hindurch diffundieren lassen, auch baulich drückt sich das aus: Die Spezialabteilungen liegen im Kern der Bibliothek.

In einer Zeit der Atomisierung bibliothekarischer Einrichtungen bewies Köttelwesch die Leistungsfähigkeit der Universalbibliothek, sofern sie sich nur am Benutzerverhalten und den Bedürfnissen der Leser orientiert und nicht mit fertigen Rezepten aufwartet.

Die Vorstellungen, die Köttelwesch bereits in den 50er Jahren entwickelte und die damals wegen ihrer völligen Neuorientierung zu teilweise heftiger Kritik führten, sind heute voll akzeptiert. Und es ist nicht erstaunlich, daß man dieser Konzeption inzwischen häufig, zum Teil in modifizierter Form, bei späteren Hochschulneugründungen begegnet.

Köttelwesch hatte für seine Planungen niemals eine Denkweise, bei der er theoretisierend Vorstellungen entwickelte und experimentierte. Seine Konzeption holte er sich vielmehr aus der täglichen Praxis, aus den Anforderungen der Bibliotheksbenutzung. Er systematisierte diese Erfahrungen und schuf daraus ein leistungsfähiges Ganzes.

Das zeigt sich bespielsweise auch beim Einsatz der Technik in der Bibliothek. Er bejaht sie, aber er lehnt es ab, die Bibliothek als Versuchsfeld zu benutzen.

Bibliothekstechnik muß ausgetestet und erprobt sein, sie muß flexibel und erweiterbar sein, sie muß Normen entsprechen und Anknüpfungsmöglichkeiten bei anderen Bibliotheken haben. Das gilt für Magazintechniken genauso wie für EDV oder Mikroformen. Nur dann kann man eine Bibliothek leistungsfähig *und* funktionsfähig halten und der Benutzung gerecht werden.

Dabei hat Köttelwesch Benutzung immer sehr umfassend verstanden. Informationsvermittlung und Literaturversorgung waren für ihn immer eine *Einheit*. Nicht von ungefähr beziehen die überregionalen Informationsdienste der Bibliothek oder seine eigenen germanistischen bibliographischen Unternehmungen die Bestände der Bibliothek mit ein.

Bezeichnend für Köttelwesch ist auch seine Skepsis gegenüber langfristigen Reißbrettplanungen, die Bibliotheken in ein theoretisches Korsett von Definitionen zwängen und aus denen dann ihre Aufgabenstellungen abgeleitet werden. Für ihn stellt sich die Bibliothek auf ihre Umgebung ein. Sie wird in einem Ballungsraum anders aussehen als in einer mittleren Universitätsstadt. Für ihn sind, je nach Service und Struktur, Mischformen jeglicher Art denkbar, sofern sie ihrer Funktion gerecht werden und der Aufwand in einem angemessenen Verhältnis zum Nutzen steht. So ist es sicher nicht verwunderlich, daß in der Stadt- und Universitätsbibliothek Frankfurt heute lokale, universitäre, regionale und überregionale Dienste gleichermaßen geleistet werden, zum gegenseitigen Nutzen der verschiedenen Bereiche.

Die aus ihrem Ursprung sich ergebende und auf die Stadt und das Umland bezogene bibliothekarische Aufgabe wirkt fort in zwei Gegebenheiten: Die Bibliothek ist eine städtische Einrichtung, etwa 40% ihrer 34000 aktiven Benutzer gehören nicht der Universität an, sondern sind Bürger der Stadt, gehören zu wissenschaftlichen Einrichtungen, Firmen und Behörden. Zugleich ist sie Universitätsbibliothek der Johann Wolfgang Goethe-Universität, sicher ihre wichtigste Aufgabe.

Das Literaturversorgungssystem der Universität, dessen Zentrale die Bibliothek mit einem Gesamtbestand von 2,2 Millionen Bänden ist, umfaßt mit der Senckenbergischen Bibliothek und etwa 170 weiteren bibliothekarischen Einrichtungen einen Gesamtbestand von etwa 4 Millionen Bänden.

Der Neuzugang betrug im vergangenen Jahr allein bei der Stadt- und Universitätsbibliothek 72000 Bände, im Gesamtbereich der Universität 130000.

Die Zentralbibliothek wurde in rund 900000 statistisch erfaßten Ausleihefällen in Anspruch genommen. Damit ist sie die benutzungsaktivste wissenschaftliche Bibliothek der Bundesrepublik, eine imponierende Leistung, wenn man bedenkt, daß in Frankfurt die Benutzung eben nicht nur auf den großen Umsatz, sondern auch auf eine differenzierte qualitative Benutzung eingestellt ist.

Die Bibliothek hat aufgrund ihrer Bestände und Dienstleistungen besondere Bedeutung. Ihr sind deshalb zahlreiche wichtige regionale und überregionale Aufgaben zugewiesen worden, so im regionalen Bereich als der größten Bibliothek in Hessen:

- die Ausbildung der bibliothekarischen Nachwuchskräfte für den höheren, gehobenen und mittleren Dienst an wissenschaftlichen Bibliotheken
- die Führung des Hessischen Zentralkatalogs
- die Zentralredaktionen im Datenverarbeitungsverbund der hessischen Bibliotheken
- die Bearbeitung der Hessischen Bibliographie
- die Funktion der Leihverkehrsbibliothek für neuere deutsche Literatur

im überregionalen Bereich:

- die Pflege von 12 Sondersammelgebieten der Deutschen Forschungsgemeinschaft
- die Redaktionen für wichtige fachliche Informationsdienste (Germanistik, Linguistik, Theaterwissenschaften, Afrika etc.)
- die Durchführung von Pilotprojekten (Benutzerforschung, DV-Projekte)
- die Erschließung von Spezialbeständen (Handschriften, Nachlässe).

Zwei Bereiche seien zum Schluß aus diesem Aufgabenkatalog gesondert betrachtet, die für Köttelwesch ein besonderes Anliegen waren. Das war zum einen die Ausbildung und zum anderen seine intensive Mitarbeit in den Gremien des deutschen Bibliothekswesens.

Sein Engagement für den Nachwuchs ist beispielhaft. Er setzte sich konsequent für den Ausbau der Bibliotheksschule in Frankfurt ein. Schon bald nach Kriegsende wurde die Ausbildungsmöglichkeit für den gehobenen Dienst geschaffen; 1967 für den höheren Dienst und 1973 für den mittleren Dienst. Köttelwesch wußte: Man kann keine neuen bibliothekarischen Akzente setzen, wenn sie nicht bereits in der Ausbildung berücksichtigt werden. Die Lehrpläne und die Ausbildungsziele sind deshalb gerade auf die heutigen komplexen Probleme des bibliothekarischen Berufs stark bezogen, ohne aber die traditionellen Gesichtspunkte völlig außer acht zu lassen. Köttelwesch fordert den Sachkenner, der außer den Bedürfnissen von Forschung und Lehre an die Literaturversorgung auch die technischen und kommerziellen Zusammenhänge und Methoden kennt. Dabei hat für Köttelwesch der bibliothekarische Beruf, in jedem Fall der gehobene Dienst, eine stark handwerkliche Komponente. Wie weit seine Mahnungen gehört werden, den theoretischen Anteil der Ausbildung nicht überproportional auf Kosten der praktischen Ausbildung auszudehnen, bleibt abzuwarten.

Vorbildlich war auch sein Einsatz in den Gremien des deutschen Bibliothekswesens. Hier hat er aufgrund seiner breiten beruflichen Erfahrung, seiner ständigen geistigen Präsenz, seiner Bereitschaft, sich mit neuen Entwicklungen auseinanderzusetzen und seinem ausgeprägten Verantwortungsgefühl entscheidende Weichen gestellt. Er war Mitglied des Bibliotheksausschusses der Deutschen Forschungsgemeinschaft und Vorsitzender verschiedener DFG-Kommissionen, so zur Ausarbeitung des Sondersammelgebietsplans, zum Verhältnis Zentralbibliothek – Institutsbibliotheken etc. Er war mehrere Jahre Vorsitzender des Vereins Deutscher Bibliothekare und Mitglied verschiedener Fachkommissionen des Vereins; und er leitete vier Jahre die Arbeitsgemeinschaft der Hochschulbibliotheken. Seine gutachterlichen Tätigkeiten für die Deutsche Forschungsgemeinschaft, das Bundesministerium für Forschung und Technologie, die Volkswagenwerk- und die Thyssenstiftung haben nachhaltige bibliothekarische Akzente gesetzt.

Hinter diesem eindrucksvollen bibliothekarischen Schaffen steht eine Persönlichkeit, die vital und engagiert ist und ihren Beruf als Berufung versteht. Dahinter steht aber auch der gesellige Mensch, der Gespräche liebt, Diskussionen sucht, das breite Spektrum kultureller Ereignisse aufnimmt und daran teilnimmt. Es ist zu erwarten, daß Clemens Köttelwesch nach seinem Ausscheiden aus dem aktiven Bibliotheksdienst Zeit finden wird, seine Auffassungen und Erfahrungen zu fixieren und die Ernte vieler erfolgreicher Berufsjahre einzubringen.

Klaus-Dieter Lehmann

Veröffentlichungen von Clemens Köttelwesch

Eine Auswahl

Der Bibliothekartag 1950 in Marburg/Lahn. In: Nachrichten für wissenschaftliche Bibliotheken. 3. 1950, S. 97-121.

Zur neuen Leihverkehrsordnung von 1951. In: Nachrichten für wissenschaftliche Bibliotheken. 5. 1952, S. 28-37.

Probleme des Leihverkehrs der deutschen Bibliotheken. In: Zeitschrift für Bibliothekswesen und Bibliographie. 1. 1954, S. 89-101.

Bibliographie der deutschen (9. 1969ff.: Sprach- und) Literaturwissenschaft. Frankfurt a. M. Bd. 2 ff. 1958 ff.

[Hrsg.:] Zeitschrift für Bibliothekswesen und Bibliographie. Frankfurt a. M. Jg. 9ff. 1962ff.

[Hrsg.:] Zur Katalogisierung mittelalterlicher und neuerer Handschriften. Frankfurt a. M. 1963. (= Zs. für Bibliothekswesen und Bibliographie. Sonderh. 1.)

[Hrsg.:] Johann Wolfgang v. Goethe: Labores iuveniles. Faks.-Ausg., mit einem Nachwort versehen. Frankfurt a. M. 1964.

Defensor humanitatis. Hanns Wilhelm Eppelsheimer zum 17. Oktober 1965. In: Zeitschrift für Bibliothekswesen und Bibliographie. 12. 1965, S. 279-283.

Das Leben beginnt mit der Schrift. Die Stadt- und Universitätsbibliothek im neuen Haus. In: Frankfurt, lebendige Stadt. 1965. Nr. 2, S. 16-23.

Zum Neubau der Stadt- und Universitätsbibliothek Frankfurt a. M. In: Buch und Welt. Festschrift für Gustav Hofmann. Wiesbaden 1965, S. 125-136.

Vom Frankfurter Sammelkatalog zum Hessischen Zentralkatalog. In: Aktuelle Probleme der Bibliotheksverwaltung. Festgabe Hermann Fuchs. Wiesbaden 1966, S. 92-101.

[Hrsg.:] Kataloge der Stadt- und Universitätsbibliothek Frankfurt a. M. Frankfurt a. M. Bd. 1 ff. 1967 ff.

Die Lehrbuchsammlungen in deutschen Bibliotheken. In: Zeitschrift für Bibliothekswesen und Bibliographie. 14. 1967, S. 73-82.

Mass utilization of German university libraries. In: Libri. 17. 1967, S. 210-219.

Stadt- und Universitätsbibliothek Frankfurt am Main und Senckenbergische Bibliothek. In: Bibliotheksneubauten in der Bundesrepublik Deutschland. Frankfurt a. M. 1968, S. 118-126.

Bibliographisches Handbuch der deutschen Literaturwissenschaft 1945-1969 (Bd. 2: 1945-1972). Frankfurt a. M. 1: Von den Anfängen bis zur Romantik. 1973. 2: 1830 bis zur Gegenwart. 1976. [Registerband im Druck.]

Bibliothekartag der Doppelzone 1948 in Hannover – Bibliothekskongreß 1973 in Hamburg oder Die Veränderung einer Bibliothekslandschaft. In: Zeitschrift für Bibliothekswesen und Bibliographie. 20. 1973, S. 145-150.

Die Frankfurter Buchmesse, eine Tradition seit Jahrhunderten. In: Börsenblatt für den Deutschen Buchhandel. Frankfurter Ausgabe. 29. 1973, S. 1642-1650.

Noch einmal: Die praktische Ausbildung. (Zusammen mit Heinz-Georg Halbe.) In: Bibliotheksarbeit heute. Festschrift für Werner Krieg. Frankfurt a. M. 1973, S. 59-67.

[Hrsg., zusammen mit Wolf Haenisch:] Vom Strukturwandel deutscher Hochschulbibliotheken. Frankfurt a. M. 1973. 262 S. (= Zs. für Bibliothekswesen und Bibliographie. Sonderh. 14.)

Zur Literaturversorgung an der Universität in Frankfurt a. M. In: Vom Strukturwandel deutscher Hochschulbibliotheken. Frankfurt a. M. 1973, S. 169-179.

[Mithrsg.:] Bibliothekarische Kooperation. Aspekte und Möglichkeiten. Vorträge, gehalten auf dem Bibliothekskongreß 1973 in Hamburg. Frankfurt a. M. 1974. 314 S. (= Zs. für Bibliothekswesen und Bibliographie. Sonderh. 18.)

IFLA 1974. Zur 40. Generalversammlung des Internationalen Verbandes der Bibliothekarvereine vom 16.-23. November in Washington, D. C. mit Kurzberichten von Teilnehmern aus der Bundesrepublik Deutschland. In: Zeitschrift für Bibliothekswesen und Bibliographie. 22. 1975, S. 240-259.

[Rez.:] 10 Jahre Bibliothekssystem der Universität Regensburg. In: Zeitschrift für Bibliothekswesen und Bibliographie. 22. 1975, S. 465-470.

„Überregionale Literaturversorgung von Wissenschaft und Forschung in der Bundesrepublik Deutschland." Zu der gleichlautenden Denkschrift der Deutschen Forschungsgemeinschaft. In: Zeitschrift für Bibliothekswesen und Bibliographie. 22. 1975, S. 208-214.

[Hrsg.:] Bibliographie Unselbständiger Literatur – Linguistik (BUL–L). Bearb. von Elke Suchan. Frankfurt a. M. Bd. 1.2. 1976–1977.

Frankfurts Bibliotheken als Zeugnisse städtischen Bürgersinns. In: Aus dem Antiquariat. (Beilage zum Börsenblatt für den Deutschen Buchhandel. Frankfurter Ausgabe.) 1976, H. 12, S. A 409 – A 419.

Gemeinsame Aufgaben der wissenschaftlichen Bibliotheken in Hessen. Situation und Ausblick. (Zusammen mit Klaus-Dieter Lehmann.) In: Bibliothek und Buch in Geschichte und Gegenwart. Festgabe für F. A. Schmidt-Künsemüller. München 1976, S. 236-257.

Das wissenschaftliche Bibliothekswesen in der Bundesrepublik Deutschland. Frankfurt a. M.: Stadt- und Universitätsbibliothek 1976. 1: Allgemeines. 2: Bibliothekstypologie. (= Studienhefte der Bibliotheksschule Frankfurt a. M. 1. 2.)

Die außeruniversitären Aufgaben der Stadt- und Universitätsbibliothek Frankfurt a. M. In: Bibliothek - Buch - Geschichte. Kurt Köster zum 65. Geburtstag. Frankfurt a. M. 1977, S. 109–117.

[Hrsg.:] Gesamtregister 1948–1975. Nachrichten für wissenschaftliche Bibliotheken. Zeitschrift für Bibliothekswesen und Bibliographie. Sonderhefte. Bearb. von Irene Schneider. Frankfurt a. M. 1977. XVIII, 325 S. (= Zs. für Bibliothekswesen und Bibliographie. Sonderh. 25.)

Die Stadt- und Universitätsbibliothek Frankfurt a. M. Ein Schwerpunkt: Deutsche Literatur und Literaturwissenschaft. In: Der Literat. Zeitschrift für Literatur und Kunst. 19. 1977, S. 177.

[Rez.:] Zur Theorie und Praxis des modernen Bibliothekswesens. Hrsg. von Wolfgang Kehr, Karl-Wilhelm Neubauer, Joachim Stoltzenburg. München 1976. 3 Bde. In: Zeitschrift für Bibliothekswesen und Bibliographie. 24. 1977, S. 462-466.

[Hrsg.:] Wege zu Schopenhauer. Arthur Hübscher zu Ehren. Wiesbaden 1978. 150 S.

Das wissenschaftliche Bibliothekswesen in der Bundesrepublik Deutschland. Frankfurt a. M.: Klostermann. Teilbd. 1: Die Bibliotheken. Aufgaben und Strukturen. 1978. Teilbd. 2: Die Bibliotheken in ihrer Umwelt. [in Vorbereitung.] (= Das Bibliothekswesen in Einzeldarstellungen.)

Zusammengestellt von Hildegard Hüttermann

FRANZ-HEINRICH PHILIPP

Hochschulstruktur, Bibliotheksstruktur und Bibliotheksbau

Anmerkungen zur Planung und funktionellen Effektivität des Neubaues der Stadt- und Universitätsbibliothek Frankfurt vom Jahre 1964

Beginnend mit den Hochschulen des Mittelalters bestimmte die Hochschulstruktur die Bibliotheksstruktur. Der sich als ein einheitliches Ganzes verstehenden Hochschule des Mittelalters z. B. entsprach als integrierter Bestandteil die eine, zentrale Bibliothek, die Schrifttum aller Fachgebiete aufnahm und allen Fakultäten diente. So wurde für Marburg mit der Gründung der Universität im Jahre 1527 von Landgraf Philipp dem Großmütigen von Hessen ganz selbstverständlich die Einrichtung einer ihr zugeordneten Bibliothek verfügt und für den Ausbau dieser Bibliothek Sorge getragen[1].

Mit der zunehmenden Differenzierung der Hochschulen, vor allem im ausgehenden 19. und 20. Jahrhundert, differenzierte sich auch das Bibliothekswesen. Die Spezialisierung im Bereich von Forschung und Lehre führte zur Ausbildung von speziellen Lehrstühlen, Instituten, Kliniken, Forschungseinrichtungen usf., an die sich ganz organisch Fachbibliotheken ankristallisierten. Handbibliotheken entwickelten sich in kontinuierlichem Wachstumsprozeß zu Seminar- und Fakultätsbibliotheken von beachtlicher Größe. Gelegentlich splitterten sich Fakultätsbibliotheken wiederum in eine Reihe von Spezialbibliotheken auf[2]. Berufungszusagen oder Bleibeverhandlungen beinhalteten vielfach die Begründung oder den raschen Ausbau von Lehrstuhlbibliotheken.

Entsprechend zur internen Struktur der Hochschulen der Bundesrepublik entstanden so bis Ende der fünfziger Jahre die tief gestaffelten universitären Bibliothekskomplexe. Sie umfaßten die zentrale Hochschulbibliothek mit ihrem universalen Literatursammelauftrag, sie umfaßten die Fülle der Fakultäts-, Seminar-, Instituts-, Kliniks- und Lehrstuhlbibliotheken, sie umfaßten aber auch die zahlreichen kleinen und größeren Handapparate an Laborplätzen und bei einzelnen Hochschullehrern, die potentiell Kerne für neue Lehrstuhl- und Institutsbibliotheken darstellen. Im Durchschnitt standen und stehen heute bei den

[1] Gottfried Zedler: Die Universitätsbibliothek zu Marburg von 1527–1887. Marburg 1896, S. 1–6.

[2] Ende der fünfziger Jahre wurde so z. B. im Zusammenhang mit Baumaßnahmen die zentrale Bibliothek der Theologischen Fakultät der Philipps-Universität in 11 Fachbibliotheken aufgegliedert und räumlich über ein mehrstöckiges Gebäude verteilt. Erst 1977 konnte ein Beschluß des Fachbereichsrates herbeigeführt werden, die Teilbibliotheken wieder zu einer geschlossenen Fachbereichsbibliothek zusammenzuführen.

älteren Hochschulen der Zentralbibliothek rund 100 Teilbibliotheken gegenüber, deren Anschaffungsetat zusammengenommen doppelt bis dreifach so groß war und ist wie der der Zentralbibliothek und deren Buchanschaffungen sich eng nach der Aufgabenstellung und Zielsetzung des jeweiligen Bibliotheksträgers ausrichteten.

Die Nachteile eines derartigen, unkoordinierten Bibliothekskomplexes lagen und liegen auf der Hand. Ende der fünfziger und Anfang der sechziger Jahre setzten daher bei den älteren Hochschulen, bei den Gründungsgremien der neuen Hochschulen, im bibliothekarischen Bereich, in der Rektorenkonferenz, bei der Deutschen Forschungsgemeinschaft[3], im Wissenschaftsrat[4] und bei den Kultusministerien[5] Überlegungen zu einer Strukturreform von Hochschule und universitärem Bibliothekskomplex ein. Sie zielten einerseits auf ein Auflösen der einengenden Fakultätsstruktur, andererseits auf eine Integration der bisher weitgehend autonomen Fachgebiete und Institute zu Fachbereichen, für die sich eine Durchschnittszahl von 15 bis 20 je Volluniversität als sinnvoll anzubieten schien. Entsprechend visierte man eine Konzentrierung der vielen Teilbibliotheken zu größeren Einheiten auf Fachbereichsebene an, die mit der Zentralbibliothek in enger Kooperation die Literaturversorgung der jeweiligen Hochschule gewährleisten sollten. Diesen Überlegungen voraus bzw. in Wechselwirkung mit ihnen unternahmen die älteren Hochschulbibliotheken, in Marburg beispielsweise bereits seit 1962[6], praktische Schritte mit dem Ziel, das zusammenhanglose Nebeneinander von Zentralbibliothek und Institutsbibliotheken in ein koordiniertes Bibliothekssystem zu überführen, in dem die Hochschulbibliothek als Steuerungszentrale der Literaturversorgung fungiert und der Buchbestand der Hochschule als ein einheitlicher, zusammengehöriger Komplex angesehen und gepflegt wird, während bei den Hochschulneugründungen der sechziger und siebziger Jahre im Zuge einer stärkeren Zusammenfassung der grundlegenden Dienstleistungsbereiche (Hochschuldidaktik, Bibliothekswesen, Sprachlabor, Audiovisuelles Zentrum, allgemeine Verwaltung, Technik, Werkstätten, Labors usf.) ganz neuartige Bibliotheksmodelle entwickelt werden konnten. Hier ergaben sich parallel zur jeweiligen organisatorischen wie räumlichen Hochschulstruktur Lösungen mit einem einheitlichen, zentral geführten Bibliothekssystem mit zentraler Buchbearbeitung, das die Fülle der Literatur

[3] Instituts- und Hochschulbibliotheken. Denkschrift der DFG. 1955. – Empfehlungen für die Zusammenarbeit zwischen Hochschulbibliothek und Institutsbibliotheken. 1970.

[4] Empfehlungen des Wissenschaftsrates zum Ausbau der wissenschaftlichen Einrichtungen. Teil II. 1964.

[5] Die in den Kultusministerien zusammen mit den Hochschulen und den Hochschulbibliotheken angestellten Überlegungen führten vielfach zu Planungspapieren bzw. zu Regelungen im Rahmen von Hochschul- und Universitätsgesetzen (s. Bibliotheksplanung in den Bundesländern. 1973.).

[6] Franz-Heinrich Philipp: Das Bibliothekssystem der Philipps-Universität. In: Die Universitätsbibliothek Marburg. 1973, S. 3.

der Hochschule entweder in großen Fachlesesälen in einem speziellen Bibliotheksgebäude anbot (Bremen), sie in enger Anbindung an die Fachbereiche in zwei Buchkomplexen bereitstellte (Konstanz) oder sie auf 4–10, den jeweiligen Fachbereichen eng zugeordnete und z. T. mit dem bibliothekarischen Verwaltungs- und Informationszentrum und untereinander räumlich verbundene Fachbibliotheken aufgliederte (Bielefeld, Regensburg, Augsburg, die neugegründeten Gesamthochschulbibliotheken in Nordrhein-Westfalen).

Für den Bibliotheksbau ergab sich damit in den fünfziger, sechziger und siebziger Jahren eine differenzierte Aufgabe. Ging es bei den älteren Hochschulen noch um die Erstellung von Gebäuden, die der Zentralbibliothek alten Stiles mit ihren großen Altbeständen dienen sollten, so verlangten die Neugründungen Gebäudekomplexe mit überdimensionalen Fachlesesälen, in denen die Masse der vorhandenen Literatur in Freihandaufstellung angeboten werden sollte. Bei allen Neubauten wurde jedoch an die Archtitekten die Forderung nach einer baulichen Teilflexibilität gerichtet. Sie sollte es ermöglichen, das Bibliotheksgebäude zukünftigen Entwicklungen und Anforderungen in gewissem Rahmen anzupassen.

Hier stellt sich nun konkret die Frage nach dem Neubau der Frankfurter Bibliothek des Jahres 1964. Wie sah die Hochschul- und Bibliotheksstruktur in der Planungszeit des Neubaues aus, entsprach das neue Betriebsgebäude den seinerzeitigen Anforderungen, war es funktionsgerecht gebaut, vermochte es sich der Entwicklung der zurückliegenden 13 Jahre anzupassen, wie sehen die Zukunftsperspektiven aus?

Die *Planung* für den Neubau setzte 1959 ein. Sie lag bibliothekarischerseits in den Händen von Prof. Dr. Clemens Köttelwesch als Direktor der Stadt- und Universitätsbibliothek und der Senckenbergischen Bibliothek. Als Architekt war Dipl.-Ing. Ferdinand Kramer, Baudirektor der Johann Wolfgang Goethe-Universität, tätig.

Der Neubau sollte einmal die 1944 unter der Bezeichnung „Stadt- und Universitätsbibliothek" zusammengefaßten städtischen Bibliotheken mit rund 1 Million Bänden aufnehmen. Hinzu kam die Senckenbergische Bibliothek für Naturwissenschaften und alte Medizin mit rd. 400000 Bänden. Ausgehend von einem Gesamtbuchbestand von knapp 1,4 Millionen und einem Jahreszuwachs von 30000–40000 Bänden zielte die Planung sowohl für die Handmagazine als auch für das geschlossene Magazin auf einen Zuwachszeitraum von 20 bis 25 Jahren und kam so zur Forderung nach einem Gesamtstellraum von etwa 2 Millionen Bänden (realisiert 2,2 Millionen). Ein Fassungsvermögen von 2 Millionen Bänden wurde aber auch für die weitere Entwicklung der Bibliothek als ausreichend zur Aufnahme des aktiven Buchbestandes erachtet[7]. Auf jeden Fall sah

[7] Ferdinand Kramer: Stadt- und Universitätsbibliothek in Frankfurt am Main. In: Bauwelt. 53. 1962, S. 133.

man jedoch ein an den Bauplatz angrenzendes Grundstück ausdrücklich als Reservefläche für den Bau eines Magazin-Annexes vor[8].

Im Blick auf die wachsenden Studentenzahlen wurde von Vertretern der Universität die Einrichtung von 1000 *Arbeitsplätzen* (realisiert 906) für Benutzer gefordert, obwohl in den verschiedenen Seminaren und Instituten bereits ca. 1000 Plätze zur Verfügung standen bzw. vorgeplant waren. Damit lag Frankfurt zwar nicht bei den Zahlen amerikanischer Universitäten, die für 20–50% und mehr der Studenten Arbeitsplätze vorsehen, aber doch erheblich über dem Leseplatzangebot der vorangegangenen Bibliotheksneubauten der Bundesrepublik. Bei rd. 8000 Studenten im Wintersemester 1959/1960 ergab sich somit ein Platzangebot von 12,5%, wobei allerdings berücksichtigt werden muß, daß z. B. 1964 40% der Benutzer aus dem städtischen Bereich kamen[9].

Die Aufgliederung der Arbeitsplätze, deren Zahl sich innerhalb des Neubaues noch in gewissen Grenzen vermehren läßt, erfolgte in einer Tiefenstaffelung, ausgehend von der Unruhezone im Informationszentrum mit 134 Plätzen über die drei großen Lesesäle mit insgesamt 500 Arbeitsplätzen zu den 143 Einzelarbeitsräumen, die in der Masse als Carrels den Handmagazinen der Lesesäle zugeordnet und an den Fensterfronten angereiht waren, bis zu den 129 Plätzen in den Speziallesesälen.

Der *Bauplatz* Bockenheimer Landstraße 134–138, lag im Blick auf das Stadtgebiet mit seinem hohen Anteil an Benutzern relativ zentral. Mit öffentlichen Verkehrsmitteln war die Bibliothek hier leicht zu erreichen. In absehbarer Zeit wird sie voraussichtlich an das U-Bahnnetz angeschlossen werden und vom naheliegenden U-Bahnhof aus auf der Ebene des ersten Untergeschosses direkt erreicht werden können. Auch zur Universität war die Lage günstig. Mit der Universitätsverwaltung und der neugebauten Mensa bildet sie ein Forum, an das sich eine ganze Reihe von Institutsbauten anschließt und in dessen Bereich ein hoher Prozentsatz der Mitglieder des Lehrkörpers und der Studenten der Universität arbeitet oder sich wenigstens in der Mittagszeit zum Besuch der Mensa aufhält. Dieser Universitätsbereich wird zwar durch die Bockenheimer Landstraße durchschnitten. Der U-Bahnbau kann aber voraussichtlich auch hier eine verbesserte Verbindung durch eine Untertunnelung der Straße bringen.

Der Komplex der Kliniken und klinischen Institute am Theodor-Stern-Kai liegt relativ abseits der Zentralbibliothek. Doch hier besteht glücklicherweise eine ausreichende Anbindung über die Hauptbibliothek der Universitätskliniken, die ebenfalls am Theodor-Stern-Kai liegt und zugleich als Abteilungsbibliothek der Stadt- und Universitätsbibliothek fungiert.

[8] Clemens Köttelwesch: Zum Neubau der Stadt- und Universitätsbibliothek Frankfurt am Main. In: Buch und Welt. 1965, S. 128.

[9] Ebda S. 128, 131; Ferdinand Kramer: Stadt- und Universitätsbibliothek Frankfurt am Main. In: Bauwelt. 56. 1965, S. 1274.

Gewisse Schwierigkeiten macht das *Parkplatzproblem*. Dies gilt vor allem für die städtischen Benutzer, wenn sie die Stadt- und Universitätsbibliothek bzw. die gleich neben ihr liegende Deutsche Bibliothek aufsuchen wollen. Für die Benutzer ist es zwar von großem Vorteil, wenn ihnen 2 große Bibliotheken mit ihrem Potential an Literatur und Informationsquellen unmittelbar nebeneinander zur Verfügung stehen. Dieser Vorteil kommt aber nicht zum Tragen, wenn im näheren Bibliotheksbereich keine freien Parkplätze zu finden sind.

Das *Baugrundstück* umfaßt insgesamt 13442 qm. Davon standen jedoch, bedingt durch die Unterbringung der erziehungswissenschaftlichen Abteilung der Universität in diesem Bereich, schließlich nur ca. 75% zur Verfügung. Die Auflagen für den Abstand von den Grundstücksgrenzen sowie die Forderung nach einer Reservefläche engten die Baufläche weiter ein.

Die Bauplanung ergab ein Volumen von 80000 cbm umbauten Raumes bei einer Gesamtnutzfläche von rd. 18500 qm. Bei dieser Größenordnung schloß sich auf diesem Baugelände ein Flachbau von selbst aus. Es entstand so – allerdings primär aus funktionellen Gründen – ein leicht gestaffelter, blockartiger *Baukörper* mit einer überbauten Fläche von 3225 qm, der sich in einen dreigeschossigen Verwaltungstrakt (70×14 m, Höhe 12,50 m) mit Untergeschoß, ein eingeschossiges Informationszentrum (40×15 m, Höhe 3,72 m) mit Untergeschoß und zwei Kellergeschossen sowie einen viergeschossigen Lesesaal- und Magazintrakt (50×30 m, Höhe 24 m) mit drei Untergeschossen als Flächenmagazinen gliedert. Dabei enthalten die 4 oberirdischen Geschosse (je 5 m Höhe) im Lesesaal- und Magazintrakt jeweils ein Zwischengeschoß, das etwa die Hälfte ihrer Grundfläche einnimmt[10].

Die Planung des Bibliotheksgebäudes ging vom *Informationszentrum* aus. Es sollte von außen sichtbar und für den Strom der Benutzer unmittelbar erreichbar sein. So bot sich dafür die Lage in der Eingangshalle selbst an, die mit 900 qm noch das Erdgeschoß des Verwaltungstraktes einbezog und die Auskunft, eine Freihandbibliothek mit Lehrbüchern und aktueller Literatur, gedruckte Kataloge und Bibliographien, den alphabetischen Benutzerkatalog, die Ausleihtheke und die Auslage der Neuerwerbungen aufnahm. Zur Rechten gliederte sich der Systematische Katalog, zur Linken ein Raum für Ausstellungen an. Bewußt in Kauf genommen wurde dabei, daß der Benutzer ohne Zwang zur Taschen- und Garderobenablage an den Zettelkatalogen und den Buchbeständen im Informationzentrum arbeiten konnte, obwohl damit eine erhöhte Gefahr des Diebstahls verbunden ist und Wassertropfen von regennassen Mantelärmeln dem Aussehen und Erhaltungszustand von Katalogkarten und Büchern nicht gerade förderlich sind.

10 Bibliotheksneubauten in der Bundesrepublik Deutschland. 1968, S. 119–122.

In Kauf genommen wurde auch die Anlage der Garderobe und der Benutzertoiletten im ersten Untergeschoß. Jeder Benutzer, der durch die zentrale Sperre im Hintergrund des Informationszentrums die ruhige Zone der Lesesäle erreichen möchte, ist gezwungen, Tasche und Mantel zuvor erst eine Treppe tiefer bei der Garderobe abzulegen und vielfach bei der Abgabe und Abholung noch Wartezeiten in der Schlange zu akzeptieren bzw. sich ein Fach der viel zu kleinen Schließfachanlage für ein halbes Jahr geben zu lassen. Das hatte und hat zur Folge, daß der „Prometheus" von Ossip Zadkine, dessen dynamische Gestalt den Charakter der Eingangshalle bestimmt und der seinen Standplatz in der Nähe der Sperre hat, zu seinen Füßen ständig von Aktentaschen ungeduldiger Benutzer umringt ist, die dem Weg über die Treppe und Garderobe ausweichen wollen.

Die geforderten 1000 Arbeitsplätze für Benutzer in einem „unübersichtlichen Mammutlesesaal" unterzubringen, schien dem planenden Bibliotheksdirektor „unmöglich". Damit ergab sich für ihn die Notwendigkeit, „*Lesesäle* überschaubarer Größe" übereinander zu lagern[11]. Ausgestattet wurden die drei großen Lesesäle für die Geisteswissenschaften (Erdgeschoß), für die Rechts-, Sozial- und Wirtschaftswissenschaften (1. Obergeschoß) und für die Naturwissenschaften und Medizin (2. Obergeschoß) mit einer präsent gehaltenen Handbibliothek von jeweils 10000 bis 15000 Bänden (Einführungen, Handbücher, Fachbibliographien, Wörterbücher usf.) und einer Zeitschriftenauslage. Damit ergab sich eine für das deutsche Bibliothekswesen noch durchaus konventionelle Lösung mit Anlehnung an die alte Fakultätsstruktur. Das Neue und Entscheidende aber, das Clemens Köttelwesch im Frankfurter Modell realisierte, war die Zuordnung großer *Handmagazine* zu den Lesesälen. Sie umfassen auf der Lesesaalebene und im zugehörigen Zwischengeschoß einen Stellraum von jeweils 150000 bis 200000 Bänden und sollen in bestimmter sachlicher und formaler Gliederung Zeitschriften mit allen ihren Jahrgängen, Akademieschriften, Quellen und Urkundensammlungen, Denkmälerreihen, Gesamtausgaben usf., d.h. die Forschungsliteratur aufnehmen. Ihnen zugeordnet sind die insgesamt 130 Carrels. Mit dieser Kombination von Carrel, Handbibliothek und Handmagazin steht den mit besonderen Forschungsaufgaben oder größeren wissenschaftlichen Arbeiten beschäftigten Benutzern idealer Arbeitsplatz zur Verfügung, und es hat sich im praktischen Betrieb gezeigt, daß die für deutsche Bibliotheksverhältnisse relativ hohe Zahl von Einzelarbeitsplätzen eher zu niedrig angesetzt war.

Das Frankfurter Modell lehnt sich sicherlich an die für das amerikanische Bibliothekswesen selbstverständliche Lösung an, einen hohen Prozentsatz des vorhandenen Literaturgutes dem direkten Zugriff des Benutzers anzubieten,

[11] Köttelwesch a. a. O., S. 132.

und entspricht einer international feststellbaren Tendenz[12]. Für die Bundesrepublik kam dieses Prinzip im Hochschulbibliotheksbau jedoch in Frankfurt zum erstenmal deutlich zur Anwendung und fand alsbald bei einer ganzen Reihe anderer Neubauten älterer Hochschulbibliotheken Nachfolge, während es für die Neugründungen, beginnend mit Bochum, schon zu den selbstverständlichen Planungsvoraussetzungen gehörte. Immerhin war es 1959 und ist es auch noch heute für eine ältere Hochschulbibliothek nicht leicht, eine derartige Entscheidung zu treffen mit der Konsequenz, daß im Verlaufe weniger Jahre Hunderttausende von Büchern aus dem Magazinbestand genommen, umsigniert und mit neuen Signaturschildern versehen, daß neue Titelkarten erstellt und in die verschiedenen Kataloge eingeordnet werden müssen usf.

In Frankfurt konnten die Umstellungsarbeiten dank einer relativ guten Personallage und guter Vorplanung so rasch vorangetrieben werden, daß 1965 schon rd. 100000 Bände in den verschiedenen Handbibliotheken und Handmagazinen standen und wenige Jahre später die grundlegende Ausbaustufe abgeschlossen war. Die Stellraumkapazität in den Handmagazinen, ausgerichtet auf einen Zuwachs von 20 bis 25 Jahren, ist heute, 18 Jahre nach Planungsbeginn, nahezu voll in Anspruch genommen. Damit ergibt sich hier wie auch für die Handbibliotheken in Zukunft der Zwang, laufend Stellraum für wichtige Neuzugänge zu schaffen, d.h. weniger benutzte Bestände in die geschlossenen Magazine zurückzuführen.

Jedem der drei großen Lesesäle vorgeordnet und aus akustischen Gründen gegen sie durch eine Glaswand abgegrenzt, gibt es einen Vorraum mit Auskunft, alphabetischem und Standortkatalog für die jeweiligen Handbibliotheks- und Handmagazinbestände, Lesesaalausleihe und Kopiergeräten für Benutzer.

Im 3. Obergeschoß, d.h. oberhalb der drei großen Lesesäle, wie sie durch die zentrale Sperre zugänglich und mit ihnen durch ein Treppenhaus und Fahrstühle verbunden, liegt ein Komplex von Speziallesesälen für Handschriften und Rara, für Musik und Theater, für Judaica sowie für den Bereich Orient und Afrika. Außerdem befindet sich hier die Sammlung Frankfurt und das Schopenhauer-Archiv. Auch für diese Lesesäle und Spezialabteilungen stehen Kataloge und Handbibliotheken zur Verfügung. Die jeweiligen Handmagazine grenzen an und ziehen sich auch auf das Zwischengeschoß hinauf. Damit lagern die kostbarsten Bestände der Bibliothek zwar im obersten Geschoß gut gegen Einbruch und Diebstahl geschützt, im Brand- oder Katastrophenfall sind sie hier aber relativ gefährdet.

Die kleinere Hälfte des Buchbestandes befindet sich in den drei Stockwerken des *geschlossenen Magazins* (Stellraum für 900000 von insgesamt 2,2 Millionen

[12] Gerhard Liebers: Tendenzen im Bibliotheksbau. In: Mitteilungsblatt. Verband der Bibliotheken des Landes Nordrhein-Westfalen. NF. 19. 1969, S. 22.

Bänden) unterhalb der Lesesäle. Den Buchtransport zwischen dem geschlossenen Magazin, den Lesesälen und der Leihstelle leistet eine horitontal und vertikal laufende Buchkastenförderanlage mit 18 Stationen. Der Leihscheintransport geschieht vermittels einer Rohrpostanlage mit 72 Stationen.

Während der Komplex der Lesesäle, Handmagazine und des geschlossenen Magazins zusammen mit dem vorgelagerten Informationszentrum einen vorzüglich durchdachten und funktionell überzeugenden Eindruck macht, kann dies für die Anordnung der Räume der *Bibliotheksverwaltung* nur mit gewissen Einschränkungen festgestellt werden. Es sieht fast so aus, als ob sich hier der Architekt durchgesetzt hat, der mit dem Verwaltungstrakt (ähnlich wie bei der Universitätsbibliothek Bonn) einen architektonischen Akzent setzen, einen schmalen aber breitgelagerten Baukörper in Kontrast zu dem gedrungenen Komplex der Lesebereiche bringen wollte. Die Verwaltungsräume im 1. und 2. Obergeschoß des Verwaltungstraktes stehen zwar über zwei Verkehrsstränge mit Treppen und Fahrstühlen in guter vertikaler Verbindung zum Informationszentrum, und das ist besonders für die Erwerbungsabteilung und die Titelaufnahme wichtig. Sekretariat und Direktor sind für Benutzer von der Eingangshalle aus gut zu erreichen. Doch gibt es keine direkte horizontale Verbindung zwischen der Verwaltung und dem Komplex der Lesesäle. Fachreferenten z.B., die in einem der oberen Lesesäle zu arbeiten haben oder dort für Auskunftszwecke benötigt werden, müssen erst ein Stockwerk nach unten gehen oder fahren, dann das Informationszentrum durchqueren und über Treppe oder Fahrstuhl den Weg nach oben nehmen.

Etwas ungünstig erscheint auch, daß die Ortsleihe und die Fernleihe auf zwei verschiedenen Ebenen liegen und daß die Reihenfolge der Buchbearbeitungsräume entsprechend zum „Gang des Buches“ durch die Bibliothek nicht ganz so straff ist, wie man es sich wünschen möchte. Das letzte gilt sowohl für den Beginn wie für den Schlußpunkt. Von der Poststelle im 1. Untergeschoß, dort günstig gelegen mit Autozufahrt, muß das Postgut über relativ weite horizontale und vertikale Wege weitergeleitet werden; und der Weg für bearbeitete und zum Einstellen fertige Bücher zur Verteilerstelle sieht ähnlich aus.

Abgesehen von diesen geringfügigen Anmerkungen darf zusammenfassend festgehalten werden, daß der Neubau des Jahres 1964 funktionsgerecht geplant war und den seinerzeitigen Anforderungen von seiten der Stadt und der Universität gerecht wurde. Mit der Zuordnung großer Handmagazine zu den Lesesälen, d.h. mit der Bereitstellung von ca. 60% des Buchbestandes zur direkten Benutzung, wurde er für das Hochschul-Bibliothekswesen der Bundesrepublik wegweisend. Zu beantworten ist nun noch die zweite Frage: Wie vermochte sich dieses Bauwerk der Entwicklung der zurückliegenden 13 Jahre bzw. der 18 Jahre, die seit Planungsbeginn verstrichen sind, anzupassen?

Zum Vergleich der Anforderungen und der Leistungen der Bibliothek seien hier zunächst vergleichsweise ein paar Zahlen aus den Jahren 1964 und 1976 nebeneinandergestellt (für die Stadt- und Universitätsbibliothek und die Senckenbergische Bibliothek gemeinsam):

	1964	1976
Etatmittel (einschließlich Sondermittel, aber ohne DFG und ohne Personalausgaben):	DM 2283760	DM 3050997
Buchbestand (einschließlich Dissertationen):	1501658	2675471
Zuwachs an bibliographischen Einheiten:	36156	91910
Zahl der Studenten (Sommersemester):	13699	22786
Zahl der Benutzer im Lesesaal:	50291	193773
Zahl der ausgeliehenen Bände usf. am Ort (einschließlich Lesesäle):	216490	780926
Zahl der nach auswärts ausgeliehenen Bände usf.:	24238	80148
Zahl der Mitarbeiter (ohne Hessischer Zentralkatalog, Bibliotheksschule und DFG):	183	188 + 11 apl.

Früher als bei der Planung vorauszusehen, haben sich die *Buchstellflächen* der Bibliothek gefüllt. Die Planung ging von einem Zuwachs von 30000 bis 40000 Einheiten pro Jahr aus, der Jahresbericht nennt für 1976 90000. Das Fassungsvermögen der Bibliothek beträgt 2,2 Millionen Einheiten, der Jahresbericht 1976 nennt 2,7 Millionen Bücher, Handschriften, Autographen, Porträts, Filme und Microfiches als Bestand und spricht von überfüllten Magazinen und einer unerträglich gewordenen Raumnot.

In dieser Situation ist die Auslagerung weniger benutzter Literatur unvermeidlich, um Platz für die Erweiterung von Benutzungseinrichtungen und Verwaltungsräumen zu schaffen. Der Zwang dazu zeichnete sich schon seit längerem ab und führte zu Überlegungen über einen Erweiterungsbau bzw. für ein zentrales hessisches Speichermagazin, zumal sich in anderen wissenschaftlichen Bibliotheken des Landes Hessen über kurz oder lang das gleiche Problem stellen wird. Die Zeit drängte aber, und so wurde 1976 für die Bibliothek zunächst einmal auf 10 Jahre ein Stockwerk eines Lagerhauses in Frankfurt-Fechenheim, Salzschlirfer Straße 19, angemietet und in der ersten Ausbaustufe mit Regalen für 300000 Bände Stellraum gefüllt. In der Endstufe wird es 500000 Bände aufnehmen. Um die Raumhöhe von 4,70 m besser auszunutzen, fiel die Wahl auf eine Regalhöhe von 3,30 m, die ein gelegentliches Benutzen von Leitern erforderlich macht. Der Achsabstand beträgt 1,50 m. Eine automatische Feuermeldeanlage ist vorhanden.

Bis Ende 1976 waren bereits ca. 230000 Bände in Oktavformat ausgelagert. Die nächste Auslagerungsstufe befindet sich in Vorbereitung. Da Fechenheim am anderen Ende der Stadt liegt, hat das Bücherauto, das das Ausweich-Magazin einmal am Tage anfährt, einen relativ weiten und ungünstigen Weg mitten durch das Stadtzentrum zurückzulegen. Die Zahl der täglich zu erledigenden Bestellungen betrug im Juli 1976 ca. hundert.

Die *Benutzung* der Bibliothek war von Beginn der Eröffnung des neuen Gebäudes an stark und nahm von Jahr zu Jahr derart zu, daß Frankfurt heute die benutzungsintensivste wissenschaftliche Bibliothek in der Bundesrepublik darstellt. Dies führte u. a. in der Ortsleihe zu erheblichen Problemen. Der Neubau war zwar mit Rohrpost und Buchkastenförderanlage für eine Sofortausleihe aller Ortsleihbestellungen konzipiert, die Zahl der Mitarbeiter im Magazin hätte aber verdoppelt oder verdreifacht werden müssen, um den entsprechenden Anforderungen gerecht werden zu können. So erhielten und erhalten die Benutzer ihre bestellten Bücher aus dem geschlossenen Magazin erst am darauffolgenden Tage. Nur in dringenden Ausnahmefällen – und das sind heute etwa zwanzig täglich – wird der Sofortdienst in Anspruch genommen, an Tagen mit hoher Belastung der Magazinmitarbeiter entfällt er auch ganz.

Die langen Schlangen wartender Benutzer vor den Ausgabe- und Rücknahmeschaltern der Leihstellentheke, die sich in den ersten Jahren oft vor allem in den Stoßzeiten der Benutzung gegen Mittag bildeten, gibt es heute nicht mehr. Hier hat das arbeitssparende hessische Ausleihverbuchungsverfahren mit EDV Abhilfe geschaffen, bei dem z. B. Bücher einfach zurückgegeben und die Rückbuchungen zu einem beliebigen späteren Zeitpunkt durchgeführt werden können.

Eine erhebliche Entlastung für die Ortsausleihe brachte auch der großzügige Ausbau der *Lehrbuchsammlung* und nach ihrer Verlegung in das 1. Untergeschoß ihre Verbindung mit einer Sammlung aktueller Literatur in Freihandaufstellung, dem sogenannten „*Offenen Magazin*", das seit 1971 die wichtigeren Neuerwerbungen der Bibliothek aufnimmt. Bücher aus diesem Bereich können ohne Ausfüllen eines Leihscheines ausgeliehen werden. 1976 erfolgte aus Platzgründen eine Erweiterung des „Offenen Magazins" ins 2. Untergeschoß hinein und die Anbindung dieses Raumabschnittes an das 1. Untergeschoß mittels eines Deckendurchbruches und Einbau einer zweiläufigen Treppe für die Benutzer. Die Benutzung allein von Lehrbuchsammlung und „Offenem Magazin" umfaßte 1976 fast 300000 Bände. Eine Lehrbuchsammlung sollte zwar dem Eingangsbereich einer Bibliothek unmittelbar zugeordnet sein und dem Benutzer gleich ins Auge fallen. Die abseitige Lage wird aber dadurch etwas ausgeglichen, daß der Zugangsweg der gleiche ist wie zur Garderobe; und die hohen Benutzungsziffern sprechen dafür, daß die Benutzer diesen Freihandbestand zu finden wissen.

In den *Lesesälen* der Bibliothek konnte die steigende Benutzungsfrequenz bisher noch aufgefangen werden. Für den Lesesaal der Rechts- und Wirtschaftswissenschaften im 1. Obergeschoß ergab sich, bedingt durch das große Arbeitsplatzangebot im Neubau des Juridicums, sogar eine gewisse Entlastung, so daß 1976 der Microfilm-Leseraum vom 3. Obergeschoß hierher verlagert und ausgeweitet werden konnte. Durch die Mikrofilmschränke, die für die Benutzer unmittelbar zugänglich sind, vom übrigen Lesesaal abgegrenzt, befinden sich hier in Eingangsnähe und vom Auskunftsplatz einsehbar sämtliche Bestände an Mikroformen sowie 1 Microcard-, 2 Microfiche- und 4 Mikrofilm-Lesegeräte.

Die Herauslösung des Mikrofilm-Leseraumes aus dem 3. Obergeschoß brachte der Musikabteilung die dringend benötigte Erweiterungsmöglichkeit. Von dem neugewonnenen Arbeitsraum aus läßt sich durch ein eingefügtes breites Fenster der zugehörige Leseraum sehr viel besser als bisher übersehen. Durch die Einbeziehung des ehemaligen ,,Flügelraumes", die Einziehung von Trennwänden und kleinere Raumverschiebungen innerhalb des 3. Obergeschosses konnte die Arbeitsraumsituation auch für die übrigen Sonderabteilungen leicht verbessert werden.

Für die anderweitigen Verwaltungs- und bibliothekarischen Räume (z. B. Fotostelle) erhofft man sich eine Verbesserung der Raumsituation durch die Verlagerung von Altbestand nach Fechenheim mit der Möglichkeit, dann Raumkapazität nicht nur für aktuelle Buchbestände, sondern auch für den Verwaltungsbereich zu gewinnen.

Zu prüfen ist dann die Situation im *Informationszentrum*. 1965 schrieb Köttelwesch: ,,Die dem Katalog, der allgemeinen Auskunftsstelle (mit Apparat der Allgemeinbibliographien) und der Ausleihe vorbehaltene Eingangshalle ist von so großer Ausdehnung, daß der hier aufzustellende alphabetische Benutzerkatalog praktisch unbegrenzt wachsen kann und die Funktionszusammenhänge niemals durch notwendig werdende Umorganisation gestört werden"[13]. Diese Feststellung kann voll unterstrichen werden. Es war möglich, sich in diesem Raum allen anfallenden, funktionell bedingten Veränderungen flexibel anzupassen und ihn zunehmend zu einem leistungsfähigen Informationsbereich auszugestalten. Hierzu gehört die Verlegung der Auskunftsstelle in die Raummitte und ihre besondere Kennzeichnung sowie die Zusammenfassung aller Informations- und Dokumentationsdienste. Hierzu gehört 1973 die Aufstellung des Systematischen Kataloges in der Halle mit der Möglichkeit des unmittelbaren Zu-

[13] Köttelwesch a. a. O., S. 131.

griffes. Seit 1975 steht hier auch frei zugänglich der Frankfurter Gesamtkatalog Monographien, der die Neuerwerbungen 1970ff. vor allem der geisteswissenschaftlichen Teilbibliotheken der Universität in einem Alphabet erfaßt und 1976 ca. 400000 Titel verzeichnete. Der Handapparat der allgemeinen Nachschlagewerke, Kataloge und Bibliographien konnte inzwischen auf mehr als 16000 Bände ausgeweitet werden. Aufstellung findet er zum Teil in dem ehemaligen Ausstellungsraum, der im Westen an die Halle angrenzt. Hier hat auch die Dienststelle Signierdienst einen zum Alphabetischen Katalog günstig gelegenen Dienstraum gefunden, und hier befinden sich außerdem Arbeitsplätze für die Sachkatalogisierung.

Ein gesonderter, verschließbarer Ausstellungsraum, wie er von der Planung gefordert und seitlich des Eingangs erstellt worden war, erwies sich nicht als erforderlich. Von Anfang an fanden die Ausstellungen im neuen Gebäude ihren Platz an der Schauseite der Eingangshalle, unmittelbar hinter der Glasfront, dort wo sie von außen für jeden Passanten, aber auch von innen für jeden Benutzer sofort ins Auge fallen.

Zu den lokalen Aufgaben der Bibliothek gehört neben der Betreuung der städtischen Benutzer die *Koordinierung der Literaturversorgung* im Universitätsbereich, die durch das Hessische Universitätsgesetz festgelegt ist. Es überträgt dem Direktor der Bibliothek als ,,Bibliothekar der gesamten Universität" die bibliotheksfachliche Aufsicht über alle bibliothekarischen Einrichtungen und Kräfte der Universität und legt der Universitätsbibliothek als Zentralbibliothek auf, einen Zentralkatalog aller in den Einrichtungen der Universität vorhandenen Bücher und Zeitschriften zu führen. Während aber z. B. an der Universitätsbibliothek Marburg aus einer langen Tradition heraus gewisse Ansätze zur Zentralkatalogisierung vorgegeben und eine ganze Reihe von Diplombibliothekarstellen in Fachbereichen vorhanden waren, mußte Frankfurt praktisch völlig neu anfangen, und dies bei einer Zahl von 133 Fachbereichs- und Fachbereichsteilbibliotheken, für die das Verzeichnis der ,,Wissenschaftlichen Bibliotheken in Frankfurt am Main" 1976 rund 7000 laufende Zeitschriften und 1670000 Bände Bestand nennt. Bei dieser Bestandsgröße, bei der räumlich zersplitterten Lage der Teilbibliotheken, bei der jahrzehntelangen Selbständigkeit der Einrichtungen der Universität ist der Aufbau eines zentralisierten Bibliothekssystems eine schwierige und langwierige Aufgabe. Vor allem fehlen die räumlichen und personellen Voraussetzungen, um strukturelle Verbesserungen durchführen zu können. Doch gibt es eine ganze Reihe von Ansatzpunkten, an deren Ausbau kontinuierlich und beharrlich gearbeitet wird. Zu nennen sind das *Frankfurter Zeitschriftenverzeichnis*, dessen Ausdruck mit Hilfe der EDV im Rahmen des Hessischen Zeitschriftenverzeichnisses erstmals 1973 erschien, und der *Frankfurter Gesamtkatalog* der Monographien. Für den letzteren wurde Ende der sechziger Jahre auf fotomechanischem Wege eine Kopie der alphabetischen Kataloge der Bibliotheken in den geisteswissenschaftlichen Fachbereichen erstellt. Dieses Material ist teilweise vorsortiert, aber noch nicht benutzbar. Man kann nur hoffen, daß die Bibliothek personell bald in der Lage sein wird, dieses für Auskunftszwecke und für die Erwerbungsabstimmung bei älterer Literatur so wichtige Instrument, das z. Z. ca. 1 Million Titelkarten umfaßt, zu komplettieren und aufzustellen. Der Gesamtkatalog der Neuerwerbungen 1970ff. der Fachbereiche steht dagegen seit 1975 für die Benutzung frei zugänglich im Informationszentrum. Seine Fortführung wird dadurch erleichtert, daß die Zentralbibliothek eine Titelkartendruckstelle für Fachbereichsbibliotheken eingerichtet hat, an die bereits mehr als 60 Teilbibliotheken angeschlossen sind, und damit laufend automatisch je eine Titelkarte der Neuerwerbungen für den Gesamtkatalog anfällt. In Bearbeitung ist auch eine Bibliographie der Publikationen der Mitglieder und Angehörigen der Frankfurter Universität für die Jahre 1973 bis 1975. Sie wird voraussichtlich im Frühjahr 1978 erscheinen.

Eine Konzentrierung von kleineren Teilbibliotheken zu größeren bibliothekarischen Einheiten etwa auf Fachbereichsebene ist zur Zeit nicht zu erwarten. Geplant ist jedoch der weitere Ausbau der Universität in Niederursel. Dort sollen dann größere „Fachbibliotheken" entstehen. Intensiv wird aber schon jetzt in Richtung auf eine Vereinfachung, Vereinheitlichung und Konzentrierung bibliothekarischer Verwaltungsarbeiten in den Fachbereichen gearbeitet. Die Grundlage dafür bilden die statistische „Übersicht über die bibliothekarischen Einrichtungen" der Frankfurter Universität[14] und eine zusammenfassende Darstellung der universitären Literaturversorgung[15]. Daneben treten vom Ständigen Ausschuß für das Bibliothekswesen herausgegebene Rahmenordnungen für die Fachbereichsbibliotheken[16], für ihre Benutzung[17] und ihren Geschäftsgang[18].

Der persönliche Kontakt zu den Fachbereichen, ihren Bibliotheken und bibliothekarischen Mitarbeitern wird durch Besuche des Bibliothekars der Universität bzw. des Leiters der Koordinierungsabteilung hergestellt, aber auch

[14] Der Bibliothekar der J. W. Goethe-Universität. Übersicht über die bibliothekarischen Einrichtungen an der Universität Frankfurt am Main. Frankfurt 1977. 51 ungez. Bl. (Mschr. verv.)

[15] Zur Literaturversorgung an der Johann Wolfgang Goethe-Universität. Frankfurt, 18. 4. 1977. 21 S. (Mschr. verv.)

[16] Johann Wolfgang Goethe-Universität Frankfurt. Rahmenordnung für die Fachbereichsbibliotheken. Frankfurt, 21. 1. 1975. 3 S. (Mitteilungsblatt. Johann Wolfgang Goethe-Universität Frankfurt. Jg. 2. 1975, S. 1–3. Mschr. verv.)

[17] Rahmenbenutzungsordnung für die Fachbereichsbibliotheken und sonstigen bibliothekarischen Einrichtungen der Johann Wolfgang Goethe-Universität. Frankfurt, 15. 5. 1975. 2 S. (Mschr. verv.)

[18] Rahmenordnung für den Geschäftsgang in den bibliothekarischen Einrichtungen der Johann Wolfgang Goethe-Universität Frankfurt/M. Frankfurt, 16. 12. 1974. 3 S. (Mitteilungsblatt. Johann Wolfgang Goethe-Universität Frankfurt. Jg. 2. 1975, Nr. 1, 31. 1. 1975, S. 1–3. Mschr. verv.)

durch sogenannte „Bibliotheksversammlungen", d. h. Informationsgespräche mit den bibliothekarischen Mitarbeitern in den Fachbereichen. Die offizielle Kooperation erfolgt über den Ständigen Ausschuß für das Bibliothekswesen, an dessen Sitzungen der Bibliothekar der Universität ex officio teilnimmt, sowie über die Fachreferenten. Sie sind Gesprächspartner der Fachbereiche in allen bibliothekarischen Fragen, bei ihnen liegt im Blick auf die Erwerbungssabstimmung mit den Fachbereichen die Initiative.

Neben den lokalen stehen gewichtig die regionalen und überregionalen Aufgaben der Frankfurter Bibliothek. Auch hier ist Personalnot zu verzeichnen, auch hier ist es zu erheblichen räumlichen Engpässen gekommen. Für den *Hessischen Zentralkatalog* konnte die Raumnot in etwa dadurch behoben werden, daß ihm und der Redaktion des ISBN-Registers der Raum des Systematischen Kataloges zur rechten Hand des Einganges zugewiesen wurde, wenn dieser Bereich sicherlich auch besser im Rahmen des Informationszentrums zu nutzen wäre. In dem freigewordenen Raumabschnitt im 1. Obergeschoß des Verwaltungstraktes konnte u. a. die Redaktion des *Hessichen Zeitschriftenverzeichnisses* untergebracht werden. Der erste Ausdruck dieses Verzeichnisses mit 34000 Besitznachweisen lag 1976 vor. Er wurde mit Hilfe der EDV erstellt. Örtliche und fachliche Verzeichnisse werden 1977ff. folgen. Hier nimmt die Frankfurter Bibliothek für das hessische Bibliothekswesen wichtige zentrale Funktionen wahr. Bei der weiteren Entwicklung des EDV-Verbundes der hessischen Bibliotheken wird sie auch an der Testphase für das Programm der Monographienkatalogisierung (HEBIS-Mon.) teilnehmen.

Die *Bibliotheksschule* war ursprünglich nur für die Ausbildung des gehobenen Dienstes geplant und eingerichtet worden. Der Raumbedarf ist heute aber sehr viel größer, da die Ausbildung für den höheren und mittleren Dienst hinzukam, die Zahl der Kursusteilnehmer sich vergrößerte, die theoretische Ausbildung sich methodisch veränderte und ihre Zeitdauer verlängerte. Bemühungen um Gewinnung von Unterrichtsräumen in der Nähe der Bibliothek, so um Freigabe eines Teiles des ehemaligen Gebäudes der Union-Druckerei, schlugen fehl. Abhilfe kann hier vermutlich nur nach Auslagerung von Altbeständen der Senckenbergischen Bibliothek durch den Einbau von Schulräumen im 1. Untergeschoß geschaffen werden.

Zu fragen ist noch, wie sich die *technischen Einrichtungen* bewährt haben. Hier muß an erster Stelle die Klimaanlage genannt werden. Der Neubau der Frankfurter Bibliothek wurde vollklimatisiert. Fenster können nicht geöffnet werden. Von Anfang an kam es zu Beschwerden über Zugerscheinungen und schlechte Luftverhältnisse. Sicherlich sind manche Klagen auf psychologische Faktoren zurückzuführen, doch blieben ernstzunehmende Beanstandungen bis heute bestehen, denen das Amt für Technische Anlagen der Stadt Frankfurt erneut nachgehen wird. Dabei soll auch die Sonnenschutzanlage überprüft werden. Sie besteht aus vertikal angeordneten Sonnenbrechern, die durch Selenzellen automatisch gesteuert werden. Bei bewölktem Wetter ist die Anlage oft ständig in Bewegung, und das wird vor allem in den Lesesälen und Carrels als unangenehm empfunden, zumal die Anlage sehr geräuschvoll arbeitet. Anzumerken ist vielleicht noch, daß jahrelang über Zugerscheinungen in der Eingangshalle geklagt wurde. Hier konnte durch den Einbau einer Drehtür Abhilfe geschaffen werden.

Abschließend darf gesagt werden, daß sich das neue Frankfurter Bibliotheksgebäude in den vergangenen anderthalb Jahrzehnten bewährt hat und die Bibliothek trotz der unverhältnismäßig rasch gestiegenen Anforderungen und der damit verbundenen Personal- und Raumnot ihre Funktionen erfüllen konnte. Die Teilflexibilität des Gebäudes sowie gewisse Raumreserven, vor allem in der Eingangshalle, erlaubten es, das Raumproblem bisher durch interne Raumverschiebungen zu lösen. Die Auslagerung weniger benutzter Bestände wird es jetzt und in Zukunft ermöglichen, daß sich das offene Magazin sowie die Benutzungs- und Verwaltungszonen dort, wo es notwendig ist, weiter ausdehnen. Wünschenswert bleibt aber für die Zukunft ein zentraler hessischer Bücherspeicher in günstiger Verkehrslage zur Bibliothek bzw., falls sich dies nicht so rasch realisieren läßt, die Errichtung eines Magazin-Annexes auf der dafür vorgesehen Vorbehaltsfläche direkt neben der Bibliothek. Zu wünschen bleibt der Bibliothek auch, daß sie von seiten der Stadt Frankfurt am Main die erforderliche personelle und finanzielle Unterstützung sowie von der Frankfurter Universität die notwendige Koordinierungsbereitschaft erfährt, um ihren vielfältigen lokalen, regionalen und überregionalen Aufgaben noch besser als bisher nachkommen zu können.

Literatur

Allgemein

1. Bibliotheksbau und Bibliothekstechnik. Ein Kompendium für Bibliothekare. Hrsg. von Franz-Heinrich Philipp. Pullach bei München 1973. 148 S. (Bibliothekspraxis. 11.)
2. Bibliotheksplan 1973. Entwurf eines umfassenden Bibliotheksnetzes für die Bundesrepublik Deutschland. Berlin 1973. 172 S.
3. Bibliotheksplanung in den Bundesländern. Frankfurt am Main 1973. 23 S. (Sonderdr. aus: ZfBB. 20. 1973, S. 84–102).
4. 10 Jahre Bibliothekssystem der Universität Regensburg. München 1975. 61 S. (Sonderdr. aus: Bibliotheksforum Bayern. 3. 1975, S. 1–61.)
5. Bibliotheksverbund in Nordrhein-Westfalen. Planung und Aufbau der Gesamthochschulbibliotheken und des Hochschulbibliothekszentrums 1972–1975. München 1976. 398 S. (Bibliothekspraxis. 19.)

6. Empfehlungen des Wissenschaftsrates zum Ausbau der wissenschaftlichen Einrichtungen. Teil II: Wiss. Bibliotheken. Bonn 1964. 290 S., 1 Kt.
7. Empfehlungen für die Zusammenarbeit zwischen Hochschulbibliothek und Institutsbibliotheken. Deutsche Forschungsgemeinschaft. Bibliotheksausschuß. Bonn-Bad Godesberg 1970. 32 S.
8. Harro Heim: Die Universitätsbibliothek Bielefeld nach zwei Semestern Praxis. Notizen und Marginalien. In: Mitteilungsblatt. Verband der Bibliotheken des Landes Nordrhein-Westfalen. NF. 20. 1970, S. 227–233.
9. Instituts- und Hochschulbibliotheken. Denkschrift der DFG. Bad Godesberg 1955. 24 S.
10. Rolf Kluth: Grundriß der Bibliothekslehre. Wiesbaden 1970. VIII, 372 S.
11. Rolf Kluth: Zur baulichen Struktur der Zentralbibliothek der Universität Bremen. In: DFW. Dokumentation und Information. 25. 1977, Mai, S. 25–32. (Sonderh.)
12. Franz Kroller: Bibliotheksbauplanung. In: Zur Theorie und Praxis des modernen Bibliothekswesens. München. Bd 2. 1976, S. 454– 487.
13. Gerhard Liebers: Bibliotheksbau und neues Bauen. In: Symposium moderner Bibliotheksbau. Wien 1971, S. 9–37.
14. Gerhard Liebers: Einige Gedanken über Möglichkeiten und Grenzen der Planung beim Bau von Bibliotheken. In: Bibliotheksarbeit heute. Beiträge zur Theorie und Praxis. Frankfurt am Main 1973, S. 246–255.
15. Gerhard Liebers: Tendenzen im Bibliotheksbau. In: Mitteilungsblatt. Verband der Bibliotheken des Landes Nordrhein-Westfalen. NF. 19. 1969, S. 15–24.
16. Gerhart Lohse: Das Bibliothekswesen an den Universitäten und an der Technischen Hochschule des Landes Nordrhein-Westfalen. Wuppertal, Ratingen, Düsseldorf 1970. 90 S. (Strukturförderung im Bildungswesen des Landes Nordrhein-Westfalen. 12.)
17. Günther Pflug: Das Verhältnis der Universitätsbibliothek zu den Institutsbibliotheken an den neugegründeten Universitäten. In: Mitteilungsblatt. Verband der Bibliotheken des Landes Nordrhein-Westfalen. NF. 17. 1967, S. 141–157.
18. Franz-Heinrich Philipp: Das Bildungssystem der Philipps-Universität. Marburg 1973. 6 S. (Sonderdr. aus: Die Universitätsbibliothek Marburg. Marburg 1973, S. 1–6.)
19. Werner Ruddigkeit: Fragen der Bibliotheksbauplanung. Nebst Beiheft. Köln 1969.
20. Friedrich Adolf Schmidt-Künsemüller: Strukturprobleme des deutschen Bibliothekswesens. In: Zur Theorie und Praxis des modernen Bibliothekswesens. München. Bd. 1. 1976, S. 155–183.
21. Vom neuen Standort der Gesamthochschulbibliothek. Hrsg. von Walter Barton. Siegen 1977. 176 S.
22. Joachim Stoltzenburg u. Günther Wiegand: Die Bibliothek der Universität Konstanz 1965–1974. Erfahrungen und Probleme. Pullach bei München 1975. 119 S. (Bibliothekspraxis. 18.)
23. Joachim Stoltzenburg: Die Bibliothek als Literaturversorgungssystem der Universität Konstanz. In: Bauwelt. 65. 1974, S. 404–413.

Zur Stadt- und Universitätsbibliothek Frankfurt am Main

1. Hubert Beck u. F. W. Gravert: Die tragende Konstruktion der Stadt- und Universitätsbibliothek Frankfurt am Main. In: Der Bauingenieur. 40. 1965, S. 121–125.
2. Benutzungsordnung für die Stadt- und Universitätsbibliothek Frankfurt am Main vom 5. 11. 1973. Frankfurt am Main 1974. 1 Bl. (Sonderdr. aus: Mitteilungen der Stadtverwaltung Frankfurt a. M. Nr. 13. 1974.)
3. Wissenschaftliche Bibliotheken in Frankfurt am Main. Ein Verzeichnis. Frankfurt am Main 1976. 69 S.
4. Stadt- und Universitätsbibliothek Frankfurt am Main und Senckenbergische Bibliothek. In: Bibliotheksneubauten in der Bundesrepublik Deutschland. Hrsg. von Gerhard Liebers unter Mitarb. von Franz-Heinrich Philipp u. Gerhard Schlitt. Frankfurt 1968. S. 117–126.
5. Stadt- und Universitätsbibliothek, Senckenbergische Bibliothek Frankfurt a. M. Jahresberichte 1974–1976.
6. Die Unibibliothek (Frankfurt) platzt aus allen Nähten. In: Frankfurter Stadt-Rundschau v. 14. 8. 1975, Nr. 186, S. 12.
7. INFO 1. Allgemeine Benutzungshinweise. Stadt- und Universitätsbibliothek Frankfurt, Senckenbergische Bibliothek. Frankfurt a. M. 1977. 1 Bl.
8. Clemens Köttelwesch: Vom Frankfurter Sammelkatalog zum Hessischen Zentralkatalog. In: Aktuelle Probleme der Bibliotheksverwaltung. Wiesbaden 1966, S. 92–101.
9. Clemens Köttelwesch: Stadt- und Universitätsbibliothek (Frankfurt), Senckenbergische Bibliothek. In: Bibliotheken in Frankfurt/M. Frankfurt/M. 1968, S. 1–6. (Mschr. verv.)
10. Clemens Köttelwesch: Das Leben beginnt mit der Schrift... Die Stadt- und Universitätsbibliothek im neuen Haus. In: Frankfurt, lebendige Stadt. 10. 1965, H. 2, S. 16–23.
11. Clemens Köttelwesch: Zum Neubau der Stadt- und Universitätsbibliothek Frankfurt am Main. In: Buch und Welt. Wiesbaden 1965, S. 125–136.
12. Ferdinand Kramer: Über den Bau von Bibliotheken. In: Bauwelt. 53. 1962. S. 125, 136.
13. Ferdinand Kramer: Stadt- und Universitätsbibliothek Frankfurt am Main. In: Bauwelt. 56. 1965, S. 1274–1276.
14. Ferdinand Kramer: Stadt- und Universitätsbibliothek in Frankfurt am Main. In: Bauwelt. 53. 1962, S. 133–135.
15. Zur Literaturversorgung an der Johann Wolfgang Goethe-Universität. Frankfurt 1977. 21 Bl. (Mschr. verv.)
16. A. Mehmel u. H. Weise: Modellstatische Untersuchung einer Flachdecke des Magazingebäudes der Stadt- und Universitätsbibliothek Frankfurt am Main. In: Der Bauingenieur. 40. 1965, S. 126–130.
17. Godo Remszhardt: Stadt- und Universitätsbibliothek Frankfurt am Main. In: Bauwelt. 56. 1965, S. 1269–1973.
18. Übersicht über die bibliothekarischen Einrichtungen an der Universität Frankfurt am Main. Frankfurt 1977. 48 ungez. Bl. (Mschr. verv.)

19. Das Wissen der Welt in Selbstbedienung. Stadt- und Universitätsbibliothek (Frankfurt) zehn Jahre im Bockenheimer Neubau. In: Frankfurter Allgemeine Zeitung v. 1. 8. 1975, Nr. 175, S. 27f.

ELMAR MITTLER

Methoden der Personalbedarfsermittlung in wissenschaftlichen Bibliotheken

1. Ausgangssituation

In den letzten fünf Jahren sind in der Bundesrepublik eine Reihe von Ansätzen zur Ermittlung des Personalbedarfs wissenschaftlicher Bibliotheken erarbeitet worden[1]. Die sogenannte Mahrenholtz-Formel spielt nach intensiver und insgesamt negativer Diskussion heute als Globalmodell keine Rolle mehr[2]. Mit Hilfe des Selbstaufschreibeverfahrens haben Klar und Funk jeweils in Projektgruppen Arbeitszeiten für einzelne bibliothekarische Tätigkeiten in dezentralen Bibliotheken bzw. bei der Buchbearbeitung zentraler Bibliotheken zusammengestellt und daraus Folgerungen für den Personalbedarf zu ziehen versucht[3]. Die Ermittlung des Personalbedarfs für größere Tätigkeitsbereiche wurde dem Personalmodell des Bibliotheksplans Baden-Württemberg zugrundegelegt, das in vereinfachter Form auch in den Bibliotheksplan '73 Eingang gefunden hat[4]. Nach Abschluß der Klar- und Funk-Untersuchung finanziert die Deutsche Forschungsgemeinschaft bei der Badischen Landesbibliothek ein Projekt, das Vergleichswerte für den Personal- und Mittelbedarf wissenschaftlicher Bibliotheken aufgrund statistischer Erhebungen bringen soll. In dieser Situation lohnt sich ein zusammenfassender Überblick über methodische Aspekte der Ermittlung von Personalbedarfszahlen in Bibliotheken. Zum Vergleich mit den deutschen Ansätzen werden vor allem die wichtigsten angelsächsischen Arbeiten herangezogen.

2. Methodische Ansätze der Personalbedarfsermittlung

Wirft man einen Blick in die betriebswirtschaftliche Literatur zur Personalplanung, so sind zwei wesentliche Grundmethoden der Personalbedarfsermitt-

[1] Vgl. hierzu auch den Überblick in E. Mittler: Richt- und Normenwerte in Bibliotheksorganisation und -betrieb. In: Organisation und Technik in Bibliotheken. Frankfurt 1975. S. 101–119, sowie den Abschnitt Kapazitätsplanung in: E. Mittler: Bibliotheksplanung. In: Theorie und Praxis des modernen Bibliothekswesens. Bd. 1. München 1976, S. 141 f.

[2] W. Mahrenholtz: Ein Beitrag zur Ermittlung des Personalbedarfs wissenschaftlicher Bibliotheken. In: Zeitschrift für Bibliothekswesen und Bibliographie. 19. 1972, S. 129–148.

[3] Rainer H. Klar, Werner Sämann u. Gabriele Daume: Personalbedarfsermittlung in dezentralen Bibliotheken. Pullach 1974; R. Funk: Arbeitsablaufuntersuchung und Personalbedarfsermittlung für die Buchbearbeitung an Hochschulbibliotheken. München 1977. Als Beispiel für derartige Untersuchungen im Bereich Öffentlicher Bibliotheken sei das KGSt-Gutachten: Kommunale öffentliche Bücherei. Köln 1964 erwähnt.

[4] Gesamtplan für das wissenschaftliche Bibliothekswesen. Arbeitgruppe Bibliotheksplan Baden-Württemberg. Red. E. Mittler. 2 Bde. Pullach 1973 und 1975. Bibliotheksplan 73. Berlin 1973.

lung zu berücksichtigen: auf der einen Seite *globale Richtwertmethoden*, auf der anderen Seite *analytische, von Einzelarbeitsgängen* ausgehende Untersuchungen von unterschiedlichem Detaillierungsgrad. Bevor wir auf diese beiden Methoden genauer eingehen, ist noch eine andere Unterscheidung kurz einzuführen: der *arbeitsplatzabhängige Personalbedarf* und der *mengenabhängige Personalbedarf*.

2.1 Arbeitsplatzabhängiger Personalbedarf

Vergleichen wir in einer Bibliothek große Arbeitsgebiete wie Buchbearbeitung, Benutzungs- und Auskunft- und Aufsichtsplätze im Lesesaal, so erkennt man, daß der Personalbedarf im Bereich von *Aufsicht und Auskunft* durch die Zahl der dafür notwendigen Plätze und die Öffnungszeit bestimmt ist, also in der Hauptsache mengenunabhängig ist. Nur bei Spitzenbelastungen z. B. der Auskunft ist eine doppelte oder mehrfache Besetzung notwendig. Der Grundbedarf an Personal ist daher leicht nach der Formel zu berechnen:

$$\text{Personalbedarf} = \frac{\text{Öffnungsstunden}}{\text{Arbeitszeit} - \text{Ausfall- und Erholungszeiten}}$$

Im Gegensatz zu diesem arbeitsplatzabhängigen Personalbedarf ist im Bereich der *Buchbearbeitung* die Zahl der notwendigen Mitarbeiter wesentlich von der *Menge* der zu bearbeitenden Fälle geprägt.

Einen komplizierteren Fall können wir in der Ausleihe beobachten: Hier ist der Personalbedarf einerseits abhängig von den Mengen auszuleihender Bücher, außerdem aber von der Zahl der Öffnungsstunden der Leihstelle und innerhalb dieser Zeit wieder nach dem Umfang der Nachfrage verschieden.

2.2 Mengenabhängiger Personalbedarf

In den weiteren Überlegungen werden die Möglichkeiten der Ermittlung des mengenabhängigen Personalbedarfs und einige Beispiele ihrer Anwendung im Bibliothekswesen untersucht. Hierfür werden vor allem

1. globale Meßwere und
2. Zeitwerte

verwendet.

3. Personalbedarfsermittlung mit Hilfe globaler Meßwerte (Kennzahlen)

Globale Vergleichswerte werden besonders in der öffentlichen Verwaltung häufig angewandt. Die kommunale Gemeinschaftsstelle für Verwaltungsvereinfachung (KGSt) gibt z. B. laufend Richtzahlen heraus. In verfeinerter Form besteht die Vergleichsmethode darin, unter Berücksichtigung der Anzahl der durchschnittlich zu bearbeitenden Fälle und der Gesamtzahl des zur Verfügung stehenden Personals Meßzahlen aufzustellen. Die Meßzahl ist der Quotient der Anzahl der jährlichen Bearbeitungseinheiten und der dafür benötigten Anzahl von Stellen.

$$\text{Meßzahl} = \frac{\text{Anzahl der Fälle pro Jahr}}{\text{Anzahl der benötigten Stellen}}$$

Derartige Richtzahlen erlauben eine erste Orientierung. Oft sind sie der einzig gangbare Weg, wie eine auf Zahlen gestützte Personalbedarfsbestimmung überhaupt durchgeführt werden kann.

Eine Untersuchung des Personalbedarfs mit dieser Methode wurde für die Universitätsbibliotheken des Landes Baden-Württemberg von der Arbeitsgruppe Bibliotheksplan Baden-Württemberg vorgelegt.

Grundlage war zunächst ein Betriebsvergleich dreier wissenschaftlicher Bibliotheken (Universitätsbibliothek Freiburg, Saarbrücken und Tübingen)[5]. Dabei wurden erfaßt:

1. die Haupttätigkeiten in den einzelnen Abteilungen der Bibliotheken;
2. die bearbeiteten Fälle pro Jahr;
3. der Personalbestand in den einzelnen Dienststellen differenziert nach der Eingruppierung.

Es ergab sich eine große Zahl von Detailunterschieden bei der Organisation der Arbeit und der einzelnen Abteilungen (z. B. Buchakzession und Titelaufnahme). Es zeigte sich aber andererseits eine starke Übereinstimmung im Personalbedarf, wenn man den Personaleinsatz für größere Arbeitsbereiche (also z. B. für die gesamte Buchbearbeitung) zusammenfaßte. Insgesamt wurden 14 derartige wesentliche Arbeitsbereiche zusammengestellt (vgl. Abb. 1). Diese Arbeitsbereiche wurden mit ihren Tätigkeiten beschrieben (vgl. z. B. das Modell des Personaleinsatzes für die Buchbearbeitung)[6]. Damit ist es möglich, Unterschiede der Arbeitsaufteilung und -organisation bei anderen Bibliotheken zum Modell exakt festzustellen. Das so entstandene Grundkonzept erwies sich als flexibel genug, um auf weitere Bibliotheken ausgedehnt werden zu können: Bei einer Berechnung der Leistungskennzahlen der übrigen Universitäts- und Landesbibliotheken in Baden-Württemberg ergaben sich weitgehend vergleichbare Werte.

Bei größeren Unterschieden in den Ergebnissen wurde versucht, die *Störfaktoren* zu analysieren. So ließ sich ein niedriger Leistungswert der Universität

[5] Das Modell wurde erarbeitet von Gebhardt (Tübingen), Kehr (Freiburg), Vinzent (Saarbrükken) unter Mitarbeit von Keller (Freiburg). Redaktion E. Mittler.

[6] Gesamtplan, Anm. 4, S. 363–371.

Formelsammlung (Abb. 1)

	gehobener Dienst	mittlerer Dienst	einfacher Dienst
1. Buchbearbeitung P_{sB}	$\frac{V_C + 0{,}3\ V_D + 1{,}1\ V_Z}{1692}$	$\frac{V_C + 0{,}3\ V_{D_1} + 0{,}8\ V_{D_2} + 1{,}3\ V_Z}{1882}$	$\frac{V_C + V_D + V_Z}{27.000}$
2. Gesamtkatalog Monographien P_{sGK}	$P_{oGKg} = 2$ $P_{oGKg} + \frac{V_{GK} - 40.000}{30.000}$	$\frac{V_{GK}}{30.000}$	
3. Gesamtkatalog Zeitschriften P_{sZK}	$P_{oZKg} = 1$	$\frac{V_{ZK}}{15.000}$	
4. Ausleihe und Magazin P_{sE}	$0{,}1\ P_{sE}$	$0{,}5\ P_{sE} + \gamma\ \frac{H_U}{W}$	$0{,}4\ P_{sE}$
5. Studentenbücherei Lehrbuchsammlung	$P_{oTg} = 0{,}5$	$P_{oTm} + \frac{V_{Tm} - 45.000\ (\text{bzw.}\ 35.000)}{40.000\ (\text{bzw.}\ 30.000)}$	
6. Fernleihe P_{sF}	$\frac{2{,}5\ V_N + V_{G+} + 0{,}2\ V_{G-}}{42 \cdot 1359}$	$\frac{2{,}5\ V_N + V_{G+} + 0{,}2\ V_{G-}}{42 \cdot 679}$	
7. Signierdienst P_{sS}	$\frac{V_N}{10.000}$	$\frac{V_{GB} + V_W}{30.000}$	
8. Auskunft an Katalogen usw. P_{sI}	$\frac{V_I}{2.500}$		
9. Lesebereiche P_{sL}	$\frac{1{,}3}{42} \cdot (H_H \cdot A_{Hg} + H_N \cdot A_{Ng})$	$\frac{1{,}3}{42} \cdot (H_H \cdot A_{Hm} + H_N \cdot A_{Nm})$	$\frac{1{,}3}{42} \cdot (H_H \cdot A_H + H_N \cdot A_N)$
10. Ordnungsarbeit in Lesebereichen P_{sP}			$\frac{V_P}{100.000}$ $V_P > 100.000$
11. Techn.Abteilung P_{sX}		**Ansatz nach Größenordnung verschieden (6.8.1 u. 8.2)**	
12 Ausbildung P_{sR}	$\frac{V_R}{6}$		
13. Wissenschaftl. Dienst P_{sWh}	$\frac{V_{HZ} + V_{HB} + V_{BZ} + V_{BB}}{42 \cdot 9}$ **= höherer Dienst**		
14. Verwaltung P_{sV}	$(P_{sG} + P_{sW}) \cdot 0{,}085$		

Tübingen in der Titelaufnahme u. a. durch den hohen Anteil besonders schwieriger Titel des Sondersammelgebietes Orientalistik erklären. Als eine andere wesentliche Einflußgröße ergab sich die bauliche Situation z. B. die Zahl der Magazingeschosse und deren Grundfläche. In allen diesen Fällen können aufgrund der Beschreibung der Voraussetzungen, auf denen die Sollwerte des Modells beruhen, modifizierte Leistungswerte für die betroffenen Bibliotheken ermittelt und begründet werden, damit sich ein realistischer Personalbedarfsansatz ergibt.

Als dritter wichtiger Fall ergaben sich relativ niedrige Leistungswerte in einzelnen Funktionsbereichen mit relativ geringer Auslastung. Einrichtungen wie z. B. die Lehrbuchsammlung kleinerer Universitäten hätten schließen müssen, wäre man von Leistungswerten ausgegangen, die bei den großen Universitätsbibliotheken ermittelt worden waren. Ursache des erhöhten Personalbedarfs ist die Tatsache, daß eine eigene Ausleihstelle wie die der Lehrbuchsammlungen einen Grundbedarf an Personal unabhängig von der Auslastung benötigt, damit die Funktion überhaupt angeboten werden kann. Dieses Grundpersonal reicht bis zu einer gewissen Größenordnung aus, um alle anfallenden Arbeiten auszuführen. Erst danach ist eine lineare Erhöhung des Personals entsprechend dem Arbeitsumfang notwendig. Hier handelt es sich also um eine Mischform aus arbeitsplatzabhängigem und arbeitsmengenabhängigem Personalbedarf, für den im Personalmodell des Bibliotheksplanes eine Sonderformel entwickelt wurde, die z. B. bei der Lehrbuchsammlung lautet:

$$^{P}Tm = {}^{P}oTm + \frac{{}^{V}oT - {}^{V}oTsm}{W \cdot L_{sm}}$$

d. h. der Personalbedarf des mittleren Dienstes errechnet sich aus dem Grundbedarf an Personal ($^{P}oT_{m}$ = 2) ergänzt durch die Division der Vorgänge durch den Leistungswert. Die Zahl der Vorgänge ergibt sich aus der Zahl der Entleihungen aus der Lehrbuchsammlung (^{V}oT), von denen die Arbeitsmenge abgezogen ist, die das Grundpersonal bewältigen kann (^{V}oTm im Regelfall 45000 Einheiten pro Jahr). Der Leistungswert ergibt sich aus der Gesamtjahresleistung einer Person unter Berücksichtigung der wöchentlichen Arbeitszeit W. (W · Lsm. = 39690). Ein über 2 Kräfte hinausgehender Personalbedarf ergibt sich nach dieser Berechnungsformel erst, wenn mehr als 45000 Einheiten pro Jahr entliehen werden.

Wie bei der Lehrbuchsammlung wird in 14 Abteilungen aufgrund von 22 Hauptarbeitsfällen der Personalbedarf errechnet (vgl. die Liste der Vorgänge in Abb. 2).

Abb. 2

Liste der ,,Vorgänge des Personalmodells des Bibliotheksplans Baden-Württemberg“

V ist die Zahl der in der Zeiteinheit (1 Jahr) in der jeweiligen bearbeiteten (Ist) oder zu bearbeitenden (Soll) Vorgänge.

Zahl der

V_A	verliehenen Bände in der Ortsleihe A+ positiv erledigt A− negativ erledigt
V_{BB}	personalabhängigen Tätigkeiten des wissenschaftlichen Dienstes in den Bereichsbibliotheken
V_{BZ}	personalabhängigen Tätigkeiten des wissenschaftlichen Dienstes in der Zentralbibliothek
V_C	erworbenen Monographien
V_D	erworbenen Dissertationen D_1 deutsche Dissertationen D_2 ausländische Dissertationen
V_E	Vorgänge in Magazin und Leihstelle nach Gewichtung
V_F	Vorgänge in der Fernleihe nach Gewichtung
V_G	Bände bzw. Bestellungen in der büchergebenden Fernleihe G+ positiv erledigt (Bände) G− negativ erledigt (Bestellungen)
V_{GB}	Bestellzettel in der büchergebenden Fernleihe
V_{GK}	Titelkarten aus der Region für laufende Führung des Gesamtkatalogs
V_H	zugangsabhängigen Tätigkeiten des Fachreferenten
V_{HB}	in den Bereichsbibliotheken V_{HB_1} mit Sachkatalogisierung V_{HB_2} ohne Sachkatalogisierung V_{HB_3} bei Erwerbungskooperation ohne Übernahme von Leitungs- und Bearbeitungstätigkeiten
V_{HZ}	in der Zentralbibliothek
V_I	eingetragenen Benutzer in der Leihstelle
V_K	von anderen Bibliotheken erhaltenen und an Benutzer ausgegebenen Bände und Kopien
V_M	ins Magazin eingegangenen Bestellscheine M+ positiv erledigt M− negativ erledigt
V_N	Bestellungen in der büchernehmenden Fernleihe
V_P	Bände in den Lesebereichen
V_R	auszubildenden Referendare und Anwärter
V_T	Ausleihen in Studentenbücherei und Lehrbuchsammlung
V_W	unsigniert abgegebenen Ortsleihscheine, die vom Signierdienst bearbeitet wurden
V_X	Kopien im Auftragsdienst pro Jahr
V_Z	erworbenen Zeitschriften
V_{ZK}	Eintragungen an Zeitschriftentiteln im Zeitschriftenverzeichnis der Region bzw. Hochschule (Split-entry)

Die meisten der für die Berechnung notwendigen Daten werden bei den Bibliotheken im Rahmen der allgemeinen Betriebsstatistik erhoben, so daß nur in geringem Umfang zusätzliche Erhebungen in den Bibliotheken nötig werden, um das Personalmodell anzuwenden. Bei der Buchbearbeitung sind z. B. V_C, die Anzahl der erworbenen Monographien, V_D, die Anzahl der erworbenen Dissertationen und V_Z, die Anzahl der erworbenen Zeitschriften für die Berechnung erforderlich. Die Untersuchung ergab, daß für die Bearbeitung von 1764 Monographien pro Jahr eine Arbeitskraft des gehobenen Dienstes benötigt wurde; von einer Kraft des gehobenen Dienstes konnten aber auch 5880 Dissertationen oder 1604 Zeitschriften bearbeitet werden. Um die Gesamtrechnung zu vereinfachen, sind diese Maßzahlen zur Errechnung des Personalbedarfs der Buchbearbeitung im gehobenen Dienst in einer Formel zusammengefaßt:

$$L_{Bg} = \frac{V_C + 0{,}3\ V_D + 1{,}1\ V_Z}{1764}$$

Durch Einsetzen der Zahl der erworbenen Monographien, Dissertationen und Zeitschriften läßt sich damit leicht das notwendige Personalsoll für jede Bibliothek ermitteln.

Für die Bearbeitung von 1000 Monographien erhält man damit z. B. einen Personalbedarf

0,56 gehobener Dienst (bzw. entsprechende Angestelltengruppen)
0,53 mittlerer Dienst (bzw. entsprechende Angestelltengruppen)
0,04 einfacher Dienst
1,13 Personalstellen

für 1000 deutsche Dissertationen

0,17 gehobener Dienst
0,16 mittlerer Dienst
0,04 einfacher Dienst
0,37 Personalstellen

für 1000 Zeitschriften

0,62 gehobener Dienst
0,69 mittlerer Dienst
0,04 einfacher Dienst
1,35 Personalstellen

Da nicht nur die Leistung der Personalgruppe des gehobenen Dienstes, sondern auch die des mittleren und einfachen Dienstes in diesen Abteilungen berechnet worden sind, liegt damit ein quantitatives und qualitatives Personalbedarfsmodell vor (vgl. die Formelzusammenstellung in Abb. 1). Der Personalbedarf von fünf Bibliotheken wurde im Gesamtplan auf diese Weise errechnet.

Dieses Personalmodell wurde in vereinfachter Form auch in den Bibliotheksplan 73 übernommen. Dabei war das Ziel, den globalen Personalbedarf bis 1980 zu berechnen. Sechs wesentliche Bereiche sind der Berechnung zugrundegelegt:

1. Zugangsabhängiger Personalbedarf
2. Nutzerabhängiger Personalbedarf
3. Personalbedarf für Information und Aufsicht (= Öffnungszeitabhängiger Personalbedarf)
4. Technischer Dienst
5. Personalbedarf des wissenschaftlichen Dienstes
6. Personalbedarf für zentrale Verwaltung[7].

Bei allen Personalbedarfsschätzungen, die auf der Analyse des gegebenen Zustandes beruhen, besteht natürlich die Ungewißheit, ob die jeweils untersuchten Dienststellen personell richtig besetzt waren. Dieses Problem suchte man in Baden-Württemberg durch die Beurteilung durch erfahrene Spezialisten möglichst klein zu halten. Es besteht aber andererseits auch das Problem, daß zu geringe Besetzungen nicht vollständig ausgeklammert werden können; möglicherweise ist auch die Qualität der Arbeit in den untersuchten Bibliotheken nicht hoch genug. Außerdem können aufgrund der Ist-Zahlen neue Bedürfnisse nicht ausreichend berücksichtigt werden. Bei den baden-württembergischen Bedarfsmodellen wurden Ist-Werte teilweise so modifiziert, daß damit eine als notwendig erachtete Verbesserung der Arbeitsqualität erreicht werden könnte. Personalansätze für zusätzliche neue Dienstleistungen (z. B. die Führung von Gesamtkatalogen der Universitäten und Regionen) wurden z. T. berücksichtigt. Ein derartiges vorsichtiges Ertragspolieren und Erweitern von Ist-Zahlen wurde auch im englischen Gutachten zum Personalbedarf von Public Libraries versucht[8].

Es ist vor allem infolge der Sparmaßnahmen der letzten Jahre nicht gelungen, die im Bibliotheksplan 73 oder den baden-württembergischen Empfehlungen gegebenen Standards zu Richtzahlen für die staatliche Personalbemessung zu machen. Aber in Baden-Württemberg haben die Bedarfszahlen dem Kultusministerium immer wieder eine gute Argumentationsbasis gegen Streichungen von Bibliotheksstellen durch das Finanzministerium geboten. Für die weitere Pla-

[7] Bibliotheksplan 73 (Anm. 4) S. 80–84. Bearbeitet von E. Mittler unter Mitwirkung von O. Mahrenholtz, M. Pauer u. W. Totok.

[8] Vgl. Department of Education and Science. The Stafffing of Libraries. 3 Bde. London: HMSO 1976. Bd. 1. S. 7.

nung der Personalstellen z. B. der Landesbibliotheken in Karlsruhe und Stuttgart wurde das Modell ebenfalls herangezogen.

Um Vergleichswerte zum Personalbedarf wissenschaftlicher Bibliotheken zu ermitteln, finanziert die Deutsche Forschungsgemeinschaft ein Projekt, bei dem eine größere Zahl von wissenschaftlichen Bibliotheken in der Bundesrepublik Deutschland mit Hilfe der hier genannten Methode untersucht werden. Die Projektleitung hat Marion Mallmann bei der Badischen Landesbibliothek Karlsruhe. Durch die Erweiterung des Datenmaterials über Baden-Württemberg hinaus soll u. a. die Sicherheit der Ergebnisse erhöht und die Analyse der Gründe von Abweichungen verbessert werden.

4. Personalbedarfsermittlung mit Hilfe von Zeitmeßwerten

Die arbeitswissenschaftlichen Methoden der Zeitmessung streben eine möglichst genaue Ermittlung des *Arbeitsanfalls* und der für die Erledigung einzelner Teilaufgaben (Arbeitsvorgänge) notwendigen *Bearbeitungszeiten* an. Unter Berücksichtigung der notwendigen *Erholungs- und Verteilzeiten* und der durchschnittlichen *effektiven Arbeitszeit* eines Mitarbeiters wird dann die benötigte Anzahl von Arbeitskräften rechnerisch ermittelt. Derartige Untersuchungen sind auch für das Bibliothekswesen mehrfach durchgeführt worden. In Deutschland sind die Arbeit von Klar und Funk zu nennen[9], an angelsächsischen Untersuchungen werden vor allem die der Management Research Unit (Loughborough)[10] und die Colorado-Studie[11] herangezogen.

4.1 Ermittlung von Tätigkeiten

Bei den Arbeitszeituntersuchungen muß zunächst eine Bestandsaufnahme durchgeführt werden, in der alle vorkommenden Tätigkeiten, deren Häufigkeiten und durchschnittliche Bearbeitungszeiten sowie die Gesamtabläufe festgestellt werden. Dabei ist es besonders wichtig, das Ermittelte auch kritisch zu überprüfen. Ein weiterer Schritt ist die Zusammenfassung der Einzeltätigkeiten in sinnvolle Arbeitsvorgänge und die Erarbeitung eines Kataloges dieser Vorgänge.

Zur Ermittlung des Arbeitsablaufes sind z. B. in der Funk-Studie umfangreiche Arbeitsablaufpläne erstellt worden[12]. Beim Colorado-Projekt wurde eine

[9] Vgl. Anm. 3.

[10] Gilder: Work Measurement in British Academic Libraries. In: Liber-Seminar on Library Management. Paper Nr. 11. Berlin 1975.

[11] Lawrence E. Leonard; Joan M. Maier; Richard M. Dougherty: Centralized Book Processing. Metuchen, N. J. 1969.

[12] U. Usemann-Keller; R. Funk: Arbeitsablaufdarstellung im Bereich der Buchbearbeitung an zentralen Hochschulbibliotheken. Berlin 1976. (Microfiche).

flow-process-chart verwendet, ein ähnliches Formblatt gehört auch zum „Pakkage Administrative Effectiviness" des Library Management Research Unit[13]. Die Tätigkeiten sind für die Erhebung in der Regel schon vorgegeben, z. B. in der Tätigkeitenliste von Klar[14]. Eine derartige Liste darf nicht zu sehr detailliert sein, weil sonst die Mitarbeiter überfordert werden und die Erfassungsqualität verschlechtert wird. Bei der Colorado-Studie begnügte man sich mit 76 Aktivitäten[15]; die sehr große Zahl zum Teil mit subjektiver Wertung versehenen Tätigkeiten bei Funk muß unter diesem Gesichtspunkt negativ bewertet werden[16]. Durch diese Zersplitterung ist es Funk auch besonders schwergefallen, nicht nur die Aktivitäten, sondern auch die Menge der bearbeiteten Einheiten exakt zu erfassen (also eine eindeutige Antwort z. B. auf die Fragen, wieviele Zeitschriftenhefte pro Jahrgang eingetragen werden müssen oder wieviele Titelaufnahmen pro bibliographische Einheit Zugang pro Jahr anfallen).

4.2 Die Ermittlung der Zeitwerte

Es gibt bisher keine allgemein anerkannte Systematik der Zeitermittlungsverfahren für Büros und Verwaltungen. Heinisch/Sämann[17] unterscheiden zwischen *10* unterschiedlichen Methoden, von denen Messen der Zeit durch Zeitnehmer mit Hilfe von Zeitmeßgeräten (Fremdaufschreibung) und die Selbstaufschreibung durch den Mitarbeiter die am häufigsten verwendeten sind. Wie die Übersicht von Heinisch/Sämann zeigt, sind bei der Meßmethode die exaktesten Werte zu ermitteln; die Selbstaufschreibemethode benötigt nur 10% des Aufwandes der Meßmethode bei einer Abweichung von 10 – 15%. Für bibliothekarische Analyse von Einzelarbeitszeiten hat sich allgemein das Selbstaufschreibeverfahren durchgesetzt[18]. Die von Heinisch/Sämann dargestellte vergleichbare Genauigkeit wurde bei der Colorado-Studie unter Beweis gestellt, wo neben einer Selbstaufschreibung eine Zeitstudie (Timestudy) mit Fremdbeobachtung (mit praktisch identischem Ergebnis)[19] durchgeführt wurde.

Als Beispiele für Selbstaufschreibeblätter sei ein Blatt der Colorado-Studie wiedergegeben, das für die Ausfüllung besonders geeignet erscheint (Anlage 3); es setzt eine Tätigkeitenliste voraus.

[13] Gilder (Anm. 10) S. 15.
[14] Klar (Anm. 3) S. 133–138.
[15] Centralized Book Processing (Anm. 11) S. 262–271.
[16] Vgl. Funk (Anm. 3) S. 27–132; subjektiv bewertet ist z. B. der Schwierigkeitsgrad von Titelaufnahmen (S. 94ff.)
[17] I. Heinisch, W. Sämann: Planzeitwerte im Büro. Berlin 1973. S. 47.
[18] Vgl. Gilder (Anm. 10) S. 9f.
[19] L. E. Leonard: The Colorado Academic Libraries Book Processing Center. In: Library Resources and Technical Services. 13. 1969, S. 119.

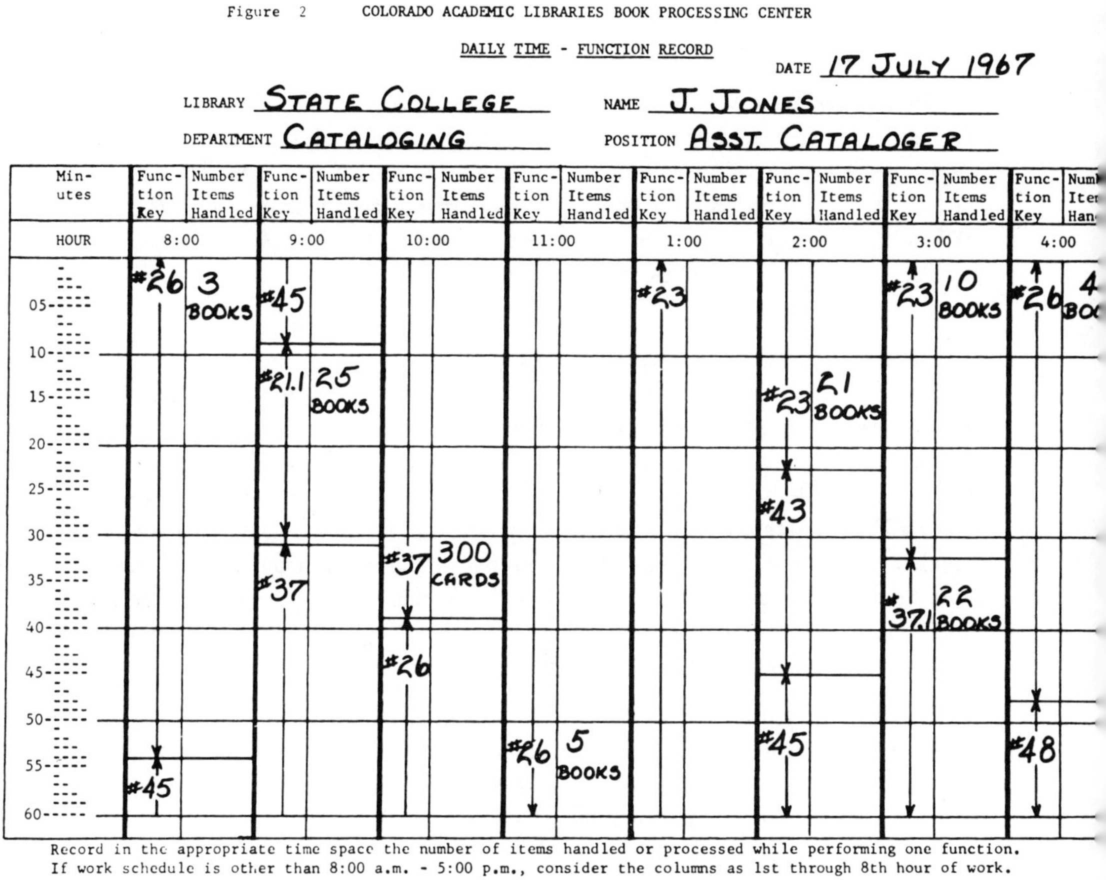

Figure 2 COLORADO ACADEMIC LIBRARIES BOOK PROCESSING CENTER

DAILY TIME - FUNCTION RECORD

DATE 17 JULY 1967

LIBRARY STATE COLLEGE NAME J. JONES

DEPARTMENT CATALOGING POSITION ASST. CATALOGER

Minutes / HOUR	8:00 Function Key	Number Items Handled	9:00 Function Key	Number Items Handled	10:00 Function Key	Number Items Handled	11:00 Function Key	Number Items Handled	1:00 Function Key	Number Items Handled	2:00 Function Key	Number Items Handled	3:00 Function Key	Number Items Handled	4:00 Function Key	Number Items Handled
05–60	#26; #45	3 BOOKS	#45; #21.1; #37	25 BOOKS	#37; #26	300 CARDS	#26	5 BOOKS	#23		#23; #43; #45	21 BOOKS	#23; #37.1	10 BOOKS; 22 BOOKS	#26; #48	4 BOO…

Record in the appropriate time space the number of items handled or processed while performing one function.
If work schedule is other than 8:00 a.m. - 5:00 p.m., consider the columns as 1st through 8th hour of work.

Abb. 3: Formblatt zur Erhebung von Tätigkeiten

4.3 Die Ermittlung der Nettoarbeitszeiten

Zur weiteren Nutzung der Daten ist es notwendig, Durchschnittszeiten für die einzelnen Tätigkeiten zu bilden. Dabei müssen mögliche Fehler bei der Datenerfassung berücksichtigt werden. In der Time-study des Colorado-Projektes wurde z. B. berücksichtigt, ob eine Person als besonders übereifrig auffiel, deren Arbeitsergebnisse dann als 110% oder 125% gerechnet wurden; in anderen Fällen, in denen ein Mitarbeiter nervös erschien und besonders viele Fehler machte, wurde nur ein Wert von 85% oder 90% berücksichtigt. Auf diese Weise suchte man dic Normalzeit exakter zu ermitteln, die als die Zeit definiert ist, die ein Arbeiter benötigt, der mit der Arbeit vertraut ist, um bei normaler Arbeitsgeschwindigkeit einen Arbeitsvorgang zu vollenden[20]. Bei der Selbstaufschreibung sind derartige Korrekturen natürlich nicht möglich.

Von den erfaßten Werten werden dann Mittelwerte für die Arbeit einer Person und über mehrere Personen gebildet. Um gute Werte für die weitere Rechnung zu erhalten, ist es notwendig, die Brauchbarkeit der Werte statistisch abzusichern[21]. Beim Colorado-Projekt berechnete man, daß mindestens 40 Einzelfälle jeder Tätigkeit erfaßt werden müssen, um eine Abweichung von maximal 5% bei der beobachteten Stichprobe zu erhalten.

Auf derartige Überlegungen weitgehend verzichtet wurde bei der Funk-Untersuchung. Es würde zu weit führen, hier in Details zu gehen. Es fehlt dort auch eine Analyse der Faktoren, die unterschiedlichen Zeiten der Mitarbeiter und der Bibliotheken zugrunde liegen. In einer von Aslib finanzierten Untersuchung wurde mit Hilfe einer multiplen Regressionsanalyse versucht, die Einflußfaktoren unterschiedlicher Einzelergebnisse zu analysieren[22]. Ohne auf die komplizierten Einzelberechnungen einzugehen, kann man das Ergebnis dahin zusammenfassen, daß die individuellen Faktoren bei einzelnen Mitarbeitern nicht die entscheidenden Einflußfaktoren z. B. bei der Katalogisierung waren, sondern andere Faktoren, die u. a. im Material oder bei den Regelungen der Sachkatalogisierung lagen, sich als wichtiger erwiesen.

Will man von Einzelwerten einer Bibliothek zu Gesamtwerten über mehrere Bibliotheken kommen, so ist zu prüfen, ob alle Tätigkeiten in allen Bibliotheken vorkommen oder in gleicher Weise abgewickelt werden. Bei der Colorado-Studie wurde eine Liste standardisierter Tätigkeiten erstellt, die entweder überall vorkamen, oder doch von der Mehrzahl der untersuchten Bibliotheken verwendet wurde.

Um von den Einzelwerten für Tätigkeiten zu Nettogesamtarbeitszeiten zu kommen, muß man den *Anteil der Tätigkeiten am Gesamtarbeitsprozeß* berücksichtigen. Hier zeigt sich, wie wichtig die Erhebung z. B. der Zahl der Zettel je katalogisierter Einheit, die hergestellt werden muß, oder der Zahl der Zeitschriftenhefte je Zeitschriftenjahrgang ist. Genaue Prozentlisten finden sich in der Colorado-Studie (bei den Katalogkarten sind es z. B. 600% je Zugang, da im Durchschnitt 6 Karten je Titel hergestellt werden[23]).

[20] Vgl. H. Pornschlegel: Menschliche Leistung und Arbeitsergebnis. Köln 1967. S. 38.

[21] Vgl. Colorado (Anm. 11) S. 58–60; Rosenkranz: Die Stichprobe bei Personalbedarfsberechnungen. In: Bürotechnik 11. 1976, S. 74f.

[22] A. P. Wilkin; R. Reynolds; S. E. Robertson: Standard times for information systems. In: Journal of Documentation. 28. 1972, S. 131–149.

[23] J. M. Maier: Analysing Acquisitions and Cataloguing Costs. In: Library Resources and Technical Services. 13. 1969, S. 132.

Zusammenfassend kann festgestellt werden, daß zur Ermittlung der Nettoarbeitszeit ein großer Datenumfang bewältigt werden muß. Er ist sehr exakt zu erheben und auszuwerten. Trotzdem lassen sich Unsicherheiten in den Ergebnissen nur schwer eliminieren.

4.4 Erholungszeiten, Verteilzeiten und die durchschnittliche effektive Arbeitszeit

Das gilt insbesondere, wenn man nun versucht, durch Berücksichtigung der Erholungs- und Verteilzeiten zur Ermittlung der effektiven Arbeitszeit zu kommen. Bei der Colorado-Studie wurden entsprechend den Richtwerten von Voos[24] dabei folgende Daten berücksichtigt:

unproductive time	16,3%
supervision	6,5%
administration	3,8%
instruction	5,7%
	p = 32,3%

Als ,,tandardizing factor" wurde daher 1,4771 eingeführt. Zusätzlich wurden noch Ferien, Krankheitszeiten und eigentliche Fehlzeiten abgezogen.

Einen für die interne Organisation wichtigen Teilaspekt berücksichtigte das Management Research Unit besonders genau: Pro Person und dann pro Abteilung, aber auch pro Arbeitsgang wurde die Bruttoarbeitszeit festgestellt; dann wurde erhoben, wieviel Zeit verloren ging und wieviel Zeit an andere Abteilungen abgegeben wurde. Die Nettoarbeitszeit wurde dann auf die erfaßten Haupttätigkeiten und Nebentätigkeiten aufgeteilt. Als Zeit für persönliche Anteile ergaben sich bei der englischen Untersuchung 12,5% bis 16%[25].

In der deutschsprachigen Literatur finden sich für Büro- und Verwaltungsbetriebe folgende Werte[26] (Abb. 4).

[24] H. Voos: Standard Times for Certain Clerical Activitites in Technical Processing. New Brunswick, N. J., Rutgers State University. Ph. D. Thesis 1964. Zit. nach Colorado (Anm. 11) S. 66.

[25] G. K. Smith; J. L. Schofield: Administrative effectiveness. In: Journal of Librarianship. 3. 1973, S. 256–266, hier S. 258.

[26] R. Rosenkranz: Die notwendigen und die tatsächlichen Verteilzeit-Zuschlags-Faktoren. Das rationelle Büro 1966.

R. Rosenkranz: Personalbedarfsberechnung in Bürobetrieben. Das rationelle Büro 1968.

Heinisch/Sämann: vgl. Anm. 17.

KGSt.: Arbeitsuntersuchungen in der Kommunalverwaltung. 4. Aufl. Köln 1967.

H. Böhrs: Produktive Büroarbeit. Bern 1972.

G. Hofmann: Steuerungsverfahren für Büroarbeiten. Zeitschrift für Organisation 1971.

P. Morell: Was darf die öffentliche Verwaltung kosten? Frankfurter Allgemeine Zeitung vom 16. 5. 1973.

H. Höfner: Entwicklung eines Strukturmodells zur Personalbedarfsbestimmung für zentrale Hochschulverwaltungen nach dem Verursacherprinzip. Dipl.-Arbeit Karlsruhe 1973 (unveröffentlicht).

Abb. 4

Autoren	Zuschläge für Erholungszeiten, bezogen auf die Netto-Soll-Bearbeitungszeiten	Zuschläge für Verteilzeiten, bezogen auf die Netto-Soll-Bearbeitungszeiten	Anteil der Ausfallzeiten, bezogen auf die vertraglich zu leistende Arbeitszeit
Rosenkranz	12%	20 – 40%	10 – 18%*
Heinisch/Sämann	5 – 15%	13 – 48%	15%
KGSt.	–	–	13 – 14%
Böhrs	10 – 18%	–	–
Hofmann	–	20%	–
Morell	–	–	16%
Höfner	–	–	14%

* Hier sind die Zuschläge auf die Netto-Soll-Bearbeitungszeiten bezogen.

Die Verteilzeit, oft in sachliche und persönliche Verteilzeit untergliedert, berücksichtigt die verschiedenen Zeitverluste im Arbeitsablauf, die durch organisatorische und technische Störungen, zeitlich wie mengenmäßig nicht erfaßbare zusätzliche Tätigkeiten (sachliche Verteilzeit), oder durch persönlich bedingte Unterbrechungen der Arbeit (persönliche Verteilzeit) entstehen.

Die Ausfallzeit entsteht durch unterschiedlich verursachte Abwesenheiten am Arbeitsplatz wie Urlaub, Krankheiten, nicht nachzuarbeitende Arztbesuche u. ä.

Die Berücksichtigung dieser zusätzlichen Zeitansätze ist zweifellos eine der schwächsten Stellen der Personalbedarfsermittlung. Alle Sorgfalt in der Analyse der Nettoarbeitszeit kann durch falsche Annahmen in diesem Bereich zunichte gemacht werden.

5. *Berechnungsformeln und -ergebnisse*

In den angelsächsischen Untersuchungen werden aus den Zeitwerten Kostenrichtwerte für einzelne Tätigkeiten ermittelt. Bei der Colorado-Studie wurden dazu die gesamten Personalkosten durch die gesamte produktive Arbeitszeit dividiert, und Durchschnittskosten pro Minute berechnet. Diese Werte wurden für die Kategorie von Mitarbeitern Student Assistant, Clerc (full-time) und Professionel getrennt berechnet. Die Einheitskosten je Tätigkeit wurde durch Multiplikation der standardisierten Arbeitszeit mit den Kosten pro Minute ermittelt. Auch Nebenkosten wurden berücksichtigt. Schließlich ergab sich durch Addition von Transport- und Bindekosten ein Gesamtarbeitspreis pro Band, der bei neun untersuchten Bibliotheken im Durchschnitt bei $ 4,50 lag[27]. Unit times und unit costs wurden auch bei der Management Research Unit für Erwerbung, Katalogisierung, Bindearbeiten, Ortsleihe und Fernleihe ermittelt. Diese Werte aus dem Jahre 1970 wurden im Sommer 1975 an der Newcastle upon Tyne Polytechnic Library bestätigt[28], in der die Selbstaufzeichnungsform von Woods[29] und Pritchard[30] angewandt wurde. Die ermittelten Daten werden von Masterson benutzt, um langfristige und kurzfristige Planungen durchzuführen. Auf die Berechnungsmethoden kann hier im einzelnen nicht eingegangen werden.

Die deutschen Personaluntersuchungen sind personalstellenorientiert. Der Grund liegt in den deutschen Budgetregeln, die fast ausschließlich Personalstellen und nicht Personalmittel ausweisen. Darüber hinaus ist die Bezahlung sehr stark z. B. von der Altersstruktur der Mitarbeiter abhängig[31]. Die Formeln, die Klar und Funk verwenden, haben folgende Grundform:

$$\text{Personal} = \frac{\text{Arbeitsmenge} \times \text{Zeitrichtwert für Mengeneinheit}}{\text{Tarifliche Arbeitszeit}}$$

$$P = \frac{n \cdot t}{T}$$

Diese Grundformel muß erweitert werden um Mengeneinheiten (a) für Rüstzeiten usw. Bei T muß ein Ansatz für Ausfallzeiten (b) berücksichtigt werden. Nach dieser Erweiterung lautet die Grundformel

$$P = \frac{n \cdot t \cdot (1 + a)}{T\,(1 - b)}$$

Der Personalbedarf für die Buchbearbeitung in dezentralen Bibliotheken läßt sich so z. B. mit den Werten von Klar[32] folgendermaßen ermitteln:

$$t = 40 \qquad a = 0{,}36$$

$$T = 132000 \qquad b \approx 32000$$

Bei rund 1835 Einheiten Zugang (n) ergibt sich dann

$$P = \frac{1835 \cdot 40 \cdot 1{,}36}{10^5} \approx 1$$

[27] Vgl. Colorado S. 69–78.

[28] W. A. J. Masterson: Work study in a polytechnic. Aslib Proceedings 18. 1967, S. 288–304.

[29] R. G. Woods: The costs of cataloguing. Southampton library, Automation Project Report. Nr. 3. Southampton 1972. Vgl. S. 300.

[30] City of London Polytechnic. Library and Learning Resource Service. London 1973.

[31] Vgl. K. F. Stock: Grundlagen und Praxis der Bibliotheksstatistik. Pullach 1974. S. 253f.

[32] Vgl. Klar (Anm. 3) S. 88.

In erweiterter, aber im Prinzip gleicher Form verwendet Funk diese Personalformel[33].

Vergleicht man die Ergebnisse der Kennziffernmodelle mit den hier dargestellten Modellen mit Zeitrichtwerten, so zeigt sich, daß sie sich gegenseitig nicht ausschließen. Der Leistungswert L des baden-württembergischen Personalmodelles entspricht dem Ausdruck

$$\frac{t\,(1 + a)}{T\,(1 - b)}$$

der Grundformel.

Im Prinzip sind daher die Daten der verschiedenen Arbeiten vergleichbar, wie Mallmann in einer noch nicht veröffentlichten Untersuchung des baden-württembergischen Modells mit den Funk-Werten im einzelnen zeigt. Diese Analyse wird im Rahmen des Vergleichswerteprojektes weitergeführt werden, um die Ursachen unterschiedlicher Ergebnisse zu ermitteln.

Aufgrund der globalen Werte ist es allerdings nicht möglich, den Anteil an Nebenzeiten oder Ausfallzeiten getrennt anzugeben. Er ist in den Gesamtzahlen enthalten. Daraus ergeben sich aber keine wesentlichen Nachteile, wenn in der untersuchten Bibliothek dieser Faktor nicht wesentlich von Durchschnittswerten abweicht, wie sie auch bei den analytischen Modellen zugrunde gelegt werden müssen[34]. Die Arbeiten mit Einzelzeitwerten haben sogar den Nachteil, daß der globale Ansatz für Nebenzeiten mit der Arbeitsmenge multipliziert wird. Dadurch entstehen zusätzliche Verzerrungen, weil hier von Quantitäten nicht abhängige Werte mit den Mengen multipliziert werden. Deutlich wird das z. B. bei Klar, bei dem in den Faktor 0,36 Nebenarbeiten wie Teilnahme an Besprechungen eingehen oder auch in der Colorado-Study, die „administration" und „instruction" mit 9,5% berücksichtigt. Eine Erhöhung der Arbeitsmenge bringt automatisch auch eine Vermehrung der für diese Nebentätigkeiten vorgesehenen Zeit. Das entspricht wohl nur in zufälligen Ausnahmefällen den realen Verhältnissen.

Auch andere Nachteile bei der Erfassung fallen bei den globalen Modellen weg. Da nur nachträglich eine Berechnung der wirklich erbrachten Leistung erfolgt, werden die Ergebnisse nicht durch die Sondersituation der Selbstauf-

[33] Vgl. Funk (Anm. 3) S. 175ff.

[34] Auch Funk (Anm. 3, z. B. S. 190) will diese Werte nur zu einem kleinen Teil bibliotheksspezifisch erheben (z. B. die Erholungszeit oder die Aushilfszeiten für andere Abteilungen). Es würden dadurch aber umfangreiche Erhebungen notwendig, die man eigentlich einsparen wollte; außerdem wechseln die Werte auch in der Einzelbibliothek laufend, so daß ein über kurze Zeit erhobener Wert ohne Berücksichtigung saisonaler Schwankungen (z. B. des Krankenstandes) nicht exakter sein kann, als globale Werte. Es empfiehlt sich daher, mit globalen Erfahrungswerten zu arbeiten, die implizit auch in den Globalzeiten der Kennziffermodelle enthalten sind.

schreibung oder Fremderfassung der Leistung verzerrt. Man erhält Werte, die dem realen bibliothekarischen Alltag entsprechen. Insofern können durch globale Ermittlungen die Einzelzeituntersuchungen überprüft werden; optimale Ergebnisse sind durch die Kombination beider Verfahren zu erwarten[35]. Da die globale Erfassung wesentlich kostengünstiger ist als die Einzelzeitermittlung, kann sie auch regelmäßig und bei einer größeren Zahl von Bibliotheken eingesetzt werden. Auf diese Weise lassen sich größere Abweichungen leicht erkennen und lokalisieren: In diesen Fällen kann dann gezielt eine genaue Untersuchung mit Hilfe der detaillierten Zeiterfassung erfolgen, mit denen die Gründe der Abweichungen exakter ermittelt werden können. Die Verbindung von globaler und detaillierter Untersuchung erweist sich damit als praktikabel und kostensparend.

6. Anwendungen der Personalbedarfsermittlung

Die Darstellung der Methoden der Personalbedarfsermittlung erfolgte bewußt kritisch. Vor falschem Optimismus muß gewarnt werden. Mit diesen Methoden können keine Zauberformeln für die Entwicklung des Bibliothekswesens ermittelt werden. Aber sie sind, richtig verwendet, wichtige Hilfsmittel z. B. bei der Begründung von Rationalisierungsmaßnahmen in der langfristigen Planung und in der praktischen bibliothekarischen Arbeit.

6.1 Entscheidungshilfe bei Rationalisierungsmaßnahmen

Im amerikanischen Bundesstaat Colorado hat man den Versuch gemacht, eine Neuorganisation der Buchbearbeitung der wissenschaftlichen Bibliotheken aufgrund der Analyse von Ist-Arbeitszeiten einzuführen. Diese Untersuchung ist von vorbildlicher Exaktheit und zeugt von außerordentlichen fachlichen Kenntnissen. Man merkt, daß die Mitarbeiter sich schon lange mit derartigen Fragen beschäftigt hatten, wie ihre schon 1966 erschienene Publikation „Scientific Management of Library Operation“ zeigt[36]. Nicht ohne Grund sind Untersuchungen mit den gleichen Methoden auch an mehreren anderen Orten durchgeführt worden[37]. Es ist bedauerlich, daß bei den Funk-Untersuchungen die Erfahrungen dieser Studie nicht berücksichtigt wurden. Beim Colorado-Projekt ist man einen wesentlichen Schritt über die Ermittlung des Ist-Zustandes hinausgegangen: Es wurden Soll-Arbeitsvorgänge für ein Buchbearbeitungszentrum zu-

[35] Vgl. J. Dietze: Arbeitsnormen und Arbeitsrichtwerte als Leitungsinstrument. In: Zentralblatt für das Bibliothekswesen. 87. 1973, S. 582.

[36] Richard M. Dagherty, Fred J. Henrik: Scientific Management of Library Operations. New York 1966.

[37] Vgl. z. B. Marcy Murphy, Claude J. Johns: Financial Data for Future Planning at the USA Air Force Academy Library. In: Special Libraries. 1974, S. 4–11; Gordon P. Martin, Martha W. West: Basis for a Resource Allocation. In: Library Trends. 23. 1975, S. 573–585.

sammengestellt und mit Hilfe eines mathematischen Modells Zeiten und Kosten für den Einsatz dieser Zentrale berechnet. Das Gesamtergebnis schien eindeutig: Ein Buchbearbeitungszentrum arbeitet schneller (63,6 Minuten statt 85,7 Minuten pro Einheit) und billiger (die durchschnittlichen Kosten sollten $ 3,10 statt $ 4,50 betragen)[38].

Bekanntlich entschloß man sich aufgrund dieser Ergebnisse dazu, einen einjährigen Probelauf für ein Buchbearbeitungszentrum durchzuführen. Die Folgen waren so ernüchternd, daß man das Experiment nach einem halben Jahr stoppte. Die berechneten Durchschnittszeiten der zentralen Bearbeitungsstelle erwiesen sich als viel zu optimistisch. Aber auch die erwartete Arbeitsersparnis durch Zentralisierung der Bestellungen war geringer als angenommen, da die Bestellungen nicht zu gleicher Zeit ankamen. Bei einer Untersuchung der Management Research Unit führte u. a. dieser Gesichtspunkt dazu, daß man sich von vorneherein gegen eine Zentralisierung der Buchbearbeitung aussprach[39].

Insgesamt erwies sich beim Colorado-Projekt der Faktor Mensch als letztlich entscheidend für den Ausgang des Experimentes: das Personal war nur unzureichend vorbereitet und leistete besonders in den dezentralen Bibliotheken deutlich Widerstand, so daß alle Berechnungen sich als falsch erwiesen[40]. Dieses Beispiel zeigt deutlich, daß man möglichst realistisch und damit an den Bedürfnissen der Mitarbeiter orientiert bei der Veränderung von Bibliotheksstrukturen vorgehen muß. Dabei ist insbesondere ein schrittweises und auf überschaubare Teilbereiche konzentriertes Vorgehen notwendig. Beim Colorado-Experiment kam man abschließend zu dem Ergebnis, daß nicht ein Buchbearbeitungszentrum mit relativ starren Regelungen das erreichbare Ziel ist, sondern ein flexibles Verbundsystem nach Art des Ohio-College-Library-Center.

Zur Klärung der Frage, ob es wirtschaftlicher ist, das OCLC-System anzuwenden, sind eine Reihe von Vergleichsuntersuchungen gemacht worden.

Bei den Cornell University Libraries[41] stellte man z. B. folgende Werte pro bearbeiteten Titel fest:

Übernahme der LC-Katalogisate pro Monographie
Zeit: 13,49 Minuten   Kosten: $ 0,76
Eigenkatalogisate pro Monographie

[38] Vgl. Colorado (Anm. 11) S. 78 u. S. 145.

[39] Vgl. J. A. Urquhart; J. L. Schofield: Overlaps of acquisitions in the University of London Libraries. In: Journal of librarianship. 4. 1972, S. 32–47.

[40] Vgl. Richard M. Dougherty: The Paradoxes of Library Cooperation. In: Library Journal. 1972, S. 1767–1770.

[41] Sayumu, Owais: A Cost Analyse of the Automated System Control Group, the Acquisition Department and the Catalog Department of the Central Technical Services, Cornell University Libraries. Ithaca, N. Y. Cornell Univ. School 1975. In: Martha W. West; Barbara A. Baxter: Unpublished Studies of Technical Service Time and Costs. In: Library Resources and Technical Services. 20. 1976, S. 326–333. Hier S. 328.

Zeit: 35,36 Minuten Kosten: $ 2,99
Übernahme von OCLC-Katalogkopien pro Monographie
Zeit: 20,93 Minuten Kosten: $ 1,89.

Von Interesse sind auch Vergleichszahlen des früheren California State Library Cooperative Book Processing Center:

„Leichte" Katalogisate (LC-Karten sofort erhältlich) = 60% des Arbeitsanfalls. Gesamtkosten der Buchbearbeitung $ 2,25
Gesamtzeit: 24,31 Minuten

„Mittlere" Katalogisate (LC-Karten in drei Monaten oder weniger erhältlich) = 34% des Arbeitsanfalls. Gesamtkosten der Bearbeitung: $ 2,85
Gesamtzeit: 31,95 Minuten

„Schwere" Katalogisate (erfordern Eigenkatalogisierung) = 6% des Arbeitsanfalls. Gesamtkosten der Buchbearbeitung: $ 8,55
Gesamtzeit: 83,84 Minuten[42].

In vergleichbarer Weise war es für die Antragsformalitäten bei den zwei Ausleihprojekten in Freiburg und Heidelberg sehr nützlich, den zusätzlichen Personalbedarf (aufgrund des Personalmodells des Bibliotheksplans Baden-Württemberg) ausrechnen zu können, der durch die zu erwartende Benutzungssteigerung bei Anwendung konventioneller Verfahren notwendig geworden wäre. Er konnte mit den Kosten für den EDV-Einsatz in der Ausleihe verglichen werden, durch deren Nutzung der zusätzliche Personalbedarf weitgehend abgefangen werden kann[43].

6.2 Längerfristige Personalbedarfsplanung

Im Bibliotheksplan 73 ist erstmals für den deutschsprachigen Bereich eine Vorausberechnung des Personalbedarfs wissenschaftlicher Bibliotheken versucht worden. Dabei wurden u. a. folgende Aspekte berücksichtigt:

1. Entwicklung des Literaturbedarfs: Als Grundbedarf je Gesamthochschulbereich werden 70000 Bände angegeben, die sich aufgrund der Ausweitung der Weltbuchorganisation um 6% pro Jahr vermehren. Außerdem wird eine Bedarfssteigerung um 5% je 1000 Studenten mehr angenommen.
   Daraus ergibt sich ein durchnittlicher Bedarf von 107380 Bänden Zugang für 1975 und 156800 Bänden für 1980.
2. Die Produktivitätssteigerung in der Buchbearbeitung: Zur Bearbeitung dieser Literatur wird davon ausgegangen, daß 1000 Bände je Mitarbeiter und Jahr bearbeitet werden können. Bis 1980 wird davon ausgegangen, daß sich die Produktivität je Mitarbeiter auf 1250 Einheiten pro Jahr erhöhen läßt.

[42] Gerald Newton, Elizabeth Gibson: Book Processing Survey. Sacramento Calif.: California State Library 1974. In: West (Anm. 41) S. 331.

[43] Vgl. Arbeitsgruppe Bibliotheksplan Baden-Württemberg: Gesamtplan für das wissenschaftliche Bibliothekswesen. Red. E. Mittler. Bd. 2. München 1975, S. 378.

3. Die Steigerung der Benutzung: Bei der Benutzungserhöhung wird vor allem die zu erwartende Steigerung der Studierenden berücksichtigt. So ergibt sich eine erwartete Steigerung von 408000 Benutzungen je Hochschule auf 540000.

Auch wenn nur ein kleiner Teil relevanter Faktoren berücksichtigt werden konnte, sind immerhin wesentliche Aspekte einbezogen, die sich auf den Personalbedarf der Bibliotheken auswirken.

6.3 Hilfsmittel in der praktischen Bibliotheksarbeit

Für eine zielgerichtete Leitung von Bibliotheken erweisen sich die Personalbedarfsermittlungen ebenfalls als nützliche Hilfsmittel. Dabei wird weniger an die Berechnung des kurzfristigen Personaleinsatzes gedacht, wie ihn Heinisch/Sämann vorschlagen[44]. Sie berechnen jeweils anhand des Ist-Personalstandes, der anfallenden Arbeit und des daraus resultierenden Sollarbeitsstandes die Auslastung der jeweiligen Abteilung. Es ist dann erkennbar, wo Engpässe bestehen oder wo Personal kurzfristig unterbelastet ist. Je nachdem, ob es sich um einen dauernden oder schwankenden zu großen oder zu kleinen Arbeitsanfall handelt, können längerfristige oder kurzfristige Maßnahmen zum Abbau der Spitzenbelastungen betroffen werden. Dieses Verfahren erscheint für die differenzierten Tätigkeiten in Bibliotheken noch nicht anwendbar. Bei derartiger Verwendung wäre aber die so oft in der Diskussion um Personalmodelle geäußerte Furcht verständlich, hier könnten Normen entwickelt werden, mit denen das Personal zu Höchstleistungen gezwungen werden soll.

In der Praxis kann dies wohl von keinem der bisher vorgelegten Modelle behauptet werden, die immer zu zusätzlichen Anforderungen von Personal geführt haben, wie z. B. das Personalmodell des Bibliotheksplans Baden-Württemberg zeigt. Die Personalmodelle bieten aber eine Möglichkeit, die Leistung der eigenen Bibliothek mit denen anderer Bibliotheken zu vergleichen. Das kann zu einer Versachlichung der Diskussion über den Arbeitseinsatz in der jeweiligen Abteilung führen. Mit Recht kann man erwarten, daß durchschnittliche Werte, die auch bei anderen Bibliotheken erreicht werden, in der eigenen Bibliothek realisierbar sein sollten. Ist dies nicht der Fall, lohnt es sich, den Ursachen nachzugehen, die unter Umständen in einer zu geringen Organisiertheit der Arbeit liegen. Auf diese Weise können Anregungen zur Rationalisierung der Arbeit gegeben und in Zusammenarbeit mit den Mitarbeitern leicht durchgeführt werden.

Ergibt sich eine längerfristige Überlastung, besteht aufgrund der Personalmodelle die Möglichkeit, begründet und gezielt durch entsprechende Haushaltsanträge eine Verbesserung zu versuchen, oder ebenfalls begründet die Lei-

[44] Vgl. Heinisch (Anm. 17) S. 127–132.

stung der Bibliothek in einem bestimmten Dienstleistungsbereich zu vermindern. Die bibliothekarische Argumentationsbasis läßt sich daher durch Personalbedarfsermittlungen wesentlich verbessern: Die Arbeitsorganisation und Arbeitsleistung der Bibliotheken wird für alle Beteiligten durchschaubarer. Das könnte Nachteile haben, wenn Personal in Bibliotheken gehortet würde. Es hat aber Vorteile in einem expandierenden Bibliothekswesen, in dem eine der Hauptaufgaben darin besteht, für steigende Anforderungen das notwendige Personal oder Mittel für Rationalisierungsmaßnahmen zu erhalten. Derartige Modelle sind auch eine Hilfe, Versuche der Personalbedarfsbemessung, die auf bibliothekarisch nicht abgesicherten Annahmen beruhen (man vgl. z. B. die Berechnungsformel für die Amerika-Gedenkbibliothek in Berlin), positiv zu beeinflussen.

Personalmodelle sind ein Hilfsmittel, bibliothekarische Zielvorstellungen durchzusetzen; sie bleiben aber wertlos ohne persönlichen Einsatz und Überzeugungskraft der Bibliothekare, die sie verwenden. Die Leistungen Clemens Köttelweschs sind dafür ein Beispiel.

PAUL KAEGBEIN

Reflexionen über Funktion und Ausbildung von Bibliothekaren in Hochschulen

In der deutschen Bibliothekslandschaft gehören die Hochschulbibliotheken funktional neben jenen der Schul-, Berufsschul- und Fachschulbibliotheken zur Gruppe der Bibliotheken von Bildungseinrichtungen[1]. In diesem Bereich, der vielfältige Aufgaben für weite Bevölkerungskreise zu erfüllen hat, bilden die Bibliotheken an Hochschulen die höchste und vom Inhalt ihrer Bestände her am stärksten differenzierte Stufe und in der Form der Universitätsbibliothek zugleich auch die traditionsreichste. Als in die jeweilige Hochschule voll integrierter Teil – die Ausnahme der Stadt- und Universitätsbibliothek Frankfurt am Main[2] bestätigt nur diese Regel – finden die Hochschulbibliotheken auch in den Hochschulgesetzen der einzelnen deutschen Bundesländer entsprechende Beachtung. Als organisatorisch fixierbare Einrichtung der Hochschule wird die Bibliothek im Hochschulrahmengesetz[3] zwar nicht eigens erwähnt, doch enthalten die Hochschulgesetze der meisten Länder mehr oder weniger ausführliche Angaben über das hochschuleigene Bibliothekswesen und Definitionen seiner Struktur[4]. Einige Gesetze sagen auch etwas über die Aufgabe der Bibliothek aus, so – in chronologischer Reihenfolge – für Berlin, Rheinland-Pfalz und Nordrhein-Westfalen.

Das Berliner Universitätsgesetz formuliert: „Die Bibliotheken haben die Aufgabe, die für Forschung, Lehre und Information erforderliche Literatur und andere Informationsträger zu sammeln, zu erschließen und zur freien Benutzung bereitzustellen."[5] Ähnlich stellt man in Rheinland-Pfalz fest: „Die Hochschulbibliothek versorgt als zentrale Einrichtung Forschung, Lehre und Stu-

[1] Rolf Kluth: Einführung in die Bibliotheksbenutzung. Berlin, New York 1971, S. 21, 29–34.

[2] Clemens Köttelwesch: Die außeruniversitären Aufgaben der Stadt- und Universitätsbibliothek Frankfurt a. M. In: Bibliothek – Buch – Geschichte. Frankfurt 1977, S. 109–117, hier S. 109.

[3] Hochschulrahmengesetz. Vom 26. Januar 1976. In: Bundesgesetzblatt I 1976, S. 185–206.

[4] Vgl. die bei Ralph Lansky: Bibliotheksrechtliche Vorschriften. 2. Aufl. Frankfurt 1969 mit Ergänzungsband 1–3 (ebd. 1971–76) abgedruckten Textauszüge: Nr. II 12 (Baden-Württemberg [1973] § 14), III 14 (Bayern [1973] Art. 22 Abs. 5), I 17 bzw. III 17 (Berlin [1969 bzw. 1975] § 24), I 20 bzw. II 20 (Hamburg [1969 bzw. 1973] § 70), I 22 bzw. III 22 (Hessen [1970 bzw. 1974] § 37), I 33 (Nordrhein-Westfalen [1970] § 38), I 36 bzw. III 36 (Rheinland-Pfalz [1970 bzw. 1974] § 54), I 39 bzw. II 39 (Saarland [1964 bzw. 1971] § 43 bzw. § 58 Abs. 2), II 42 (Schleswig-Holstein [1973] § 62).

[5] Gesetz über die Universitäten des Landes Berlin. Vom 16. Juli 1969. In: Gesetz- und Verordnungsblatt für Berlin 1969, S. 909–927, § 24 Abs. 2 (Lansky I 17). – Ebenso formuliert die Novellierung von 1975 (in: ebd. 1975, S. 2565–2580, Lansky III 17); auch der Referentenentwurf von 1977 läßt diese Formulierung inhaltlich unverändert (Referentenentwurf eines Gesetzes über die Hochschulen im Land Berlin. Stand: 6. September 1977. Berlin 1977, S. 118, § 110 Abs. 2).

dium mit Literatur und sonstigen Informationsmitteln."[6] In Nordrhein-Westfalen enthielt das Hochschulgesetz von 1970 noch keinen Hinweis auf die Aufgaben der Hochschulbibliothek. Der Referentenentwurf von 1977 sieht für die anstehende Novellierung folgenden Text vor: „Die Hochschulbibliothek versorgt nach Maßgabe der Benutzungsordnung Hochschulmitglieder und andere Benutzer mit Literatur und sonstigen Informationsmitteln. Sie erfüllt ihre Aufgaben in Zusammenarbeit mit anderen Bibliotheken und bibliothekarischen Einrichtungen außerhalb der Hochschule. Der Hochschulbibliothek können vom Minister für Wissenschaft und Forschung weitere bibliothekarische Aufgaben übertragen werden, die nicht unmittelbar mit ihren Aufgaben als Hochschulbibliothek zusammenhängen."[7] Als Vorläufer dieser Formulierung kann der Satz „Die Gesamthochschulbibliothek versorgt die Gesamthochschule mit Literatur und sonstigen Informationsmitteln" in den Vorläufigen Grundordnungen für die Gesamthochschulen in Duisburg, Essen, Paderborn, Siegen/Hüttental und Wuppertal[8] angesehen werden.

Obwohl die Gesetze in Rheinland-Pfalz und Nordrhein-Westfalen von der Hochschulbibliothek nur im Singular sprechen, machen ergänzende Formulierungen[9] deutlich, daß auch hier die zu einem Bibliothekssystem zusammenzufassende Gesamtheit der in einer Hochschule existierenden Bibliotheken gemeint ist. Des weiteren kann man unterstellen, daß die Literaturversorgung als Aufgabe der Hochschulbibliothek, wie sie in Nordrhein-Westfalen und Rheinland-Pfalz postuliert wird, die im Berliner Hochschulgesetz spezifizierte Sammlung, Erschließung und Bereitstellung von Materialien impliziert.

Diese aus der Sicht der Hochschulen und ihrer Unterhaltsträger wohl ausreichende, insgesamt jedoch recht summarische Aufgabenbeschreibung läßt sich unter benutzerorientierten Gesichtspunkten auch in Literaturversorgung, Literaturinformation und Sachinformation gliedern und damit zwanglos in den allgemeinen Aufgabenkatalog einer jeden Bibliothek[10] einfügen. Der besondere

[6] Landesgesetz über die wissenschaftlichen Hochschulen in Rheinland-Pfalz. Vom 22. Dezember 1970. In: Gesetz- und Verordnungsblatt für das Land Rheinland-Pfalz 1971, S. 5–24, § 54 Abs. 1 (Lansky I 36). Derselbe Wortlaut findet sich in der Novellierung von 1974, vgl. Lansky III 36.

[7] Der Minister für Wissenschaft und Forschung des Landes Nordrhein-Westfalen. Referentenentwurf. Gesetz über die wissenschaftlichen Hochschulen des Landes Nordrhein-Westfalen. Düsseldorf 1977, S. 55–56, § 32 Abs. 2.

[8] Gemeinsames Amtsblatt des Kultusministeriums und des Ministeriums für Wissenschaft und Forschung des Landes Nordrhein-Westfalen 1972, S. 370–430, § 32 Abs. 1 (Lansky II 35a).

[9] „Sie besteht aus der Zentralbibliothek und den Fachbereichsbibliotheken" (Hochschulgesetz Rheinland-Pfalz, vgl. Anm. 6); „Sie besteht aus den bibliothekarischen Einheiten innerhalb der Hochschule und umfaßt alle für Forschung, Lehre und Studium bestimmten Literaturbestände der Hochschule. Sie gliedert sich in eine Zentraleinheit und ihr zugeordnete Fachbibliotheken" (Hochschulgesetz Nordrhein-Westfalen, § 32 Abs. 1, vgl. Anm. 7).

[10] Vgl. Paul Kaegbein: Bibliotheken als spezielle Informationssysteme. In: Zeitschrift für Bibliothekswesen und Bibliographie. 20. 1973, S. 425–442, hier S. 427–428.

Aspekt dieser Aufgaben bei Hochschulbibliotheken liegt darin, daß sie in erster Linie die Bedürfnisse der Mitglieder der Hochschule zu befriedigen haben, die als Studenten, wissenschaftliche Mitarbeiter oder Dozenten auf die Literaturbestände und die Informationsdienstleistungen ihrer Hochschulbibliothek angewiesen sind. Die hier gewählte Reihenfolge der Benutzergruppen einer Hochschulbibliothek zeigt zugleich die von dieser quantitativ zu bewältigenden Mengenprobleme auf.

Zum Erreichen des Ziels, die verschiedenen Benutzergruppen mit ihren individuellen Wünschen zufriedenzustellen, haben sich im Laufe der Zeit unterschiedliche Organisationsstrukturen im Bibliothekswesen der Hochschulen herausgebildet. Hier reicht die Spanne von der Fülle der seit Jahrzehnten, oft isoliert voneinander und von der Zentralbibliothek aufgebauten Institutsbibliotheken an älteren Hochschulen bis zu den nicht sehr glücklich so genannten „einschichtigen" Bibliotheksstrukturen bei in den letzten Jahren gegründeten Hochschulen, wobei als Mischform mehr oder weniger eng miteinander kooperierende bibliothekarische Einrichtungen innerhalb einer Hochschule einen Kontrapunkt zu den eben genannten Extrempositionen bilden[11].

In allen diesen Bereichen bibliothekarischer Dienstleistungen arbeiten ausgebildete Fachkräfte, so daß unter dem Aspekt ihrer verschiedenartigen Funktionen und ihrer hierauf vorbereitenden Ausbildung auch die Gesamtheit der bibliothekarischen Einrichtungen in den Hochschulen im Auge behalten werden muß. Außerdem ist zu bedenken, daß die Hochschulen und damit auch ihre Bibliotheken von der Öffentlichen Hand getragen werden und daher die einschlägigen Bestimmungen des Laufbahnrechts und des Bundes-Angestellten-Tarifvertrages nicht außer acht zu lassen sind.

Unbeschadet der Organisationsstruktur, die das Bibliothekswesen einer Hochschule aufweist, erwartet der Benutzer von ihm eine möglichst weit gehende und rasche Hilfe für seine Literatur- und Informationswünsche. Letztere stehen für ihn immer – was aus bibliothekarischer Sicht oft etwas verdrängt wird – hinter den mehr formalen Vorgängen der Literaturversorgung. Diese kann für den Leser erst dann optimal sein, wenn er das jeweils benötigte Material, auf die Lösung seines Problems zugeschnitten, in einer Form erhält, die wenig Ballast mitführt und ihm ohne Umwege Antwort auf den Kern seiner Fragen bietet. Wenn auch eine solche Ideallösung selten auf Anhieb zu erreichen ist, so kann der Bibliothekar bei mangelnder Kenntnis des im Einzelfall einzuschlagenden besten Weges viel Sand in das Informationsgetriebe schütten. Das „100%-Syndrom" ist hierbei genau so schädlich wie ein Sichverlassen auf irgendeinen kompetenteren Kollegen. Um so mehr müssen Gesichtspunkte der sachgerechten

[11] Vgl. Helmut Sontag: Das Verhältnis von Universitätsbibliothek zu den Institutsbibliotheken an „alten" Universitäten. In: Zeitschrift für Bibliothekswesen und Bibliographie. 24. 1977, S. 330–338.

Kooperation in das Zentrum bibliothekarischer Alltagsarbeit und damit auch der bibliothekarischen Ausbildung gerückt werden, deren Absolventen zu einem großen Teil ihre späteren Arbeitsplätze innerhalb der Bibliotheken von Hochschulen finden.

Nicht nur die Bibliotheksstrukturen an den neuen Hochschulen fordern eine größere Beweglichkeit des Bibliothekars beim Entwickeln vernünftiger Benutzungsverfahren, bei der Übernahme von Fremdleistungen im Zusammenhang mit der Literaturerschließung oder bei der Absprache über gezielt durchzuführende Erwerbungen und optimale Standorte für das beschaffte Schrifttum[12]. Dasselbe gilt im Grunde auch für den an dezentraler Stelle in einer Institutsbibliothek arbeitenden Bibliothekar in bezug auf mögliche Kooperation mit der Zentralbibliothek. Freilich muß er ohne erkennbare Bereitschaft von dieser Seite, allein auf sich gestellt, Schiffbruch erleiden. Langfristig werden sich entsprechende Initiativen und Hilfen seitens der zentralen Bibliothek auf diesem Gebiet eher auszahlen, wie Beispiele an einigen älteren Hochschulen (Freiburg, Marburg, Technische Universität Berlin) zeigen. Auch dort, wo sich aus einem unkoordinierten Nebeneinander bibliothekarischer Einrichtungen allmählich Bibliothekssysteme[13] entwickeln, wird kooperatives Handeln im Innenverhältnis ebenso unerläßlich sein, wie es im Zusammenwirken verschiedener Bibliotheken bei einer Reihe von Gemeinschaftsaufgaben bereits seit Jahrzehnten gute Tradition ist.

Das trifft übrigens nicht nur auf den Hochschulbereich zu. Bibliothekssysteme an Hochschulen haben strukturell manches gemeinsam mit Großstadtbibliothekssystemen, die ebenfalls eine Fülle von Zweigstellen mit dort oft unterschiedlichen Benutzergruppen zu koordinieren haben. Ob in diesem Umstand ein Grund dafür zu suchen ist, daß Diplombibliothekare, die für solche spezielle Belange der Öffentlichen Bibliotheken ausgebildet werden, gern gesehene Mitarbeiter in Bibliotheken von Hochschulinstituten – und ebenso übrigens auch in anderen Spezialbibliotheken – sind? Daß andererseits Diplombibliothekare des gehobenen Dienstes an wissenschaftlichen Bibliotheken oft auch in größeren Öffentlichen Bibliotheken mit speziellen Aufgaben betraut werden, sei hier nur kurz erwähnt.

Für den höheren Bibliotheksdienst wird ein solcher Wechsel in Zukunft ebenfalls stärker ins Blickfeld rücken. Durch die 1977 erlassene nordrhein-westfälische Ausbildungs- und Prüfungsordnung[14] ist bereits die Rechtsgrundlage für

[12] Vgl. Max Pauer: Anforderungen der Bibliothekssysteme im Hochschulbereich an die Bibliothekare. In: Organisation und Technik in Bibliotheken. Frankfurt 1975, S. 158–166.

[13] Zur Interpretation dieses Begriffes vgl. Kaegbein (Anm. 10) S. 427, 437.

[14] Ausbildungs- und Prüfungsordnung für die Laufbahn des höheren Bibliotheksdienstes im Lande Nordrhein-Westfalen. Vom 28. Februar 1977. In: Gemeinsames Amtsblatt des Kultusministeriums und des Ministeriums für Wissenschaft und Forschung des Landes Nordrhein-Westfalen 1977, S. 148–153.

eine integrierte Ausbildung des Nachwuchses beider Bibliothekssparten gegeben. Hiernach kann der Bibliotheksreferendar als Schwerpunkt für die praktische Ausbildung entweder eine wissenschaftliche oder eine Öffentliche Bibliothek wählen. Nach einer theoretischen Ausbidlung, in der die Besonderheiten beider dieser Bibliothekssparten angemessen zu berücksichtigen sind, erwirbt er mit der Laufbahnprüfung die Befähigung, in jedem Bereich tätig zu sein. Offensichtlich ist bei der Entscheidung für diese integrierte Ausbildung die Gemeinsamkeit der Aufgaben, die von Angehörigen des höheren Bibliotheksdienstes sowohl in wissenschaftlichen als auch in Öffentlichen Bibliotheken funktions- und entscheidungsmäßig auf dem Gebiet des bibliothekarischen Management im weitesten Sinne zu bewältigen sind, höher eingeschätzt worden als die Unterschiede etwa im universellen Bestandsaufbau[15] beider Sparten. In diesem Punkt der Integration ist man nach einer kurzen Übergangszeit letzten Endes einen Schritt weiter gegangen als die Empfehlung der Kultusministerkonferenz von 1972[16], die für Bewerber „zur Übernahme entsprechender besonderer Aufgaben im öffentlichen Büchereiwesen“ vorsah, hierauf „auch im Rahmen einer gemeinsamen Ausbildung“ mit Referendaren für den höheren Dienst an wissenschaftlichen Bibliotheken vorbereitet zu werden. Diese Entwicklung kann als ein Beispiel für laufbahnmäßige Eigengesetzlichkeiten angesehen werden.

Von den Leitungsfunktionen der Bibliothekare des höheren Dienstes in Hochschulbibliotheken her gesehen, ist die eingehende Kenntnis der Managementprobleme im öffentlichen Bibliothekswesen und der Wege zu ihrer Lösung auf jeden Fall positiv zu bewerten. Der in Zukunft auch formal abgesicherte mögliche Wechsel zwischen beiden Bibliothekssparten wird langfristig nicht nur zu einem besseren Verständnis ihrer jeweiligen besonderen Funktionen beitragen, sondern auch dort, wo Gemeinsamkeiten auf der Hand liegen, zu einer intensiveren Kooperation sowohl auf der lokalen als auch auf der regionalen Ebene führen. Es ist zu hoffen, daß diese insgesamt zu begrüßende Entwicklung nicht auf Nordrhein-Westfalen beschränkt bleiben wird. Der Entwurf für die Novellierung der Ausbildungs- und Prüfungsordnung in Niedersachsen sowie derjenige für eine eigene Ausbildungs- und Prüfungsordnung in Schleswig-Holstein sehen die erwähnte Kombination für den praktischen Teil der Ausbidlung ebenfalls vor.

Schleswig-Hostein ist übrigens bisher auch das einzige Land, das bei der Ausbildung des mittleren Bibliotheksdienstes dem bayerischen Beispiel gefolgt ist und sie ganz konsequent für die spätere Tätigkeit an wissenschaftlichen und an

[15] Vgl. hierzu bereits Wilhelm Schuster: Ein Studium Generale der Bibliothekare? In: Aus der Welt des Bibliothekars. Köln 1961, S. 427–447, hier S. 431–432.

[16] Rahmenvereinbarung über die Ausbildung für den höheren Dienst an öffentlichen Büchereien. Vom 4. Februar 1972. In: Gemeinsames Ministerialblatt des Auswärtigen Amtes, des Bundesministers des Innern, ... 1972, S. 222–223. (Lansky II 658.)

Öffentlichen Bibliotheken betreibt[17]. Dagegen führte der Versuch, dasselbe auch in Nordrhein-Westfalen zu erreichen, hier zu keinem Ergebnis[18], bedingt durch die in diesem Lande zeitlich parallel laufenden Vorbereitungen für eine Ausbildung zum Assistenten an Bibliotheken. Diese beruht auf dem Berufsbildungsgesetz und der staatlichen Anerkennung dieses Ausbildungsberufs für den öffentlichen Dienst[19] und wird zur Zeit in vielen Bundesländern eingerichtet[20].

Damit ist, obwohl die Ausbildungsinhalte für die Bibliotheksassistent(en)-Anwärter und die künftigen Assistenten an Bibliotheken überwiegend, teilweise bis zu 80%[21], identisch sind, ein Dualismus auf dieser Ebene herbeigeführt worden. Er reicht formal von unterschiedlichen Ausbildungsvoraussetzungen bis zu Eingruppierungs- und Tariffragen[22] und wird vorerst wohl nur in Bayern und Schleswig-Holstein auf Grund der dort für beide Bibliothekssparten geltenden Ausbildung des mittleren Bibliotheksdienstes sowie in Hamburg, wo man sich eindeutig nur für die Ausbildung von Assistenten an Bibliotheken entschieden hat[23], vermieden werden.

Für die Hochschulen bedeutet diese Situation, daß sie sich beim Nachwuchs bibliothekarischer Mitarbeiter auf der Ebene unterhalb des Diplombibliothe-

[17] Für Bayern vgl. Zulassungs-, Ausbildungs- und Prüfungsordnung für den mittleren Bibliotheksdienst bei wissenschaftlichen Bibliotheken und öffentlichen Büchereien in Bayern. Vom 11. Dezember 1973. In: Bayerisches Gesetz- und Verordnungsblatt 1973, S. 673–678 (Lansky III 815); dazu: Rupert Hacker: Ein neuer bibliothekarischer Ausbildungsgang. Die Ausbildung zum Bibliotheksassistenten des mittleren Bibliotheksdienstes an wissenschaftlichen Bibliotheken und öffentlichen Büchereien. In: Bibliotheksforum Bayern. 2. 1974, S. 210–217; Franz Xaver Böhm: Bibliotheksassistent – ein neuer Beruf. In: Die neue Bücherei. 1974, S. 17–20; Klaus Haller: Die Ausbildung des mittleren Bibliotheksdienstes am Beispiel Bayerns. In: Die wissenschaftliche Bibliothek 1977. Frankfurt 1978, S. 244–248. – Die schleswig-holsteinische Ausbildungs- und Prüfungsordnung findet sich in: Nachrichtenblatt des Kultusministers des Landes Schleswig-Holstein 1976, S. 323–329.

[18] Vgl. Clemens Hying: Das Berufsbild des Assistenten an Bibliotheken. In: Die wissenschaftliche Bibliothek 1977. Frankfurt 1978, S. 228–234, hier S. 233. – Die „Ausbildungs- und Prüfungsordnung für die Laufbahn des mittleren Dienstes an Bibliotheken des Landes Nordrhein-Westfalen" vom 7. Juli 1976 ist veröffentlicht in: Gemeinsames Amtsblatt des Kultusministeriums und des Ministeriums für Wissenschaft und Forschung des Landes Nordrhein-Westfalen 1976, S. 399–402.

[19] Verordnung über die Berufsausbildung zum Assistenten an Bibliotheken. Vom 20. Juni 1975. In: Bundesgesetzblatt I 1975, S. 1440–1446 (Lansky III 801).

[20] Einen umfassenden Überblick gibt Edwin Klingner: Zum gegenwärtigen Stand der Assistenten-Ausbildung in der Bundesrepublik. In: Buch und Bibliothek. 30. 1978, S. 105–116. – In diesem für die Belange der Öffentlichen Bibliotheken zusammengestellten Bericht wird allerdings nicht immer scharf getennt zwischen dieser Form privatrechtlicher Ausbildung und dem Vorbereitungsdienst. So wird die Situation in Bayern ausführlich behandelt, die entsprechende Situation in Schleswig-Holstein jedoch überhaupt nicht erwähnt.

[21] Hying (Anm. 18) S. 233–234. – Die weitgehende Übereinstimmung der Ausbildungsinhalte wird auch in der Vorbemerkung zum berufskundlichen Heft „Assistent an Bibliotheken" betont: Erhard Schulte: Assistent an Bibliotheken. Bielefeld 1977. 15 S. (Blätter zur Berufskunde. 1 – X A 103.)

[22] Vgl. Werner Jütte: Probleme des Ausbildungsberufes „Assistent an Bibliotheken". In: Die wissenschaftliche Bibliothek 1977. Frankfurt 1978, S. 235–243.

[23] Jütte (Anm. 22) S. 235.

kars langfristig auf zwei formal unterschiedlich ausgebildete Kategorien einstellen müssen. Die Laufbahnprüfung für den mittleren Bibliotheksdienst führt – ebenso wie bekanntlich auch diejenige des gehobenen Bibliotheksdienstes – die Absolventen nicht ausschließlich in Beamtenpositionen; viele Bibliotheksassistenten werden ebenso wie ihre Kollegen vom gehobenen Dienst als Angestellte tätig sein, was in Bayern für die Bibliotheksassistenten im kommunalen Bereich geradezu die Regel ist[24]. Aber auch in den meisten Hochschulen werden zahlreiche Stellen für Diplombibliothekare, besonders in den kleineren Bibliotheken, als solche im Angestelltenverhältnis ausgewiesen, und das gilt erst recht für die ,,Angestellten in Büchereien", wie der Bundes-Angestellten-Tarifvertrag noch formuliert. Den beruflich an bibliothekarischer Arbeit interessierten Hauptschulabsolventen werden als künftiger Arbeitsbereich des Assistenten an Bibliotheken neben dem verzweigten Feld der Öffentlichen Bibliotheken auch die Bibliotheken an Hochschulen genannt[25]. Die kommenden Jahre werden zeigen, ob es gelingt, die erwähnten formalen Unterschiede wenigstens durch eine inhaltlich auf ein vergleichbares Berufsbild ausgerichtete Ausbildung für Bibliotheksassistenten und Assistenten an Bibliotheken zu mindern – ein Ziel, das übrigens auch von seiten der Öffentlichen Bibliotheken begrüßt wird[26].

Die hier beim höheren und mittleren Bibliotheksdienst bzw. Assistenten an Bibliotheken angesprochenen, für Hochschulbibliotheken relevanten formalen Probleme zeigen, wie eng diese Bibliotheken bei der Ausbildung des Nachwuchses ebenso wie in bezug auf ihre Funktionen an übergeordnete staatliche Normen und Verfahrensweisen gebunden sind. Besonders augenfällig ist dies jedoch bei der zahlenmäßig noch stärksten Gruppe ihrer Mitarbeiter, den Diplombibliothekaren. Das wirkt sich nicht nur bei der Anwendung der Laufbahnvorschriften auf solche Diplombibliothekare aus, die ihr Studium an einer verwaltungsexternen Fachhochschule – in Hamburg oder Stuttgart – absolviert haben. Die beamtenrechtlichen Bestimmungen erlauben zudem nur einen recht geringen Spielraum für strukturelle, durch inhaltliche und funktionale Änderungen beeinflußte Entwicklungen. An diesem Punkt ist etwas weiter auszuholen.

Der eingangs zitierten, in den Hochschulgesetzen vorwiegend statisch-kontinuierlich aufgefaßten Aufgabe der Hochschulbibliothek hat Rolf Kluth einen mehr dynamisch orientierten Akzent gegeben: ,,Die Universitätsbibliothek hat die Aufgabe, den aktuellen Literaturbedarf der Universitätsangehörigen zu dekken, sich auf den potentiellen einzustellen und durch aktive Bibliotheksarbeit zu

[24] Haller (Anm. 17) S. 246.

[25] Schulte (Anm. 21) S. 3, 6. – Vgl. hierzu die knappe Besprechung in: Buch und Bibliothek. 30. 1978, S. 111 (E. Klingner).

[26] Wilhelmine Hirsch: Stand der Ausbildung zum Assistenten an Bibliotheken in Nordrhein-Westfalen (März 1977). In: Biblio. 26. 1977, S. 8–15, hier S. 15.

seiner Realisierung beizutragen."[27] Diese Formulierung gilt selbstverständlich für alle Arten von Hochschulbibliotheken, und sie bezieht sämtliche Arbeitsschritte von der Erwerbung über die Erschließung bis zur Benutzung ein. In allen diesen Bereichen muß sich die Bibliotheksarbeit auch in den Hochschulen der fortschreitenden Entwicklung anpassen, entsprechende Methoden anwenden, die sich ändernden Gegebenheiten bei den Informationswünschen der Benutzer berücksichtigen.

Impulse kommen auch hier von den Bibliotheken neuer Hochschulen. Aus diesem Sektor hat, um ein Beispiel zu nenen, Max Pauer auf den Funktionswandel der Erwerbungsabteilung hingewiesen, die künftig eher – in Analogie übrigens zum Sprachgebrauch bei den Öffentlichen Bibliotheken – als Abteilung für Bestandsaufbau zu bezeichnen wäre[28]. Dieser wird neben der Sacherschließung von verschiedenen Seiten nach wie vor zu den Hauptaufgaben des Bibliothekars im höheren Dienst gerechnet[29], deren sachgerechte Bewältigung für die Leistungsfähigkeit einer Bibliothek entscheidend ist. Die durchschnittlichen Anteile am herkömmlichen Tätigkeitsgefüge von 25% für Buchkauf und 28% für Sacherschließung, wie sie Hartwig Lohse durch eine Umfrage ermittelt hat[30], werden durch eine Arbeitsablaufuntersuchung an zentralen Hochschulbibliotheken auf Grund eines anderen Erhebungsansatzes mit Werten von 22,6% für Literaturauswahl und 22,1% für Sacherschließung vom Stellenwert her bestätigt[31]. Dieser müßte unter Kooperationsgesichtspunkten in den neuen Hochschulen bei konsequenter Anwendung der vorhin zitierten Kluthschen Prämisse noch erhöht werden; er gilt aber in abgewandelter Form auch für die Ebene des Diplombibliothekars, auf dessen Rolle bei der Betreuung von Institutsbibliotheken an Hochschulen hinzuweisen nicht unterlassen werden sollte[32]. Freilich darf die Quantität von in der Berufspraxis ständig zu erledigenden Arbeiten allein noch nicht dazu verleiten, ihren methodischen Grundlagen in der Ausbildung einen ähnlichen Anteil zuzuweisen; eine sachbezogene Differenzierung innerhalb der bibliothekarischen Funktions- und Methodenlehre ist

[27] Rolf Kluth: Grundriß der Bibliothekslehre. Wiesbaden 1970, S. 237.

[28] Pauer (Anm. 12) S. 161.

[29] Werner Krieg: Bibliothekar (höherer Dienst an wissenschaftlichen Bibliotheken). 4. Aufl. Bielefeld 1974, S. 3–4; ders.: Zum Berufsbild des Bibliothekars des höheren Dienstes an wissenschaftlichen Bibliotheken. In: Neue Ausbildungstendenzen im Informationsbereich? Frankfurt, Berlin 1977, S. 12–24; hier S. 12–13; Hartwig Lohse: Das Berufsbild des wissenschaftlichen Bibliothekars. In: Zentrale und kooperative Dienstleistungen im Bibliothekswesen. Frankfurt 1976, S. 133–144, hier S. 136.

[30] Lohse (Anm. 29) S. 137–138.

[31] Vgl. Renate Dopheide u. Robert Funk: Tätigkeitsspektrum des wissenschaftlichen Bibliothekars. In: Zeitschrift für Bibliothekswesen und Bibliographie. 24. 1977, S. 442–450.

[32] Vgl. auch Ralph Lansky: Das juristische Bibliothekswesen in der Bundesrepublik Deutschland und in Berlin (West). In: Zentrale und kooperative Dienstleistungen im Bibliothekswesen. Frankfurt 1976, S. 95–125, hier S. 117 Anm. 68.

seinerzeit bereits von der Kommission für Ausbildungsfragen des Vereins Deutscher Bibliothekare in Aussicht genommen worden[33].

Aber auch bei der Literaturerschließung gilt es umzudenken. Hier ist nicht nur der Bereich der Sondersammelgebiete an Hochschulen betroffen[34], sondern die Katalogisierung überhaupt. Vor allem wird bei der Formalkatalogisierung die Frage des sinnvollen Nutzens bereits verfügbarer Fremdleistungen noch intensiver zu beantworten sein. Ebenso müssen die bereits vorliegenden positiven Ergebnisse, aber auch die Schwierigkeiten praktikabler Verbundkatalogisierung im Hinblick auf die Anwendung in anderen Hochschulbibliotheken immer wieder erneut geprüft werden – trotz oder gerade wegen der auf diesem Gebiet im Gegensatz zu manchen anderen noch immer unterentwickelten bibliothekarischen Kooperationsbereitschaft, die Günther Pflug im Zusammenhang mit dem Einsatz der Datenverarbeitung seinen Kollegen ins Stammbuch geschrieben hat[35]. In einem gewissen Widerspruch hierzu scheint die Tatsache zu stehen, daß Fragen bibliothekarischer Kooperation mindestens seit dem Bibliothekskongreß 1973 ständig in sehr intensiver Form auf dem Programm der Bibliothekartage gestanden haben und in Vortragsbänden der Fachwelt in extenso zugänglich gemacht worden sind.

Die Probleme der Zusammenarbeit auf dem Sektor der Bibliotheksautomatisierung lassen sich in derselben Weise den Berichten über die jährlich durchgeführten Symposien der Arbeitsstelle für Bibliothekstechnik entnehmen, die mit diesen überregionalen Veranstaltungen wesentliche Schritte zum Erkennen und Überwinden der Schwierigkeiten getan hat, die sich beim Anwenden der Datenverarbeitung ergeben. Auch hier wiederum sind wesentlich die Hochschulbibliotheken tangiert, wie die Überblicke über die regionalen Aktivitäten der entsprechenden Verbundplanungen zeigen[36].

Betrachtet man die in diesen Veröffentlichungen niedergelegten Ergebnisse der bibliothekarischen Kooperation genauer, so kann man an ihnen gut ablesen,

[33] Vorschläge für die künftige Ausbildung des höheren, gehobenen und mittleren Dienstes an wissenschaftlichen Bibliotheken. Vorgelegt von der Kommission für Ausbildungsfragen des Vereins Deutscher Bibliothekare e. V. Köln 1973, S. 14. – Die Funktions- und Methodenlehre, die inhaltlich Bestandsaufbau, Bestandserschließung, Bestandsvermittlung und Informationsarbeit umfaßt, wird hier im Rahmen der theoretischen Ausbildung mit 200 Stunden oder insgesamt nur knapp 20% der für alle Lehrfächer vorgesehenen 1070 Unterrichtsstunden (bezogen auf drei Ausbildungsabschnitte zu je 20 Wochen) veranschlagt, vgl. S. 17–18. Auf den routinemäßigen Aspekt bei Bestandsaufbau und -erschließung weist bereits Wilhelm Grunwald: Der Bibliothekar und seine Ausbildung. In: Zeitschrift für Bibliothekswesen und Bibliographie. 16. 1969, S. 154–169, auf S. 157–158 hin.

[34] Vgl. Paul Kaegbein: Literaturerschließung und Informationsmaterialien in Zentralen Fachbibliotheken und Sondersammelgebietsbibliotheken. In: Zeitschrift für Bibliothekswesen und Bibliographie. 23. 1976, S. 383–396.

[35] Günther Pflug: Hardware-Ausstattung der deutschen Bibliotheken. In: Die Zukunft automatisierter Bibliotheksnetze in der Bundesrepublik Deutschland. München 1977, S. 11–19, hier S. 13.

[36] Vgl. den letzten der seit 1972 vorliegenden Berichte: Die Zukunft automatisierter Bibliotheksnetze in der Bundesrepublik Deutschland. München 1977.

welche Probleme beispielsweise beim Einsatz der Datenverarbeitung in deutschen Bibliotheken zu lösen sind. Für Zwecke der Ausbildung sind derartige Hinweise jedenfalls viel ergiebiger als die zwangsläufig sehr viel allgemeiner gehaltenen Trendanalysen der Delphi-Studie des FIABID-Projektes[37]. Zwar dekken sich die Ergebnisse dieser Umfrage nach Meinung des mit dem Panel Bibliothekswesen befaßten Projektmitarbeiters mit dem, was an bibliothekarischen Planungen sowieso schon im Gange ist, und bestätigen insofern generell bereits eingeschlagene Wege[38]. Aber erst ein kritischer Vergleich etwa der unterschiedlichen bibliothekarischen Konzeptionen der Verbundkatalogisierung – um bei diesem Beispiel zu bleiben – in Bayern[39] und bei der Zeitschriftendatenbank der ABT[40] gibt für die Ausbildung des bibliothekarischen Nachwuchses die unerläßliche theoretische Grundlage für späteres praxisgerechtes Handeln. Wie komplex dieses Handeln angelegt sein muß, zeigt deutlich der Bericht über die einschlägigen Projekte in Hessen[41].

Ein weiterer Bereich, der in Hochschulbibliotheken die Arbeit sowohl bei der über die Katalogisierung der eigenen Bestände hinausgehenden Literaturerschließung als auch bei der Literaturinformation für spezielle Benutzergruppen beeinflussen wird, ist die Dokumentation. Zwar wird es kaum notwendig sein, in jeder Hochschule so weit zu gehen, wie etwa in der Technischen Universität Berlin, und der Bibliothek eine eigene Dokumentationsabteilung einzugliedern[42]. Daß jedoch jede Hochschulbibliothek die fachlichen Dokumentationsaktivitäten innerhalb der eigenen Hochschule sorgsam beobachten, im Bedarfsfall beratend tätig werden und sie unterstützen, Auswüchse vermeiden helfen bzw. Ergebnisse über den engeren Bereich hinaus nutzbar machen sollte, ist auf dem Sektor der Literaturinformation ebenso wichtig wie auf demjenigen der Li-

[37] FIABID-Delphi. Ergebnisse einer Delphi-Studie über zukünftige Entwicklungen im Bibliotheks-, Informations- und Dokumentationswesen. Berlin 1977.

[38] Ebd. S. 78.

[39] Vgl. Ernst Kohl: Verbundplanung und Verbundrealität in Bayern. In: Die Zukunft automatisierter Bibliotheksnetze in der Bundesrepublik Deutschland. München 1977, S. 183–191, insbes. S. 186.

[40] Vgl. Karl Wilhelm Neubauer: Probleme der EDV-Verbundkatalogisierung für Zeitschriften. In: Zentrale und kooperative Dienstleistungen im Bibliothekswesen. Frankfurt 1976, S. 59–72; dazu der für Befürworter von Verbundlösungen wie für Skeptiker gleichermaßen lesenswerte Beitrag von Rudolf Lais: Die Zeitschriftendatenbank der ABT. Verbundprobleme aus der Sicht der Teilnehmerbibliotheken. In: Die Zukunft automatisierter Bibliotheksnetze in der Bundesrepublik Deutschland. München 1977, S. 112–123.

[41] Vgl. Klaus-Dieter Lehmann: Hessisches Bibliotheks-Informations-System (HEBIS). In: Die Zukunft automatisierter Bibliotheksnetze in der Bundesrepublik Deutschland. München 1977, S. 192–214.

[42] Vgl. Dietrich Fleischer: Dokumentationsvorhaben im integrierten Verbund mit einer Universitätsbibliothek. Funktionen und Aufgaben der Hauptabteilung Literaturdokumentation der Universitätsbibliothek der Technischen Universität Berlin. In: Nachrichten für Dokumentation. 25. 1974, S. 156–160; ders.: Dokumentarische Aktivitäten in Hochschulbibliotheken. In: Die wissenschaftliche Bibliothek 1977. Frankfurt 1978, S. 217–223.

teraturversorgung entsprechende Absprachen zwischen Bibliothek und Fachbereichen. Ein Engagement der zuständigen Hochschulbibliothek auf diesem Gebiet wird Mehrfacharbeit vermeiden und bessere Informationen ermöglichen können[43].

Unerläßliche Voraussetzung hierfür ist die Kenntnis der dokumentarischen Erschließungs- und Informationsverfahren sowohl von der Methodik her als auch von ihren unterschiedlichen Ausprägungen – von der geisteswissenschaftlichen Fachbibliographie bis zur Behandlung differenzierter SDI-Profile in den naturwissenschaftlichen und angewandten Disziplinen[44]. Es liegt auf der Hand, daß ein sachgerechtes Einschalten einer Hochschulbibliothek in die Literaturvermittlung durch SDI-Dienste sich auch positiv auf die von ihr erwartete Literaturversorgung auswirken kann[45]. Ein solches Engagement wird überall dort, wo Datensichtgeräte mit Anschluß an zentrale Datenbanken, wie DIMDI, ZAED, ZDE usw., in Hochschulen installiert werden, die auftretenden Literaturversorgungsprobleme kanalisieren und rascher lösen helfen. Selbstverständlich werden daneben aber auch die herkömmlichen Informationsmittel für die Literaturauskunft ihre Bedeutung behalten[46].

Versucht man, mit aller gebotenen Vorsicht ein sich auf diesen Punkt beziehendes Ergebnis der erwähnten Delphi-Umfrage zu interpretieren, so scheint den Bibliothekaren die maschinengestützte Katalogisierung der eigenen Bestände und der Katalogisierungsverbund mit Hilfe der Datenverarbeitung zur Zeit verständlicherweise noch mehr am Herzen zu liegen, als die Literaturrecherche durch On-line-Retrieval im vermittelten oder im Direkteinsatz[47], die für den Benutzer methodisch und praktisch in vielen Fällen neben der Benutzung der üblichen bibliothekarischen Hilfsmittel die erste Stufe der Literaturbeschaffung[48] darstellt. Man darf jedoch nicht verkennen, daß hier – nicht zuletzt auch bedingt durch den absehbaren Einfluß, den die Fachinformationssysteme des IuD-Programms mindestens auf viele Wissenschaftler als potentielle und tatsächliche Benutzer von Hochschulbibliotheken haben werden – eine Entwicklung sichtbar wird, die rechtzeitig bedacht werden muß.

Insbesondere sollte man ihr auf dem Ausbildungssektor Rechnung tragen. Dabei ist auch der Umstand zu berücksichtigen, daß je nach der Länge der Aus-

[43] Vgl. Fleischer, Aktivitäten (Anm. 42) S. 217–219.

[44] Vgl. hierzu die grundsätzliche Aussage von Günther Pflug: Die Bibliothek der Zukunft als Ausbildungsaufgabe der Gegenwart. In: Zeitschrift für Bibliothekswesen und Bibliographie. 18. 1971, S. 221–235, hier S. 233.

[45] Vgl. Ingeborg Pohle: Nutzbarmachung von SDI-Diensten für Literaturversorgung. In: Inspel. 9. 1974, Nr. 4, S. 23–25.

[46] Vgl. Hermann Haller: Dokumentationsdienste und Informationsvermittlung in Bibliotheken. In: Die wissenschaftliche Bibliothek 1977. Frankfurt 1978, S. 210–216.

[47] FIABID-Delphi (Anm. 37) S. 60–62.

[48] Vgl. Kaegbein (Anm. 10) S. 435–437.

bildung erst nach zwei bzw. drei Jahren mit dem Einsatz derjenigen Nachwuchskräfte gerechnet werden kann, die während ihrer Ausbildungszeit mit neuen Methoden und Verfahren u. a. auf dem Gebiet der Literaturerschließung vertraut gemacht wurden. Oder anders ausgedrückt: Die biliothekarischen Ausbildungsstätten müßten, gestützt auf entsprechend flexibel gehaltene Ausbildungs- und Prüfungsordnungen, eigentlich in die Lage versetzt werden, die bibliothekarischen Anforderungen jeweils einige Jahre im voraus zu antizipieren.

Dies wird aus verschiedenen Gründen wohl auch dann, wenn das FIABID-Projekt handhabbare Ergebnisse vorlegen kann, nur schwer zu realisieren sein. Der haushaltsmäßige Spielraum, der den bibliothekarischen Ausbildungsstätten seitens ihrer Unterhaltsträger zugestanden werden kann, ist sicher nicht wesentlich unterschieden von demjenigen der Hochschulbibliotheken. Hinzu kommt hierbei das Problem, als notwendig erachtete Investitionen ,,haushaltsreif" zu machen, bevor noch entsprechender Bedarf bei den Bibliotheken in nennenswertem Umfang auftritt. Und die Fortbildung geeigneter Dozenten, die vielfach mit der Lehre voll ausgelastet sind und daher den Kontakt zur Praxis nur schwer aufrechterhalten können, ist ein Fragenkomplex eigener Art. Dieser Personenkreis ist auch in den vorliegenden bibliothekarischen Fortbildungsempfehlungen[49], die ihrerseits stufenweise verwirklicht werden müssen, nicht eigens angesprochen worden.

Jedoch wird in diesen Empfehlungen – um an den Gedanken der Literaturerschließung nun wieder anzuknüpfen – die engere Verflechtung des Bibliotheks- und Dokumentationswesens als einer der Gründe für die fachbezogene bibliothekarische Fortbildung genannt und damit als unabdingbar auch für die entsprechende Ausbildung anerkannt[50]. Umgekehrt gehört der bibliothekarische Bereich auch zum Ausbildungsprogramm der Dokumentare. Als Beispiel hierfür sei das Lehrangebot 1978 des Lehrinstituts für Dokumentation im Rahmen des theoretischen Jahreslehrgangs zur Ausbildung wissenschaftlicher Dokumentare genannt[51]. Im Lehrgebiet ,,Institutionelle und funktionelle Aufteilung des IuD-Bereichs" wird neben einer Übersicht über das deutsche Bibliothekswesen die Zusammenarbeit von Dokumentations- und Bibliothekswesen be-

[49] Empfehlungen zur Fortbildung im Bereich der wissenschaftlichen Bibliotheken. Vorgelegt von der Kommission für Ausbildungsfragen des Vereins Deutscher Bibliothekare und der Kommission für Berufs- und Ausbildungsfragen des Vereins der Diplombibliothekare an wissenschaftlichen Bibliotheken. München, Stuttgart 1976. – Vgl. dazu: Jutta Nafzger: Fortbildung im Bereich der wissenschaftlichen Bibliotheken. In: Zentrale und kooperative Dienstleistungen im Bibliothekswesen. Frankfurt 1976, S. 145–154.

[50] Empfehlungen (Anm. 49) S. 2–3.

[51] Deutsche Gesellschaft für Dokumentation e. V. Lehrinstitut für Dokumentation, Frankfurt am Main. Jahreslehrgang zur Ausbildung wissenschaftlicher Dokumentare. 1978. Frankfurt 1977, S. 5–13.

handelt; das Lehrgebiet „Beschaffung und formale Erfassung von Dokumenten und Daten“ enthält Beschaffung, Akzession, Ablage, Aufstellen, Kataloge, Katalogisierungsregeln, das Lehrgebiet „Ordnungsprinzipien und Dokumentationssprachen“ formale und systematische Ordnungen, Thesauruskunde und Klassifikationen; beim Lehrgebiet „Reprographie“ wird der Einsatz von Mikrofilmsystemen nicht nur im dokumentarischen, sondern auch im bibliothekarischen Bereich behandelt, beim Lehrgebiet „Informationsdienstleistungen“ auch die in Bibliotheken nutzbaren Informationsdienste sowie die Herstellung von maschinellen und konventionellen Registern.

Mit dieser Integration bibliothekarischer Teilbereiche in die jeweiligen theoretischen Lehrgebiete ist ein Manko der früheren Gliederung des Lehrstoffs[52] ausgeglichen worden, das kürzlich noch Thomas Seeger monierte, daß nämlich „die Elemente des jeweils anderen Lehrgebietes als selbständiges Fach angeboten werden, so daß sie als ein Fach neben anderen erscheinen und somit keinen Bezug zu den spezifischen Fachlehren aufzuweisen scheinen“[53]. In der bibliothekarischen und dokumentarischen Alltagspraxis verwischen sich die in der theoretischen Ausbildung aus methodischen Gründen getrennt zu behandelnden Aspekte sowieso, wenn im Einzelfall eine Wahl zwischen verschiedenen Handlungsalternativen möglich ist, etwa – um bei der Literaturvermittlung in einer Hochschulbibliothek zu bleiben – wenn die Entscheidung eines Fachreferenten ansteht, ob er einen aus den eigenen Beständen nicht erfüllbaren Benutzerwunsch durch eine Leihverkehrsbestellung oder durch Erwerbung der benötigten Literatur befriedigen soll.

Bekanntlich haben schon vor längerer Zeit Überlegungen dieser und anderer Art dazu geführt, eine gemeinsame Ausbildung von Bibliothekaren und Dokumentaren im gehobenen Dienst anzupeilen[54]. Sollte sie realisiert werden, so können auch die Hochschulbibliotheken mit ihren spezifischen Aufgaben in den

[52] Vgl. Rudolf Harbeck: Wissenschaftlicher Dokumentar. 2. Aufl. Bielefeld 1975, S. 11–12. – Hier werden nach dem Stand vom November 1975 die „bibliothekarischen Grundlagen“ ebenso wie die „Rechtskunde in der Dokumentation“ als eigene Lehrgebiete abgehandelt. Für 1960 findet sich eine entsprechende Aufgliederung bei Erich Pietsch: Zur Frage der Ausbildung von Dokumentaren. In: Aus der Welt des Bibliothekars. Köln 1961, S. 458–470, hier S. 467–468. Eine eingehende Analyse der Entwicklungsgeschichte der Ausbildungskonzeptionen des Lehrinstituts für Dokumentation steht noch aus; sie könnte der Diskussion der bibliothekarischen Ausbildung einen zusätzlichen Akzent verleihen.

[53] Thomas Seeger: Ausbildungsgänge im Tätigkeitsbereich Information und Dokumentation. München 1977, S. 83.

[54] Vgl. Paul Kaegbein: Gemeinsame Bibliothekar- und Dokumentarausbildung im gehobenen Dienst. In: Neue Ausbildungstendenzen im Informationsbereich? Frankfurt am Main, Berlin 1977, S. 35–47; ders.: Zum Entwurf einer gemeinsamen Studienordnung für Bibliothekare und Dokumentare des gehobenen Dienstes. In: Zeitschrift für Bibliothekswesen und Bibliographie. 24. 1977, S. 380–386; Ernst Lutterbeck: Bemerkungen zu einer integrierten Ausbildung für Beamte im gehobenen Bibliotheks- und Dokumentationsdienst des Bundes. In: Bibliothek – Buch – Geschichte. Frankfurt 1977, S. 119–126.

Fachbereichen davon profitieren; aus den oben genannten Gründen ist auch auf diesem Gebiet eine Kooperation zwischen den Hochschulbibliotheken und den 96 in Hochschulen nachgewiesenen Informations- und Dokumentationsstellen[55] unerläßlich. Inzwischen haben einerseits in Baden-Württemberg erarbeitete Vorschläge für die Ausbildung von Dokumentaren und Bibliothekaren des gehobenen Dienstes an wissenschaftlichen Bibliotheken und IuD-Einrichtungen festgestellt, daß die Tätigkeitsbilder beider Gruppen, wenn man sie auf eine allgemeiner formulierte Ebene hebt, in wesentlichen Punkten übereinstimmen. Daher wird in diesem Zusammenhang eine einheitliche Ausbildung für den gehobenen Dienst in beiden Bereichen empfohlen. Andererseits ist die für diesen Zweck bereits früher entworfene Studienordnung[56] des Bibliothekar-Lehrinstituts des Landes Nordrhein-Westfalen von der Ausbildungskommission/Abt. Wissenschaftliche Bibliotheken des Verbandes der Bibliotheken des Landes Nordrhein-Westfalen unter dem Gesichtspunkt überarbeitet worden, daß einer gemeinsamen Laufbahn für den gehobenen Dienst an wissenschaftlichen Bibliotheken und an Dokumentationsstellen zuzustimmen, jedoch an zwei Fachrichtungen innerhalb der Laufbahn festzuhalten sei[57], wodurch langfristig gegebenenfalls auch die spätere Einbeziehung der Ausbildung von Diplombibliothekaren für den Dienst an Öffentlichen Bibliotheken offengehalten werden könnte[58].

Trotz dieser positiven Einschätzung von kompetenter fachlicher Seite[59] ist zur Zeit noch völlig offen, ob auch die beamtenrechtlichen Voraussetzungen, sei es für eine Erweiterung der bisherigen Laufbahn des Bibliotheksinspektors, sei es für eine neue Laufbahn – mit eigener Bezeichnung –, hierfür als gegeben angesehen werden können. Bisher haben sich die Hoffnungen, der „Infothekar"[60] würde die dienstrechtlichen Hürden rasch nehmen, jedenfalls noch nicht erfüllt. Ein weiteres, hiermit verquicktes, aber auch für die bibliothekarische Ausbildung allein relevantes Problem birgt die Konzeption der 1979 zu errichtenden Bundesfachhochschule, für alle dort auszubildenden Laufbahnen des gehobenen Dienstes ein sechsmonatiges Grundstudium mit fachrichtungsübergreifenden Pflichtfächern vorzusehen, in welches fachrichtungsbezogene Lehrgebiete nur als Wahlpflicht- oder Wahlfächer einbezogen werden sollen. Damit würde

55 Vgl. Verzeichnis deutscher Informations- und Dokumentationsstellen. 2. Ausg. Wiesbaden 1976; Fleischer, Aktivitäten (Anm. 42) S. 218–219.

56 Der Text findet sich in: Neue Ausbildungstendenzen im Informationsbereich? Frankfurt, Berlin 1977, S. 41–46.

57 Beide Papiere werden auf der öffentlichen Sitzung der Ausbildungskommissionen des VDB und des VdDB auf dem Bibliothekskongreß 1978 in Stuttgart interpretiert.

58 Vgl. zu dieser Problematik Kaegbein, Zum Entwurf (Anm. 54) S. 385–386.

59 Vgl. früher bereits Grunwald (Anm. 33) S. 154–155; Joachim Stoltzenburg: Der Bibliothekar und seine Ausbildung. In: Zeitschrift für Bibliothekswesen und Bibliographie. 16. 1969, S. 381–392 hier S. 382–383, 387–388.

60 Lutterbeck (Anm. 54) S. 119, 122, 125–126.

die bisher in allen Bundesländern angebotene fachbezogene theoretische Ausbildung für den gehobenen Bibliotheksdienst beim Bund so stark reduziert werden, daß es fraglich erscheint, ob dann noch eine Gleichwertigkeit dieser Laufbahn mit den entsprechenden der Länder konstatiert werden kann.

Dieses Beispiel zeigt wiederum – wie oben schon im Zusammenhang mit den Laufbahnvorschriften erwähnt –, wie stark übergeordnete formale Elemente die fachlichen Gesichtspunkte des Bibliothekswesens zurückdrängen können. Es bleibt zu hoffen, daß die für die Hochschulbibliotheken maßgeblichen Ausbildungs- und Prüfungsordnungen der Länder auch unter Berücksichtigung der Bildungsebene der Fachhochschule an der Empfehlung der Kultusministerkonferenz[61] für den inhaltlichen Rahmen der theoretischen Ausbildung der Bibliotheksinspektoranwärter festhalten werden.

Ein Wandel bibliothekarischer Funktionen, wie es hier für den Hochschulbereich punktuell anzudeuten versucht wurde, zieht zwangsläufig Überlegungen für die Ausbildung nach sich. Problematisch wird es jedoch dann, wenn bei dieser eine gewisse Eigengesetzlichkeit Platz greift, der zu steuern immer wieder großes Engagement bedeutet[62]. Bei allen fachlichen Überlegungen, den formalen Rahmen, welcher der Ausbildung gesteckt ist, inhaltlich auszufüllen, sollte aber bedacht werden, daß auch didaktisch und methodisch optimal angelegte Ausbildungsgänge im Bereich des Bibliothekswesens nur die allgemeinen Grundlagen für die später in der Berufstätigkeit auszuübenden Funktionen bieten können[63]. Ein breites Methodenwissen wird dem künftigen Bibliothekar vielseitigere Berufschancen eröffnen, die er als von vornherein sehr speziell Ausgebildeter vielfach nicht wahrnehmen könnte[64].

[61] Empfehlung der Kultusministerkonferenz zur Ausbildung für den Dienst an wissenschaftlichen Bibliotheken. Beschluß der Kultusministerkonferenz vom 6. Mai 1974. In: Gemeinsames Ministerialblatt des Auswärtigen Amtes, des Bundesministers des Innern, ... 1974, S. 240–241 (Lansky III 610).

[62] Ein Beispiel hierfür bringt F. W. Michelsen: Probleme der gemeinsamen Ausbildung von Diplom-Bibliothekaren an Öffentlichen und wissenschaftlichen Bibliotheken. In: Neue Ausbildungstendenzen im Informationsbereich? Frankfurt, Berlin 1977, S. 25–34, hier S. 32–33.

[63] Vgl. hierzu bereits Wieland Schmidt: Die Ausbildung für den gehobenen Dienst an wissenschaftlichen Bibliotheken. In: Zeitschrift für Bibliothekswesen und Bibliographie. 5. 1958, S. 188–207, hier S. 194, 202.

[63] Vgl. Ekkehard Henschke: Allgemeine oder Spezialausbildung für Bibliothekare? In: Überregionale Literaturversorgung und Kostenrechnung in Bibliotheken. Frankfurt 1977, S. 214–223, hier S. 216, 222.

GÜNTER GATTERMANN

Die Hochschulbibliothek als Informationszentrum

I.

Laut ,,Programm der Bundesregierung zur Förderung der Information und Dokumentation"[1] sollen die Bibliotheken auch in Zukunft die breite Basis des wissenschaftlichen und technischen Informationswesens bilden: Neben den traditionellen Aufgaben der örtlichen, regionalen und überregionalen Literaturversorgung sollen sie sogar zusätzliche Funktionen bei der Vermittlung von Informationen übernehmen, indem sie u. a. der Wissenschaft an den Universitäten den Zugang zu den Informationsdiensten der Fachinformationszentren (FIZ) eröffnen. Sie bringen, so begründet das IuD-Programm diese Erweiterung der Funktionen, die durch ihre regionale Streuung gegebene räumliche Nähe zum Benutzer als eine wichtige Voraussetzung mit, ferner besitzen sie ,,bereits Erfahrung auf dem Gebiet der Literaturauskunft aus beliebigen Fachgebieten." Als Vorteil wird offenbar auch angesehen, daß hier die Informationsvermittlung mit einer raschen Literaturversorgung über den Leihverkehr der Bibliotheken verbunden werden kann.

Nun ist es sicherlich unbestritten, daß wissenschaftliche Bibliotheken seit eh und je nicht nur Literatur sammeln und dem Benutzer bereitstellen, sondern ihm auch Informationen vermitteln. Informationsvermittlung ist dabei in doppeltem Sinn zu verstehen, nämlich einmal im Hinblick auf Informationen aus eigenen Beständen oder über diese, zum anderen hinsichtlich der Weitergabe von Informationen, die von dritter Seite – etwa von Informationsdiensten – bezogen werden. Ein weiterer Aspekt kommt hinzu, wenn aktive von passiver Information unterschieden wird. Diese verschiedenartigen Informationsangebote wissenschaftlicher Bibliotheken sollen einleitend kurz beschrieben werden.

Neben der Erkenntnis, daß das Angebot von Informationen über Literatur weitgehend ins Leere geht, wenn nicht die zitierte und nachgewiesene Literatur selbst bereitgestellt wird, steht selbstverständlich die andere, daß das in Bibliotheken gesammelte Schrifttum tot ist, wenn es nicht sachgerecht durch vielfältige

[1] Programm der Bundesregierung zur Förderung der Information und Dokumentation (IuD-Programm) 1974–1977. Hrsg. vom Bundesminister für Forschung und Technologie – Referat für Presse und Öffentlichkeitsarbeit. Bonn 1975. 147 S.; hier insbesondere S. 18 und 38f. – Vgl. auch H. Lechmann: Das Programm der Bundesregierung zur Förderung der Information und Dokumentation. In: Organisation und Technik in Bibliotheken. Vorträge, gehalten auf dem 64. Deutschen Bibliothekartag 1974 in Braunschweig. Frankfurt a. M. 1975, S. 19–31 (ZfBB, Sonderheft 21). – Vgl. auch die kritischen Beiträge zu diesem Thema von A. Jammers in Zeitschrift für Bibliothekswesen und Bibliographie (ZfBB). 22. 1975, S. 373–386 und G. Gattermann ebda. 22. 1975, S. 451–463.

Kataloge erschlossen wird, aus denen der Informationssuchende Nachweise über die Literatur entnimmt. Formal- und Sachkataloge, durch die die eigenen Bestände erschlossen werden, stellen wissenschaftliche Bibliotheken meist verkehrsgünstig, dem Benutzer leicht zugänglich in besonderen Räumen auf, früher Katalogsaal genannt, heute etwas anspruchsvoller „Informationszentrum". Häufig ist das Informationszentrum Dreh- und Angelpunkt des Bibliotheksgebäudes, erste und hauptsächliche Anlaufstelle für die meisten Benutzer.

Neben den Katalogen stehen meist bibliographische Nachschlagewerke aller Art im „Bibliographischen Apparat". Dieser frei zugängliche Bestand umfaßt in einigen wissenschaftlichen Bibliotheken die sogenannten Allgemeinbibliographien, während die Fachbibliographien bei der übrigen Literatur des jeweiligen Faches im Lesesaal aufgestellt sind. In zahlreichen Bibliotheken stehen allgemeine und fachgebundene Bibliographien zusammen im Informationszentrum und bilden ein reichhaltiges Angebot an Informationen. Die Spannweite reicht von Nationalbibliographien bis zu Bibliographien des Zeitschrifteninhalts, von Referateblättern bis zu Adreßbüchern gelehrter Gesellschaften, von Hochschulschriftenverzeichnissen bis zu Personalbibliographien. Der Aufbau und die laufende Pflege eines gut ausgestatteten „Bibliographischen Apparates" gehören zu den wichtigsten Aufgaben wissenschaftlicher Bibliotheken. Reich bestückt, klar gegliedert, übersichtlich geordnet, leicht benutzbar muß das Informationszentrum sein, damit auch der ungeübte Benutzer eine häufig zu beobachtende Schwellenangst überwindet und die Fülle des Informationsangebots für seine Recherchen auch tatsächlich nutzt.

Gut geschulte und in der Benutzung der Bibliographien versierte Bibliothekare des höheren und des gehobenen Dienstes stehen in einer Auskunftsstelle, in der „Information" bereit, um dem Informationssuchenden mit Rat und Tat zu helfen, damit er möglichst schnell und ohne großen Aufwand die richtigen Informationen findet. Daß die Meinungen über den Umfang dieser Dienstleistung Auskunft/Information auseinandergehen, daß deren unterschiedliche Intensität in wissenschaftlichen Bibliotheken häufig von der Qualität des zur Verfügung stehenden Personals ebenso abhängt wie von der Zahl und der Qualifikation der Benutzer, soll hier außer Betracht bleiben, obwohl es sich lohnt, den unterschiedlichen Informationsangeboten wissenschaftlicher Bibliotheken in diesem Bereich einmal nachzugehen.

Diese Art von Information durch wissenschaftliche Bibliotheken wird in der Regel als „passiv" bezeichnet, da die Bibliothek die „Informationsspeicher" zwar bereitstellt bzw. anbietet, der Benutzer jedoch selbst tätig werden muß, um sich die gesuchten Informationen aus den Speichern herauszuholen. Dokumentare sehen häufig in diesem „passiven" Verhalten der Bibliotheken einen der fundamentalen Unterschiede zu den „aktiven" Informationsdienstleistungen von Dokumentationsstellen, die dem Benutzer laufend oder punktuell gezielte und profilierte Informationen anbieten (beispielsweise durch SDI-Dienste), ohne daß der Benutzer dazu unbedingt eigene Aktivität entfalten muß. Nach der Struktur, wie sie sich in der Bundesrepublik seit Jahrzehnten entwickelt hat, ist die „aktive Information" in der Regel eine Aufgabe von Dokumentationsstellen oder Informationseinrichtungen, kurz gesagt des IuD-Bereichs.

Abgesehen davon, daß diese „Arbeitsteilung" immer schon etwas künstlich wirkte und für wissenschaftliche Spezialbibliotheken meist unzutreffend war, die schon von der Zielsetzung her Informationen als aktive Dienstleistung anbieten, – in den letzten Jahren ist eine Akzentverschiebung zu beobachten: In der Denkschrift der Deutschen Forschungsgemeinschaft „Überregionale Literaturversorgung von Wissenschaft und Forschung in der Bundesrepublik Deutschland"[2] werden den Spezialbibliotheken die Bibliotheken mit Sondersammelgebieten und die Zentralen Fachbibliotheken mit ihren fachlich bestimmten Spezialsammlungen an die Seite gestellt:

„Es werden auf dem Informationssektor auch von den Sondersammelgebieten Leistungen erwartet, die über das normale Maß einer Universitätsbibliothek erheblich hinausgehen. Die Effektivität des überregionalen Systems ist u. a. davon abhängig, inwieweit sich die Sammelschwerpunkte dem wissenschaftlichen Benutzer aufgrund besonderer Informationsleistungen einprägen und mit Hilfe derartiger Dienste eine wirkliche Ausnutzung des Potentials erreicht wird..."[3]

In der Denkschrift werden „fachlich orientierte Hilfsmittel" empfohlen, die es der einzelnen Bibliothek, vor allem aber dem wissenschaftlichen Benutzer ermöglichen, Standorte schnell zu ermitteln: Zentrale Fachkataloge, fachliche Zeitschriftenverzeichnisse, fachlich orientierte Nachweise von Monographien in Form von kumulierenden Neuerwerbungslisten, Current Awareness-Dienste als Titelnachweise von Zeitschriftenaufsätzen usw. Diese Empfehlungen sind auf fruchtbaren Boden gefallen: Nach Erscheinen der Denkschrift sind bestehende Ansätze solcher Informationsdienstleistungen, vornehmlich an Hochschulbibliotheken, erfolgreich ausgebaut und neue begonnen worden.

Paul Kaegbein greift diese Anregungen aus der Denkschrift auf und beschreibt „Literaturerschließung und Informationsmaterialien in Zentralen Fachbibliotheken und Sondersammelgebietsbibliotheken"[4]. Er regt neue Verfahren und

[2] Überregionale Literaturversorgung von Wissenschaft und Forschung in der Bundesrepublik Deutschland. Denkschrift. Hrsg. vom Bibliotheksausschuß der Deutschen Forschungsgemeinschaft. – Boppard 1975. 116 S.; hier insbesondere S. 55ff.

[3] Überregionale Literaturversorgung... S. 55.

[4] P. Kaegbein: Literaturerschließung und Informationsmaterialien in Zentralen Fachbibliotheken und Sondersammelgebietsbibliotheken. In: ZfBB 23. 1976, S. 383–396.

den weiteren Ausbau dieser Aktivitäten an, um das in Bibliotheken ruhende Schrifttum den darauf angewiesenen Kreisen bekanntzugeben und es für die Literaturinformation optimal zu nutzen. Hauptsächlich gibt er jedoch einen umfangreichen Überblick über das, was die genannten Bibliotheken an aktiver Information leisten, um über ihre Spezialbestände zu unterrichten[5]. Das reicht in der Tat von einfach hergestellten Neuerwerbungslisten bis zu hervorragenden Fachbibliographien, die durch Schwerpunktbibliotheken aufgrund ihrer qualitativ hochwertigen und umfassenden Bestände regelmäßig erarbeitet werden. Als Spitzenprodukt ist hier die ,,Bibliographie unselbständiger Literatur – Linguistik (BUL-L)" zu nennen, die an der Stadt- und Universitätsbibliothek Frankfurt zusammengestellt und von der Zentralstelle für Maschinelle Dokumentation in Frankfurt mit Hilfe der ADV maschinell verarbeitet wird[6].

Sucht man für die von Kaegbein beschriebenen Informationsdienstleistungen einen sehr allgemeinen gemeinsamen Nenner, so kann man sagen, daß sie (abgesehen von BUL-L)

- konventionell hergestellt sind, das heißt hier ohne Hilfe durch die Automatisierte Datenverarbeitung (ADV)
- über die Bestände einer oder mehrerer Bibliotheken mit unterschiedlichen Methoden unterrichten
- und sich jeweils an einen mehr oder weniger großen Interessentenkreis wenden.

Es wäre sicherlich reizvoll, die Struktur, den Nutzen und die Zukunftsaussichten dieser Informationssdienstleistungen näher zu untersuchen, doch muß es hier unterbleiben. Abschließend sei nur festgestellt, daß diese verschiedenartigen Informationsdienste natürlich auch die Informationszentren der übrigen wissenschaftlichen Bibliotheken bereichern, indem sie dort aufgestellt und be-

[5] Anläßlich der Frühjahrssitzung des Bibliotheksausschusses am 18. und 19. 4. 1978 hat das Bibliotheksreferat der Deutschen Forschungsgemeinschaft diese Veröffentlichungen der Sondersammelgebiete und der Zentralen Fachbibliotheken in einer kleinen Ausstellung präsentiert und die dort gezeigten Stücke in einer Liste zusammengestellt. Die Liste enthält Topographien und Institutionsverzeichnisse, fachliche Verzeichnisse, Bibliographien und Kataloge, Zeitschrifteninhaltsdienste, fachliche Zeitschriftenverzeichnisse und Neuerwerbungslisten. Eine beachtliche Verzeichnung beeindruckender Informationsdienstleistungen, die inzwischen erheblich über die Zusammenstellung von Kaegbein hinausreichen!

[6] Bibliographie unselbständiger Literatur – Linguistik (BUL-L). Hrsg. von Clemens Köttelwesch, Bearb. von Elke Suchan. Bd. 1: 1971–75. Frankfurt a. M. 1976. – Vgl. K.-H. Koch und E. Suchan: Bibliographie unselbständiger Literatur – Linguistik (BUL-L). Ein Projekt der Stadt- und Universitätsbibliothek Frankfurt. In: ZfBB 23. 1976, S. 261–266. – Neuerdings K.-H. Koch in: Zentralstelle für maschinelle Dokumentation. Arbeitsbericht 1977. Frankfurt a. M.: ZMD 1978, S. 13–15 (ZMD-B-13). – Vgl. auch Bibliographie der Wirtschaftswissenschaften. Zsgest. in der Bibliothek des Instituts für Weltwirtschaft an der Universität Kiel (Zentralbibliothek der Wirtschaftswissenschaften).

nutzt werden und so dazu beitragen, daß die Rolle der wissenschaftlichen Bibliothek als Informationszentrum auch auf diese Weise immer deutlicher hervortritt.

II.

In jüngster Zeit erhält das Informationsangebot wissenschaftlicher Bibliotheken, insbesondere der Hochschulbibliotheken, eine ganz neue und neuartige Dimension: Durch die Aufstellung und den Anschluß von Datenendgeräten an die in den Fachinformationssystemen aufgebauten Datenbanken kann dem Informationssuchenden auch über größere Entfernungen hinweg eine direkte Zugriffsmöglichkeit zu einer großen Menge von einschlägigen Daten vermittelt werden. Dieser im IuD-Programm „auf längere Sicht" angekündigte Dialogverkehr ist inzwischen in zahlreichen Hochschulbibliotheken greifbare Wirklichkeit geworden[7].

Als neue Dimension wird hier zunächst verstanden:
- Informationsvermittlung im Sinne der aktiven Weitergabe von Informationen, die von dritter Seite bezogen werden,
- Informationsvermittlung mit Hilfe der Automatisierten Datenverarbeitung (ADV),
- Informationsvermittlung an den wissenschaftlichen Einzelbenutzer.

Diese neuen Dimensionen gilt es zu untersuchen. Zunächst aber eine vereinfachte Darstellung der Lage:

Der Fortschritt in der Technologie der Datenverarbeitung und der Datenfernübertragung erleichtert die unmittelbare Nutzung von bereits bestehenden oder im Aufbau befindlichen Datenbanken, in denen große Mengen von Literaturinformationen einzelner Fachgebiete gespeichert und angeboten werden. Mehr und mehr können die Informationen, die bisher vor allem auf den Gebieten der Natur- und Ingenieurwissenschaften und der Medizin fast ausschließlich durch Referateblätter aufbereitet wurden, über Terminals (Datenendgeräte) erfragt und abgerufen werden, die durch Datenfernübertragungseinrichtungen mit Datenverarbeitungsanlagen verbunden werden. On-line-Zugriff vom Terminal zur Datenbank, kurze, unmittelbar auf die Eingabe reagierende Verarbeitungszeit (real time), interaktiver Dialog über komfortable Datensichtgeräte, große interne und externe Speicher und eine breite Strategie zur Informationswiedergewinnung (retrieval) sind hervorstechende Eigenschaften dieser Informationssysteme. Durch „international kommunizierende Datennetze bzw.

[7] Programm der Bundesregierung... S. 38, Lechmann a. a. O. S. 24.

Netzwerke" wird die Verbindung zu mehreren Datenbanken bzw. Informationsnetzen hergestellt, die ein „information retrieval" anbieten[8].

Inzwischen gibt es in der Welt mehrere hundert dieser Datenbasen mit Literaturinformationen in wissenschaftlich-technischen Fachgebieten. Datenbasen, die mit Hilfe der Datenverarbeitung hergestellt werden, mit über einer Million Literaturnachweisen sind keine Seltenheit mehr: Chemical Abstracts Condensates hat etwa 1 800 000 und wächst alle zwei Wochen um weitere 12 000 Titel. Datenbasen selbst sind in der Regel noch nicht recherchierfähig. Der Inhalt der Datenbasen wird von deren Herstellern auf dem Markt in Magnetbandversionen maschinenlesbar angeboten. Aus diesen Datenbasen werden dann durch Programme Datenbanken, die in Rechenzentren – meist host genannt – zur Recherche angeboten werden. Es gibt inzwischen hosts, die mehrere Datenbasen zu Datenbanken aufgebaut haben und bereithalten. Übertragungseinrichtungen für Telekommunikationsnetze stellt in der Bundesrepublik Deutschland die Bundespost zur Verfügung, und zwar das Fernsprechwählnetz, das Telexwählnetz, das Datexwählnetz und das Direktrufnetz. In Vorbereitung ist EDS, ein Elektronisches Daten-Vermittlungssystem. In der Planung befindet sich EURONET als Telekommunikationsnetz für den IuD-Bereich in den Ländern der Europäischen Gemeinschaft mit mehreren Host-Computern, Netz-Vermittlungsknoten, einer modernen Übertragungstechnik (freilaufendes packetswitching), Überwindung der Inkompatibilität der bisher vorhandenen hardware u. a. durch ein „Virtuelles Terminal" usw.

In der Bundesrepublik entstehen die Datenbasen bzw. Datenbanken hauptsächlich in den durch das IuD-Programm der Bundesregierung vorgesehenen Fachinformationszentren (FIZ) der geplanten 16 Fachinformationssysteme (FIS)[9].

[8] Die Literatur über Informationssuche in Datenbanksystemen und überregionale Netzwerke für das Information Retrieval ist inzwischen unüberschaubar geworden. Dazu kontrastiert die Beobachtung, daß in deutschen Fachzeitschriften des Bibliothekswesens diese Entwicklung bisher kaum beschrieben worden ist. – Aus der Fülle der Aufsätze seien einige wenige einführende Literaturangaben herausgegriffen:

Nachrichten für Dokumentation 26. 1975, Heft 6 Dezember 1975, S. 196–265 ist insgesamt dem Thema der Informationsnetze gewidmet, darin: H. Strohl-Goebel: Informationsnetze. Ein Literaturbericht, S. 249–254. – H. Bauer: Informationsnetze. In: EDV-Einsatz im Bibliotheks- und Informationswesen in der Bundesrepublik Deutschland (ABT-Informationen 20. 1976, S. 83-95). – H. Sarbinowski: Technische Aspekte der Verbundnetze. In: Die Zukunft automatisierter Bibliotheksnetze in der Bundesrepublik Deutschland. Bericht eines Symposiums, veranstaltet von der Arbeitsstelle für Bibliothekstechnik am 1./2. 12. 1976. München 1977, S. 57–67. – R. Kuhlen: Konkurrierende Informationsnetze. Bemerkungen zur 6. Cranfield Konferenz. In: Frankfurter Allgemeine Zeitung Nr. 188 vom 16. 8. 1977, S. 17. – R. Kuhlen: In Datenbanken nach Informationen suchen. In: Frankfurter Allgemeine Zeitung Nr. 265 vom 14. 11. 1977, S. 10–11.

[9] Programm der Bundesregierung ... S. 25f. und 37f.

Pionierarbeit hat dabei das Deutsche Institut für Medizinische Dokumentation und Information (DIMDI) in Köln geleistet[10]. DIMDI bietet über DIMDINET den Inhalt des Magnetbanddienstes der National Library of Medicine (NLM), Bethesda, USA, an: MEDLARS (Medical Literature Analysis and Retrieval System) entspricht inhaltlich dem weltbekannten Referateblatt Index Medicus. Der Speicher umfaßt über zwei Millionen Literaturnachweise, knapp 3 000 medizinische Zeitschriften werden laufend ausgewertet, jährlich kommen etwa 250 000 Literaturnachweise hinzu. Die Auswertung erfolgt mit Hilfe eines strukturierten Vokabulars von etwa 13 000 Schlagwörtern, den Medical subject headings (MeSH). Retrospektive Anfragen und SDI-Profildienste (im Dauerauftrag) werden im Stapelbetrieb abgewickelt. MeSH-Schlagwörter werden mit Boole'schen Operatoren bzw. Kontextoperatoren zu logischen Frageformulierungen verbunden. Als Retrievalsystem wird die Eigenentwicklung DIRS 2 verwendet. Die Antworten (output) auf Anfragen werden entweder über einen kleinen Drucker (hardcopy-Zusatz) am Datenendgerät oder über den großen Schnelldrucker am Zentralrechner auf Papier ausgegeben, nachdem man vorher am Bildschirm das relevante Material herausgesucht hat.

Neben DIMDI werden entsprechende Dienstleistungen inzwischen angeboten von DOMA (Gesellschaft zur Literaturinformation des Maschinenbaus mbH., Frankfurt a. Main), ZDE (Zentralstelle Dokumentation Elektrotechnik e. V. beim VDE, Frankfurt a. Main), ZMD (Zentralstelle für Maschinelle Dokumentation, jetzt Geschäftsbereich ZMD in der Gesellschaft für Information und Dokumentation (GID) mbH., Frankfurt a. Main). Das Fachinformationszentrum: Physik, Energie, Mathematik (FIZ 4) in Leopoldshafen / Karlsruhe richtet zur Zeit die ersten Informationsvermittlungsstellen in Hochschulbibliotheken ein, und die Chemiedokumentation (IDC/FIZ 3) in Frankfurt a. M. wird alsbald nachfolgen. Daneben gibt es mehrere betriebsinterne on-line Informationssysteme, von denen vielleicht das des Verlags Gruner und Jahr am bekanntesten ist. Die im Rahmen des IuD-Programms vom Bund geförderten On-line Retrievalsysteme bieten offenbar zunächst vornehmlich staatlichen Institutionen des Bundes und der Länder die Einrichtung von Informationsvermittlungsstellen an.

Anwender aus der Industrie dagegen haben sich in der letzten Zeit häufiger über die privaten Datennetze Tymnet und Telenet in den Vereinigten Staaten von Amerika an dortige Datenbanksysteme angeschlossen[11], nachdem die Deutsche Bundespost seit 1. 8. 1977 einen besonderen Knotenrechner in Frankfurt a. M. installiert hat, der den Anschluß zu diesen amerikanischen Netzwer-

[10] Vgl. u. a. den Beitrag von Rolf Fritz, Ralf George, Hans-Joachim Hütten, Hans-Eberhard Kurzwelly: Pläne für ein biomedizinisches Informationsnetz in der Bundesrepublik Deutschland – DIMDINET. In: Nachrichten für Dokumentation 26. 1975, S. 255–261.

[11] Vgl. R. Kuhlen in FAZ Nr. 265 vom 14. 11. 1977.

ken ermöglicht und über den alle an diese Netze angeschlossenen Rechner und Datenbanken erreicht werden können[12]. Amerikanische Firmen wie Lockheed, System Development Corporation (SDC), Bibliographic Retrieval Service (BRS) haben nämlich inzwischen die Chance dieser Datennezte zu einem lukrativen Geschäft genutzt: Sie haben sich die Daten verschiedenster Datenbasen (Lockheed inzwischen über 70 mit über 20 Millionen Literaturnachweisen) gekauft und bieten sie in einem jeweils einheitlichen Retrievalsystem (Lockheed mit DIALOG, SDC mit ORBIT) über die genannten Netzwerke an. Bei diesen Firmen besteht daher die Möglichkeit, derselben Suchfrage quer durch mehrere Datenbasen nachzugehen, ohne das Retrievalsystem wechseln zu müssen. Mit diesem Informationsangebot drängen die genannten Firmen auch auf den deutschen Markt, so daß man beispielsweise Literaturinformationen aus der Datenbasis MEDLARS nicht nur über DIMDI, sondern auch über Lockheed, über BRS und bald auch über INFOLINE in England (übrigens einen Zusammenschluß der British Library, der British Chemical Society, des Dept. of Industry und anderer Stellen) beziehen kann. Die Gebühren von jedem beliebigen Ort im Bereich der Deutschen Bundespost betragen 0,90 DM je angefangene Minute Verbindungsdauer und 1,50 DM je angefangenen 1000 übermittelte Zeichen, jedoch mindestens 10,00 DM je Verbindung. Hinzuzurechnen sind jedoch noch die Kosten, die für die Recherche in der Datenbank an die amerikanische Firma zu zahlen sind zuzüglich der Kosten für Ausdruck und Versand der ermittelten Literaturinformationen. Damit entsteht den Fachinformationszentren des Bundes eine erhebliche Konkurrenz, zumal die Realisierung von EURONET und des deutschen Pendants ODIN noch immer auf sich warten läßt. Aus dem aggressiven Vordringen der amerikanischen Datenbankbetreiber entsteht ein Markt, auf dem, kaum daß er eröffnet ist, die Konkurrenz so groß wird, daß dem potentiellen Kunden die Auswahl schwerfällt[13]. Man steht ver-

[12] Beide Firmen beschäftigen sich hauptsächlich mit dem kommerziellen Vertrieb von Rechenzeit im sogenannten Timesharing-Betrieb. Tymshare Inc. unterhält ein eigenes Datenübertragungsnetz, Tymnet, für die überregionale Nutzung von Rechnerkapazität. Tymnet soll jetzt in mehr als 135 Städten der USA präsent sein und über 250 Knoten und etwa 150 Rechner verfügen. Ähnliches gilt für Telenet, die vergleichbare Konkurrenzfirma. Technische Kompatibilitätsschwierigkeiten zwischen unterschiedlichen Rechner- und Terminaltypen scheint es nach anfänglichen Schwierigkeiten heute kaum noch zu geben. – Einen guten Überblick gibt W. Ettel: Stand und Entwicklung der wissenschaftlich-technischen Information in den Vereinigten Staaten (1976). Frankfurt a. M.: Institut für Dokumentation 1977. 75 S. – Vgl. auch die übersichtliche Zusammenstellung von W. Stüdeli: Dialogrecherche–Verfahren und ihre Wirtschaftlichkeit im Dienste unternehmerischer Entscheidungsbildung. In: Nachrichten für Dokumentation 29. 1978, S. 9–14.

[13] Hilfreich für die Bewertung und Auswahl sind: G. Brühl und W. Meder: Funktionenkatalog. Benutzungsseitige Anforderungen an Information-Retrieval-Systeme. – Frankfurt a. M.: Zentralstelle für Maschinelle Dokumentation; Berlin: Beuth Verlag 1977. 217 S. (ZMD-A-30); Kennzahlen für Planung und Betrieb von Datenverarbeitungsanlagen für Information-Retrieval-Systeme. Hrsg. von der Zentralstelle für Maschinelle Dokumentation. Frankfurt a. M. – Köln: Beuth Verlag 1977. 63 S. (ZMD-A-31).

schiedenen Netzwerken, verschiedenen technischen Datenübertragungsmöglichkeiten, unterschiedlichen Datenenendgeräten, unterschiedlichen Retrievalfunktionen mit unterschiedlichen Benennungen, unterschiedlichen Suchstrategien in unterschiedlich gut erschlossenen Datenbanken gegenüber und muß sich schließlich noch mit unterschiedlichen Kosten und Gebühren herumschlagen, die nur schwer vergleichbar sind.

III.

Diesem Markt von On-line-Informationssystemen stehen nun die Hochschulbibliotheken gegenüber und müssen prüfen, ob sie die dort angebotenen Möglichkeiten nutzen sollen und gegebenenfalls welche. Eine Reihe von Hochschulbibliotheken hat längst ja gesagt, andere zögern noch, andere wiederum stehen abseits.

Im Februar 1978 waren insgesamt 16 Informationsvermittlungsstellen in wissenschaftlichen Bibliotheken der Bundesrepublik Deutschland mit Datenendgeräten an den Rechner von DIMDI angeschlossen, davon 12 Hochschulbibliotheken in Bremen, Essen, Frankfurt, Gießen, Göttingen, Hannover (Medizinische Hochschule und Tierärztliche Hochschule), Heidelberg, Marburg, Tübingen, Ulm und Würzburg; außerdem die Zentralbibliothek der Medizin in Köln, die Bayerische Staatsbibliothek in München, das Klinikum Steglitz und die Veterinärmedizinische Abteilung der Freien Universität Berlin. Weitere Hochschulbibliotheken werden alsbald folgen[14].

Die Universitätsbibliotheken der Technischen Universität Berlin und der Technischen Universität Hannover haben Terminalanschlüsse zu den Datenbanken von DOMA und ZDE in Offenbach a. M. bzw. Frankfurt a. M. eingerichtet. Einige Hochschulbibliotheken sind dabei, Datenendgeräte des FIZ 4 in Leopoldshafen / Karlsruhe aufzustellen, einige planen auch, einen Versuch mit Datenbankanbietern aus den USA zu wagen. Zahlreiche Einzelinitiativen sind zu beobachten. Erste praktische Erfahrungen werden gesammelt und veröffentlicht[15], eine einheitliche Einschätzung der Lage fehlt jedoch – von einem gemeinsamen Vorgehen der Hochschulbibliotheken oder einer Koordinierung der Einzelaktivitäten ganz zu schweigen. Die Arbeitsgemeinschaft der Hochschulbibliotheken hat daher im Herbst 1977 den Einführungsvortrag des Präsidenten

[14] Nach einer internen Mitteilung von DIMDI vom 15. 2. 1978.

[15] U. Drewen: On-line-Literaturrecherchen an einer Hochschulbibliothek. Ergebnisse einer Benutzerbefragung. In: Nachrichten für Dokumentation 29. 1978, S. 2–8. Dieser Aufsatz ist ein überarbeiteter Auszug aus der Hausarbeit zur Prüfung für den höheren Dienst an wissenschaftlichen Bibliotheken im Herbst 1977 beim Bibliothekar-Lehrinstitut des Landes Nordrhein-Westfalen u. d. Titel: On-line-Literaturrecherchen als Informationsleistung der Hochschulbibliothek. Köln: Bibliothekar-Lehrinstitut 1977. 124 S. (Maschinenschriftlich). Die im Aufsatz fehlenden Literaturangaben sind in der Originalarbeit enthalten.

von DIMDI dazu benutzt, einen ersten Erfahrungsaustausch unter den Hochschulbibliotheken einzuleiten[16].

Es ist sehr zu begrüßen, wenn einzelne Hochschulbibliotheken die Initiative ergreifen, um Erfahrungen mit Terminalanschlüssen an Informationssysteme zu sammeln und näheren Aufschluß über die technischen und personellen Voraussetzungen des Betriebes einer Informationsvermittlungsstelle zu gewinnen. Darüber hinaus ist es erforderlich, die Erfahrungen zusammenzutragen, um Entscheidungshilfen für die übrigen Hochschulbibliotheken zu finden und das Verhalten am Markt der Informationsangebote aufeinander abzustimmen.

Der Bibliotheksausschuß der Deutschen Forschungsgemeinschaft hat sich daher in seinen Sitzungen vom 14./15. 10. 1976, 6./7. 10. 1977 und 18./19. 4. 1978 mehrfach und gründlich mit den anstehenden Problemen befaßt[17] und außerdem Experten zu einem ausführlichen Erfahrungs- und Meinungsaustausch zusammengeführt[18]. Der vorliegende Beitrag versucht, erste Beobachtungen zusammenzufassen und dadurch die fachliche Diskussion anzuregen.

Die anstehenden Probleme lassen sich – stark vereinfachend – in folgende Kreise gliedern:

1. Sollen Hochschulbibliotheken überhaupt diese neuen und neuartigen Funktionen der Informationsvermittlung übernehmen?
2. Sind Hochschulbibliotheken der richtige Standort innerhalb einer Hochschule für diese Informationsvermittlungsstellen? Wo ist gegebenenfalls der beste Standort für das Betreiben der Datenendgeräte innerhalb der Hochschulbibliothek?
3. Welcher Art sind die durch den Betrieb von Informationsvermittlungsstellen in Hochschulbibliotheken verursachten Benutzungsprobleme?
4. Welche personellen Probleme verursachen die neuen Informationsvermittlungsstellen in Hochschulbibliotheken?
5. Welche technischen Fragen der hardware-Ausstattung von Informationsvermittlungsstellen müssen gelöst werden: beispielsweise Terminalkonfiguration, Datenfernübertragung, Kompatibilität der Datenbanken und der Retrieval-Systeme usw.?

[16] Vgl. den Bericht über die Herbsttagung der Arbeitsgemeinschaft am 29. und 30. 9. 1977 in Frankfurt a. M. von H.-A. Koch in ZfBB 25. 1978, S. 61–62.

[17] Vgl. Bericht über die Sitzung des Bibliotheksausschusses der DFG vom 14./15. 19. 1976, hier: Informationsvermittlung und Informationsversorgung durch wissenschaftliche Bibliotheken. In: ZfBB 24. 1977, S. 200–202; Bericht über die Sitzung vom 6./7. 10. 1977, hier: Anschluß wissenschaftlicher Bibliotheken an Informationsnetze. In: ZfBB 25. 1978, S. 154–157.

[18] Die Expertengespräche haben auf Einladung des Bibliotheksreferats der Deutschen Forschungsgemeinschaft am 2. 3. und am 5. 4. 1978 stattgefunden. Es ist zu erwarten, daß die Ergebnisse dieser Gespräche veröffentlicht werden. Alle Teilnehmer haben diese Möglichkeit eines intensiven Erfahrungsaustausches dankbar begrüßt und lebhaft genutzt.

6. Welche Kosten entstehen beim Betrieb von Informationsvermittlungsstellen, und welche Anteile davon soll der Endverbraucher in Form von Gebühren tragen?
7. Welche rechtlichen Probleme entstehen zwischen Datenbankbetreibern und Bibliotheken mit Informationsvermittlungsstellen?
8. Welche Auswirkungen entstehen auf die örtliche, regionale und überregionale Literaturversorgung der Hochschulbibliotheken?

Zu 1): Die bisher bekannt gewordene Inanspruchnahme der in Hochschulbibliotheken eingerichteten Informationsvermittlungsstellen läßt schon jetzt erkennen, daß sich die Bibliotheken einem stärkeren Engagement bei dieser Art von Informationsvermittlung nicht entziehen können, und daß sie die gebotenen technischen Möglichkeiten nutzen sollten. Informationen, die in den Hochschulbibliotheken bisher schon in herkömmlich gedruckter Form vorhanden waren und angeboten wurden, werden künftig von Professoren, Assistenten und Studenten auch in der neuen Form des Direktzugriffs über Datenendgeräte in den Bibliotheken erwartet werden. Als Begründung wird angegeben, daß die Recherche mit den neuen Methoden der konventionellen Literatursuche in Karteien und Bibliographien überlegen sei, weil sie bessere Ergebnisse bringe: Mehrdimensionale Fragestellungen nach komplexen Sachverhalten, Suchwortverknüpfungen, Variationen und Differenzierungen der Suchfragen während der Recherche, Direktzugriff zu mehreren Registern über mehrere Berichtszeiträume und Kumulierungsstufen ermöglichen differenziertere Antworten, erhöhen die Relevanz der Zielinformationen, verringern die Menge von Ballastinformationen, liefern Literaturangaben, die sonst nicht gefunden worden wären, geben die Möglichkeit, die Menge der Zielinformationen je nach Wunsch zu verringern oder zu erhöhen. Für den Wissenschaftler bringt die On-line-Recherche offenbar eine erhebliche Zeiteinsparung gegenüber der konventionellen Literatursuche. Es gilt daher, Erfahrungen zu sammeln und vergleichbare Werte zu ermitteln, um die Annahme zu belegen, daß die neue Art der Informationsvermittlung schneller, effektiver, wirtschaftlicher und besser ist.

Skeptische Meinungen sollen nicht von vorneherein beiseite geschoben werden, die bezweifeln, ob die Wissenschaftler in größerer Zahl und in absehbarer Zeit den Nutzen des neuen Angebots erkennen und annehmen werden, und ob die Hochschulbibliothek diese zusätzliche Aufgabe übernehmen soll, solange ihre Kräfte oft nicht ausreichen, die steigenden Anforderungen der örtlichen und überörtlichen Literaturversorgung zufriedenstellend zu bewältigen.

Eine gewisse Besorgnis über die Höhe der zusätzlichen finanziellen Belastung wird verstärkt durch die Vermutung, daß die konventionelle Literatursuche in gedruckten Verzeichnissen künftig nicht gänzlich überflüssig wird und daß daher die Hochschulbibliothek die hohen Kosten für die Abonnements der Referateblätter usw. nicht einsparen kann. Auch dieser Sachverhalt muß genau untersucht werden.

Kritisch wird hin und wieder vermerkt, daß der finanzielle und personelle Aufwand der Informationsvermittlungsstellen relativ hoch sei und daß dieser Aufwand vornehmlich für Doktoranden betrieben werde[19]. Der Doktorand der Medizin, der um eine Literaturzusammenstellung zu seinem Thema aus dem Sachkatalog der Bibliothek oder aus Referateblättern bittet, wird in der Regel darauf hingewiesen, daß die Literatursuche zur wissenschaftlichen Arbeit dazugehöre und daß die Hochschulbibliothek ihm die gewünschte Liste nicht zusammenstellen könne – aus verschiedenen Gründen. Demselben Doktoranden, der um eine Dialogrecherche über DIMDINET bittet, wird die Bitte erfüllt, und er nimmt für seine Literaturzusammenstellung auch die Arbeitszeit eines wissenschaftlichen Beamten oder Angestellten der Bibliothek knapp zwei Stunden lang in Anspruch. (Der übrige Aufwand soll hier außer Betracht bleiben.) Hierdurch kommt sowohl eine neue quantitative als auch eine neue qualitative Dimension in die Dienstleistungen einer Hochschulbibliothek. Man muß dies sehen, auch wenn sehr positiv zu bewerten ist, daß der qualifizierte wissenschaftliche Einzelbenutzer wieder häufiger in die Hochschulbibliothek kommt und dort besser bedient wird als früher.

Grundsätzlich kann jedoch festgestellt werden, daß die gestellte Frage, ob Hochschulbibliotheken diese neuen Funktionen der Informationsvermittlung überhaupt übernehmen sollen, schon jetzt positiv zu beantworten ist.

Zu 2): Die Hochschulbibliothek bzw. Zentralbibliothek einer Hochschule bietet gute Voraussetzungen für den effektiven Betrieb einer Informationsvermittlungsstelle, weil sie hier allgemein zugänglich ist, die gedruckten Informationsdienste im Bibliographischen Apparat des Informationszentrums in der Nähe sind und erfahrenes und versiertes Fachpersonal zur Verfügung steht. Beides, Fachpersonal und Bibliographischer Apparat, sind unentbehrlich für die angemessene Vorbereitung der Recherche und für eine eventuell notwendige Nachrecherche in den gedruckten Bibliographien. Beides kann auch die Funktion eines ,,Filters" haben, um triviale bzw. unsinnige Suchwünsche zu reduzieren oder auf konventionelle Methoden zu lenken.

Die Hochschulbibliothek bietet dem Informationssuchenden auch den großen Vorteil, daß er hier alles aus einer Hand erhält: Informationsvermittlung *und* Literaturversorgung, Titelhinweise *und* Originaldokumente. Die Kopplung der Dienstleistungen in der zentralen Einrichtung Hochschulbibliothek bringt dem Wissenschaftler erhebliche Zeiteinsparung und einen Rationalisierungsgewinn.

[19] Laut Mitteilung von DIMDI vom 26. 5. 1977 sind rund 40% der Anfragen im Jahre 1976 von Doktoranden gestellt worden.

Der Hochschulbibliothek bringt die Informationsvermittlungsstelle eine wesentliche Verbesserung der Kontakte zu den wissenschaftlichen Einrichtungen der Hochschule. Ferner hat sie die Chance, durch Leistung dazu beizutragen, den Wissenschaftler „informationsbewußter" (in Amerika: more information minded) zu machen.

Eine Dezentralisierung – möglicherweise untereinander konkurrierender – Terminalanschlüsse in der Hochschule wäre wegen der hohen Kosten für Personal, Gerätemiete und Übertragungsleitungen unwirtschaftlich. Eine Auslastung der Einrichtungen wäre bei dezentraler Unterbringung vermutlich nicht gegeben.

Für den Fall, daß neben Literaturinformationen mehr und mehr „harte Daten" (facts) wie Meßwerte, chemische Formeln, Zusammensetzungen, Indikationen usw. in den Datenbanken abrufbar gespeichert sein werden, gehen die Meinungen darüber auseinander, ob die Hochschulbibliothek dann auch noch der richtige Standort für einen Terminalanschluß wäre, von dem aus der Direktzugriff zu diesen Daten ermöglicht würde, oder ob Anschlüsse in den Kliniken, Instituten oder Labors aufgestellt werden müßten. Es scheint, daß die Hochschulbibliothek prinzipiell auch hierfür geeignet wäre, weil sie am ehesten allgemein zugänglich ist. Außerdem kann der möglicherweise für den Umgang mit diesen Daten weniger sachkundige Informationsvermittler durch den bei der Abwicklung seiner Recherche anwesenden Wissenschaftler unterstützt werden.

Innerhalb einer Hochschulbibliothek steht der Terminalanschluß am besten in unmittelbarer Nähe des Informationszentrums, wenn nicht in ihm selbst.

Zu 3): Eine ganze Reihe von Erfahrungswerten für die Benutzung der Informationsvermittlungsstellen stimmen in verschiedenen Hochschulbibliotheken weitgehend überein: Nach einem anfänglichen „boom", einem Ansturm auf die neuen Möglichkeiten der Informationsvermittlung, kommt es zur Zeit zu fast einheitlichen Benutzungsmengen, die bei DIMDINET durchschnittlich 90-110 Suchanfragen im Monat betragen. Damit ist ungefähr die Grenze der Kapazität mit 5–6 Suchanfragen pro Tag erreicht. Vermutlich liegt es an diesen Kapazitätsgrenzen, wenn die Durchschnittsmengen bei Hochschulen sehr unterschiedlicher Größe annähernd gleich sind.

Eine Suchanfrage benötigt durchschnittlich etwa 20–30 Minuten Einschalt- bzw. Verbindungszeit zwischen Datenendgerät und Rechner. Diese Durchschnittswerte sind für Recherchen bei DOMA und VDE ebenso groß wie bei DIMDINET. Der Informationsvermittler, der die Recherche am Terminal durchführt, benötigt für Vorbereitung und Nachbereitung der Suchanfrage weitere 60–90 Minuten, so daß insgesamt etwa 1,5 Stunden anfallen. Mit 5–6 Suchanfragen ist daher der Arbeitstag eines wissenschaftlichen Informationsvermittlers ausgefüllt.

„Daueraufträge" eines Wissenschaftlers an DIMDI beispielsweise für Recherchen nach einem bestimmten Interessenprofil entlasten den Dialogverkehr in der Informationsvermittlungsstelle erheblich, da die Informationssuche im Stapelbetrieb abgewickelt wird und die Listenausdrucke direkt vom Datenbankbetreiber an den Endverbraucher verschickt werden können.

Ob und inwieweit das Erheben von Gebühren prohibitiv wirken wird und ob die Durchschnittswerte von etwa 1 000 Anfragen pro Terminalanschluß pro Jahr dann stark sinken, muß beobachtet werden.

Art und Intensität der Kontakte zwischen Informationsvermittlungsstelle und „Endverbraucher" der Information schwanken je nach Entfernung, Angebot, Personal, Räumlichkeiten usw. Trotz der Möglichkeiten über Telefon und mit Brief ist die persönliche Anwesenheit des informationssuchenden Wissenschaftlers auch beim Abwickeln der Recherche erwünscht. Einzelne Hochschulbibliotheken machen diese Anwesenheit zur Pflicht. Der „Endverbraucher" wird jedoch nicht zur Bedienung des Datenendgerätes zugelassen, da hierfür ein geschulter und erfahrener Fachmann gebraucht wird.

Zu 4): Der Fachmann ist – wie gesagt – für den Betrieb der Informationsvermittlungsstelle unentbehrlich. Der „Informationsvermittler" (weniger schön: Searcher, Information officer) sollte für diese Aufgabe gut vorbereitet sein: Gründliche Fachkenntnisse sollte er sich durch ein Studium der Fächer, deren Informationen er vermittelt [20], erworben haben. Das steht wohl obenan. Im Bibliothekswesen und in der Dokumentation müßte er auch gut Bescheid wissen. Den Aufbau der Datenbank und der entsprechenden Retrievalstrategien lernt er in der Regel durch Grundkurse und häufige Fortbildungskurse beim Betreiber der Datenbank; ebenso die Beherrschung der Bedienungstechnik. Erfahrung und Geschick im Umgang mit den informationssuchenden Wissenschaftlern kämen noch hinzu, um das Idealbild eines Informationsvermittlers abzurunden. Versierte Kräfte können Suchanfragen, so zeigen Erfahrungen, nach guter Vorbereitung viel schneller abwickeln und dadurch Einschaltzeiten am Terminal, d.h. Kosten, sparen.

In der Regel wird die Aufgabe von Mitarbeitern mit Abschluß eines akademischen Studiums wahrgenommen. Ob durch Spitzenkräfte des gehobenen Dienstes aufgrund langer Erfahrungen im Auskunftsdienst einer Hochschulbibliothek, passionierte Bibliographen, die fehlenden Studienkenntnisse wettmachen können und ebenso gut geeignet wären, kann wohl nur im Einzelfall beurteilt werden. Eine Hochschulbibliothek müßte es ausprobieren.

Sobald etwa 100 Suchanfragen im Monat anfallen, ist ein Mitarbeiter normal ausgelastet, wie die Erfahrungen zeigen. Bei dieser Menge kann die Aufgabe

[20] Für den Betrieb von Terminalanschlüssen an die MEDLARS-Datenbank akzeptiert DIMDI neben Medizinern auch verwandte Studienrichtungen wie Biologen, Chemiker, Pharmazeuten.

nicht mehr durch einen bereits vorhandenen Beamten des höheren Bibliotheksdienstes, der als Fachreferent tätig ist, „nebenbei" wahrgenommen werden. Sind es wesentlich weniger Suchanfragen, wäre die neue Aufgabe eine wertvolle Ergänzung der bisherigen Tätigkeit im Fachreferat. Umgekehrt sollten die Hochschulbibliotheken prüfen, ob und inwieweit „hauptamtliche" Informationsvermittler ihre Tätigkeit mit anderen bibliothekarischen Aufgaben abrunden können, wenn betriebsschwache Stunden auszufüllen sind.

Zu 5): Die Datenendgeräte in den Informationsvermittlungsstellen müssen so gestaltet sein, daß damit der Zugang zu allen verfügbaren bzw. erwünschten Datenbanken offen gehalten wird und nicht aus technischen Gründen einseitige Festlegungen erfolgen. Diesem verständlichen und berechtigten Wunsch steht leider eine andere Wirklichkeit gegenüber. Für die Suche in verschiedenen Datenbanken werden unterschiedliche Datenendgeräte verschiedener Herstellerfirmen benötigt, die meist nicht untereinander kompatibel sind. Zusätzlich gibt es noch grundlegende Unterschiede in der „Philosophie": In den USA setzen die großen kommerziellen Datenbankbetreiber Fernschreiber (Telex) als Datenendgeräte ein, die einfach zu bedienen sind und viel weniger kosten als Datensichtstationen. Fernschreiber haben jedoch den Nachteil, daß sie nur sehr langsame Übertragungsgeschwindigkeiten bieten (300 bit/sec.). Für EURONET soll ebenfalls ein Telexanschluß als Standardangebot realisiert werden. Die Deutsche Bundespost empfiehlt jedoch Fernschreiber des Datexnetzes mit wesentlich höheren Übertragungsgeschwindigkeiten (2400 bit/sec.). In Bibliotheken wird das Arbeiten an Datensichtstationen mit hohen Übertragungsgeschwindigkeiten eindeutig bevorzugt: Höhere fixe Kosten sollen durch geringere Übertragungskosten ausgeglichen werden. Außerdem ist das Arbeiten am Bildschirm effektiver, weil er einen höheren Bedienungskomfort bietet, indem er u. a. Modifizierungen der Suchwörter und -strategien während der Recherche ermöglicht oder erleichtert. Damit Hochschulbibliotheken für das Suchen in verschiedenen Datenbanken nicht eine ganze Batterie unterschiedlicher Datensichtgeräte aufstellen müssen, ist es erforderlich, daß die Datenbankanbieter sich auf eine vorhandene Konfiguration einigen oder daß ein genormtes „virtuelles Terminal" mit definierten Schnittstellen alsbald entwickelt wird.

Die Frage, ob eine Standleitung oder eine Wählverbindung vom Datenendgerät zum Rechner geschaltet oder aufgebaut wird, ist nicht nur nach den Kosten zu beantworten. Will man beispielsweise mit einem Datenendgerät in mehreren Datenbanken suchen, die auf verschiedenen Rechnern liegen, kommt nur die Wählverbindung über das Telefonnetz in Frage. Häufig wird angeführt, daß Standleitungen weniger störanfällig seien als Wählverbindungen und daß der Informationsvermittler nicht ständig die Mahnung vor Augen habe „Fasse dich kurz".

Ob eine Standleitung auf Dauer billiger ist als der jeweilige Aufbau einer Wählverbindung, hängt von der Benutzungsdauer und von den Leitungsentfernungen ab. Wegen der entfernungsabhängigen Tarife der Deutschen Bundespost gibt es für jeden Standort in der Bundesrepublik im Verkehr mit Datenbanken unterschiedliche „break-even-points", an denen der Betrieb einer Standleitung billiger wird als das jeweilige Aufbauen einer Wählverbindung. Beispielsweise wird der Betrieb einer Standleitung zwischen einem Datenendgerät in der Universitätsbibliothek Düsseldorf und dem Rechner von DIMDI in Köln günstiger, wenn eine Betriebszeit (connect-time) von 3,78 Stunden pro Tag bzw. von 75 Stunden im Monat (bei 20 Arbeitstagen) überschritten wird. Die festen Kosten einer Standleitung von Düsseldorf nach Köln betragen (einschließlich der posteigenen Datenübertragungseinrichtungen, jedoch ohne Datenendgerät und Drucker) zur Zeit 28476 DM pro Jahr, die für eine Wählleitung 3444 DM. Die variablen Kosten an Fernsprechgebühren betragen zwischen Düsseldorf und Köln 27,60 DM für eine Stunde Verbindungszeit. Die Preise für den Kauf (zuzüglich Wartung) oder die Miete geeigneter Datenendgeräte verändern sich so schnell, daß hier darauf verzichtet wird, Einzelheiten anzugeben.

Noch schlimmer als bei der hardware sind die Kompatibilitätsprobleme bei der Software. Hier fehlt es weitgehend an Normen und Standardisierungen: Unterschiedliche Dateiorganisation, Indexierverfahren, Suchtechniken, Suchmerkmale und Kommandosprachen machen es nahezu unmöglich, daß ein Informationsvermittler sich in mehr als zwei Systemen zurechtfindet. Fast jeder Datenbankanbieter hat ein anderes Retrievalsystem, manche stammen von den Herstellern der Datenverarbeitungsanlagen (GOLEM von Siemens, STAIRS von IBM, Teldok von CGK), manche sind Eigenentwicklungen der Anbieter (DIALOG von Lockheed, ORBIT von SDC, RECON von ESA in Frascati, DIRS von DIMDI). Demgegenüber warten die Anwender auf eine allgemeine Kommandosprache (standard/common command set), niemand weiß jedoch, wann sie entwickelt sein wird. Der Komfort, den ein Retrievalsystem bietet, sollte ein entscheidender Gesichtspunkt bei der Bewertung und Auswahl eines solchen Systems sein[21].

Zu 6): Die tatsächlichen Kosten einer Informationsvermittlungsstelle sind nur schwer zu ermitteln, solange der Bund die Einrichtung von Terminalanschlüssen in Hochschulbibliotheken in einer gewissen Einführungsphase durch Förderungsmittel unterstützt und eine Hochschulbibliothek noch nicht mit den vollen Kosten belastet wird. Die Kosten kann man etwa folgendermaßen gliedern:

[21] Vgl. die Literaturangaben unter Anm. 13. – Sehr übersichtlich neuerdings auch P. Stahn: Datenbanken. Ein Literaturbericht. In: Nachrichten für Dokumentation 28. 1977, S. 216–222. Dort wird zitiert und besprochen: Impact of on-line retrieval services. A survey of users, 1974–75. Santa Monica, Calif.: Systems Development Corp. 1976. 295 S.

- Terminalbetriebskosten: Kauf, Wartung bzw. Miete der Datenendgeräte und Personalkosten der Informationsvermittlungsstelle,
- Anteilige Netzkosten: Leitungskosten vom Rechner zum Konzentrator, Kosten des Konzentrators, umgelegt auf die Teilnehmer,
- Übertragungskosten: fixe Kosten bei Standleitungen, variable Kosten bei Wählleitungen des Telefonnetzes und bei Datex- und Telexverbindungen,
- Lizenzgebühren (royalties): vom Datenbankbetreiber an die Hersteller der Datenbasen abzuführen und den Teilnehmern nach unterschiedlichen Berechnungsarten berechnet,
- Prozessierungskosten: Kosten der Rechenzeit, des Hardware- und Software-Aufwandes, des Personals, des Materialverbrauchs, des Versands usw., anteilig auf die Teilnehmer umgelegt nach verschiedenen Berechnungsarten, nach CPU-Zeit, Ein-/Ausgabeoperationen, Anzahl der Literaturzitate, Anzahl der Versandeinheiten usw. Für die Hochschulbibliothek sind sie am schwersten abzuschätzen und zu überprüfen,
- Formulierungskosten: Arbeitszeit des Informationsvermittlers am Datenendgerät im Dialog mit dem Retrievalsystem (Dialogzeit).

Letztere kann der Datenbankbetreiber eigentlich nur berechnen, wenn ein eigener Informationsspezialist den Dialog direkt für den Endverbraucher führt. DIMDI berechnet privatwirtschaftlichen Unternehmen die Formulierungskosten jedoch auch, wenn der Dialog über eine Hochschulbibliothek abgewickelt wird, ohne aber der Hochschulbibliothek einen Anteil an den Einnahmen zu überlassen, obwohl diese die ,,Formulierungsarbeit" geleistet hat.

Anhaltswerte für die genannten Kosten sollen hier nicht genannt und beurteilt werden, da sie sich häufiger ändern und für sich betrachtet noch nicht viel aussagen, wenn nicht Vergleichswerte über Dauer und Erfolg einer Suche bekannt sind.

Welche Kosten in welcher Höhe vom Datenbankbetreiber an die Informationsvermittlungsstelle in der Hochschulbibliothek weitergegeben werden können oder sollen und welcher Anteil davon wiederum an den Endverbraucher, wird kontrovers beurteilt: Vom staatlichen Subventionsbetrieb mit Null-Tarif bis zur Kostendeckung durch Gebühren gibt es ein breites Spektrum von Meinungen, wobei an dieser Stelle nur die Dienstleistungen der öffentlichen Fachinformationszentren betrachtet werden, während die Angebote kommerzieller Firmen außer Betracht bleiben. Der Bund ist offenbar an einer weitgehenden Umlegung der Kosten und Refinanzierung der Fachinformationszentren interessiert. Die Bundesländer als Unterhaltsträger der Hochschulbibliotheken tragen, wenn sie die Informationsvermittlungsstellen finanzieren, die größte Last, auch wenn sie einen Teil der Kosten auf die Endverbraucher abwälzen, die nämlich als Hochschulangehörige auf Haushaltsmittel der Institute und Kliniken zurückgreifen können und dadurch wieder auf das Geld des Landes.

Übereinstimmende Erfahrungen in den Hochschulbibliotheken geben Anlaß zu folgenden Empfehlungen:

a) Es erscheint vertretbar, dem Endverbraucher – sei es eine Einzelperson oder ein Institut – einen gewissen Kostenanteil aufzuerlegen, der etwa dem Zeit- bzw. Rationalisierungsgewinn entspricht. Dieser Anteil muß pauschaliert werden.

b) Unterschiedliche Kosten der Suchanfragen bei verschiedenen Informationsdiensten stiften Verwirrung innerhalb und außerhalb der Hochschule. Unterschiedliche Weitergabe dieser Kostenanteile an verschiedenen Hochschulen nach unterschiedlichen Gebührentarifen vermehrt Verwirrung und Ärger. Bund und Bundesländer müssen daher bald einheitliche Gebühren für die Inanspruchnahme von Informationsdienstleistungen öffentlicher Informationszentren festsetzen[22].

c) Gebühren sollen nicht prohibitiv wirken: Für verschiedene Benutzerkategorien (Lehrkörper der Hochschule, Studenten, öffentliche Benutzer außerhalb der Universität, privatwirtschaftliche Benutzer usw.) sind akzeptable mittlere Werte zwischen Null-Tarif und voller Kostenweitergabe zu finden[23].

d) Die Hochschule soll einen Teil der fixen Kosten, beispielsweise die Personalkosten und die Terminalbetriebskosten in ihren Haushalt übernehmen. Diese Kosten sollen ebensowenig wie die Kosten etwa der Literaturerwerbung auf den Benutzer abgewälzt werden. Die Kosten dürfen jedoch nicht die Haushaltsmittel für Literaturbeschaffung mindern. Ein neuer Service erfordert zusätzliche Mittel.

e) Sofern dem Endverbraucher variable Kosten berechnet werden, muß es möglich sein, daß die Hochschule die Einnahmen behält, um damit die vom Datenbankbetreiber umgelegten Kosten zu bezahlen.

f) Standortvorteile bzw. -nachteile sollten durch einen einheitlichen entfernungsunabhängigen Gebührentarif der Deutschen Bundespost ausgeglichen werden.

Zusammenfassend: Bei Auslaufen der zur Zeit gewährten Starthilfen und Förderungsmittel muß der Betrieb der Informationsvermittlungsstellen in

[22] Zukunftsweisende Überlegungen des Ausschusses für wissenschaftliche und technische Information (AWTID) der Europäischen Gemeinschaft können hier außer Betracht bleiben. Vgl. die Studie Finanzierungs- und Preispolitik für Dialogteilnehmerdienste in Europa (EFAG 11), über die von M. Ockenfeld referiert wird in: Nachrichten für Dokumentation 29. 1978, S. 26–28.

[23] Die Universitätsbibliothek der Technischen Universität Hannover untersucht zwei Jahre lang diese Fragestellung beim Dialogverkehr mit verschiedenen Datenbanken und unter unterschiedlichen Nutzungbedingungen. Die Untersuchung wird von der Deutschen Forschungsgemeinschaft unterstützt. Die Ergebnisse werden für alle Hochschulbibliotheken wichtig sein, der Einfluß der Gebührenhöhe auf die Nutzungshäufigkeit sollte jedoch auch in den übrigen Hochschulbibliotheken laufend beobachtet und festgehalten werden.

Hochschulbibliotheken durch Etatisierung in den Haushaltskapiteln der Hochschulen sichergestellt werden, sofern die Leistungen für Forschung und Lehre diesen Aufwand rechtfertigen. Außerdem muß durch Absprachen zwischen Bund und Ländern verhindert werden, daß der größte Teil der Gesamtkosten der Fachinformationszentren bzw. der von diesen betriebenen Retrievalsystemen auf diesem Wege auf die Hochschulen abgewälzt wird und die Etats der Hochschulbibliotheken belastet.

Zu 7): In der Informationskette zwischen Herstellern der Datenbasen, Datenbankbetreibern, Informationsvermittlungsstellen und Endverbrauchern können rechtliche Probleme auftreten. Bei der Unüberschaubarkeit eines schnell wachsenden Marktes ist es für den Hersteller von Datenbasen offenbar schwierig geworden, den Gebrauch der Magnetbandversionen seiner Daten zu kontrollieren. – Einige kommerzielle Datenbankbetreiber gewinnen Ausschließlichkeitsrechte an Datenbasen, und es besteht die Gefahr der Monopolisierung des Zugangs zu Datenbasen. Auch dieses kann rechtliche Probleme verursachen. – Probleme des Urheberrechts scheinen erst aufzutreten, wenn nach der Informationsvermittlung die Literaturversorgung mit dem Kopieren von Zeitschriftenaufsätzen befaßt wird.

Wichtiger erscheinen zur Zeit die rechtlichen Probleme der Vertragsgestaltung. Die Hochschule sollte einen Vertrag mit dem Datenbankbetreiber zugunsten der Hochschulbibliothek abschließen, in dem Rechte, Pflichten, Leistungsumfang und Kosten eindeutig und längerfristig geregelt sind. Der Vertrag sollte sicherstellen, daß der Datenbankbetreiber den Leistungsumfang nicht einseitig verändern oder die Kosten beliebig erhöhen kann. Der Abschluß solcher Verträge scheint schwierig zu sein, wie die Erfahrungen zeigen.

Zu 8): Auswirkungen auf die örtliche, überörtliche und überregionale Literaturversorgung der Hochschulbibliotheken lassen sich noch nicht zuverlässig abschätzen, weil der Beobachtungszeitraum noch zu kurz ist. Es scheint aber, daß die bisher geäußerten Befürchtungen eines starken Anstiegs der Benutzung (noch?) nicht bestätigt worden sind. Ein Anstieg der Ortsausleihe, des Kopierdienstes oder der Fernleihe um knapp 5 %, wie er von einzelnen Bibliotheken berichtet wird, kann noch nicht exakt auf den Informationsvermittlungsdienst zurückgeführt werden[24].

Auch eine andere häufig vertretene Meinung läßt sich noch nicht bestätigen: Durch die Zusammenarbeit des Informationsvermittlers mit dem informationssuchenden Wissenschaftler im Vorgespräch, bei der Recherche und bei der Be-

[24] Eine Ausnahme bildet die Zentralbibliothek der Medizin in Köln, die zur Zeit analysiert, wodurch der überproportionale Anstieg der Bestellungen veranlaßt wird. Der Benutzer gibt bei jeder Bestellung die Quelle auf einem besonderen Formular an, so daß man auswerten kann, welche Bestellungen durch Suchanfragen über DIMDINET veranlaßt worden sind. Die Deutsche Forschungsgemeinschaft unterstützt auch diese Untersuchung.

urteilung der Ergebnisse kann gemeinsam geprüft werden, welche Titel wesentlich sind, welche Zeitschriftenaufsätze aus den Beständen der eigenen Bibliothek schnell bereitgestellt werden können und welche selbst mit großem Zeit- und Arbeitsaufwand vermutlich nicht zu beschaffen sein werden. Diese Zusammenarbeit sollte die Menge sinnloser Bestellungen reduzieren und den Leihverkehr entlasten. Ob diese Bremsen tatsächlich greifen, wird man erst sagen können, wenn noch mehr Erfahrungen vorliegen, da auch die Zahl der Literaturinformationen, die bei einer Suchanfrage durchschnittlich ausgegeben werden, von Datenbank zu Datenbank und von Hochschulbibliothek zu Hochschulbibliothek sehr unterschiedlich ist. Die Durchschnittsmengen pro Anfrage schwanken zwischen 30 und 200 Zitaten, die meisten Mittelwerte werden mit 50 Zitaten angegeben. Mit wachsender Vertrautheit und Erfahrung des Informationsvermittlers und des Wissenschaftlers werden die gewünschten und tatsächlich ausgegebenen Mengen an Zitaten vermutlich geringer werden. Diese mögliche Reduzierung kann jedoch leicht wieder wettgemacht werden durch eine steigende Zahl von Benutzern.

IV.

Das neue und neuartige Informationsangebot verursacht Einführungs- und Anpassungsschwierigkeiten in der Hochschule ebenso wie in der Hochschulbibliothek. Aber das ist wohl natürlich bei Veränderungen dieser Qualität. Die Hochschulbibliothek benötigt einen Versuchszeitraum von etwa drei bis fünf Jahren, ehe verläßlicher als heute gesagt werden kann, welcher Bedarf bei Wissenschaftlern tatsächlich vorhanden ist[25], wie dieser Bedarf sich zusammensetzt, von wem er ausgeht, welche Kosten entstehen, welche Leistungen erzielt werden und welchen Preis der Endverbraucher zu zahlen bereit ist. Die Erfolgskontrolle muß Benutzungshäufigkeit mit der Benutzungsqualität und mit der erzielten Wirkung in Beziehung setzen.

Daneben sind die Auswirkungen der Informationsvermittlung auf die Literaturversorgung zu beobachten, die durch die neuen Aktivitäten nicht beeinträchtigt werden darf. Bekanntlich ist es einfacher, schnell einige Literaturzitate zu einem bestimmten Thema über einen Terminalanschluß aus einer Datenbank herauszuholen als die entsprechende Menge von Dokumenten beispielsweise über den Leihverkehr mit einiger Mühe herbeizuschaffen. Die Hochschulbibliothek als Informationszentrum setzt neue Akzente. Ob es aber zu neuen Prioritäten in der Liste der Aufgaben kommen wird, läßt sich noch nicht vorher-

[25] Die Erwartung eines ungeheuren Bedarfs, einer „horrenden Erweiterung des Informationsbewußtseins" – gewonnen aus einem zu pauschalen Vergleich amerikanischer Zahlen mit den Verhältnissen in der Bundesrepublik – ist durch die Erfahrungen in den Hochschulbibliotheken bisher nicht bestätigt worden.

sagen, da für den Bibliothekar die technische Entwicklung schwer zu überschauen ist.

Der Fortschritt bei der Einrichtung von Informationsvermittlungsstellen wird vermutlich davon abhängen, wie schnell die geplanten 16 Fachinformationszentren des IuD-Programms aufgebaut werden und in der Lage sind, Retrievalsysteme anzubieten. In der Medizin ist das Angebot realisiert, in den Ingenieur- und in den Naturwissenschaften werden fast alle Fächer in naher Zukunft durch entsprechende Angebote abgedeckt werden können, Sozialwissenschaften und Rechtswissenschaft werden vermutlich nach einigen Jahren nachfolgen, die geisteswissenschaftlichen Fächer sind wahrscheinlich am schwierigsten einzubeziehen und werden sich noch lange als sperrig erweisen.

Unsicherheit in diese Entwicklung bringen möglicherweise die kommerziellen Datenbankbetreiber aus den USA wie Lockheed, SDC, BRS und andere, die mehrere Datenbanken in einem Retrievalsystem zu eventuell geringeren Preisen anbieten können. Nur einzelne dafür besonders qualifizierte Hochschulbibliotheken sollten zunächst Erfahrungen mit diesen Anbietern sammeln, damit die anderen Bibliotheken daraus lernen können. On-line-Vorführungen in Demonstrations-Seminaren beeindrucken leicht, aber der Unerfahrene bemerkt dabei kaum, ob er überhaupt mit richtigen und vollständigen Informationen bedient wird. Bewertungskriterien für Datenbanken und Retrievalsysteme liegen noch nicht lange vor[26], und Hochschulbibliotheken fangen erst an, diese Themen aufzugreifen. Ein breiter Erfahrungsaustausch könnte durch eine Arbeitsgemeinschaft der Informationsvermittlungsstellen aktiviert werden.

Abschließend sei noch ein weiterer Aspekt erwähnt: Dem Benutzer eines Retrievalsystems werden zwar die bibliographischen Angaben eines bestimmten Dokuments nachgewiesen, er erfährt aber nicht, wo er es finden kann. Dazu muß er andere Auskunftsmittel der Hochschulbibliothek, die Kataloge, befragen. Dieser „Mangel" führt zu der Überlegung, ob es möglich und nützlich sei, in den Datenbanken neben den bibliographischen Angaben auch die Standortnachweise, d. h. die Sigel der besitzenden Bibliotheken, ja sogar den Ausleihstatus des einzelnen Dokuments nachzuweisen und aktuell zu halten, um dem Benutzer den Zugang zu den Dokumenten zu erleichtern.

Ob andererseits der Aufbau eigener Datenbanken der wissenschaftlichen Bibliotheken auf regionaler Basis mit dem Inhalt der Zentralkataloge – neben dem Nachweissystem der Zeitschriftendatenbank der Arbeitsstelle für Bibliothekstechnik – ein erfolgversprechenderer Weg wäre, ist Diskussionsstoff für Fachleute. Erst recht das Thema, wie ein Netzwerk auszusehen hätte, das diese regionalen Zentralkatalog-Datenbanken mit den Fachinformationszentren verbindet und vice versa.

[26] Vgl. in diesem Zusammenhang Anm. 13 und 21.

Im Bundesministerium für Forschung und Technologie wird von einem ,,Überregionalen Literaturnachweis- und Fernbestellungssystem" gesprochen. Hierdurch werden nicht nur Fragen der Kooperation zwischen Fachinformationszentren und Hochschulbibliotheken, sondern auch Ziele einer Integration von Informationsvermittlung und Literaturversorgung angesprochen, die die Grenzen dieses Beitrags sprengen. So oder so, die Hochschulbibliothek als Informationszentrum hat Zukunft.

WOLFGANG KEHR

Einheitliche Verwaltung und Benutzung in den Bibliothekssystemen der „alten" Universitäten

1. Die rechtliche und hochschulpolitische Situation

Soweit in den vergangenen Jahren in einzelnen Bundesländern neue Hochschulgesetze erlassen worden sind, hat man darin zumeist auch die rechtliche Voraussetzung für eine Neustrukturierung des zweigleisigen Bibliothekswesens der „alten" Universitäten geschaffen. Einige Hochschulgesezte sahen vor, daß alle bibliothekarischen Einrichtungen eine „zentrale Einheit" bilden. In Baden-Württemberg ist der Gesetzgeber in § 14 des 1973 erlassenen Hochschulgesetzes nicht so weit gegangen. Er ließ die einer Fakultät unmittelbar zugeordneten Bibliotheken (nach § 12 Abs. 3 HSchG) und die dezentralen Instituts- und Seminarbibliotheken als Teile von Universitätseinrichtungen mit eigenem Personal und eigenen Mitteln bestehen, forderte aber die Zusammenlegung kleinerer Bibliotheken zu sog. Bereichsbibliotheken und die Zusammenfassung aller bestehenden bibliothekarischen Einrichtungen zu einem „einheitlichen Bibliothekssystem" unter der Fachaufsicht des Leiters der Universiätsbibliothek.

Nachdem das Hochschulrahmengesetz in Kraft getreten ist, müssen die Hochschulgesetze der Länder novelliert und dem Rahmengesetz angepaßt werden. Durch die im Rahmengesetz geforderten weitreichenden Veränderungen dürfte dies in manchen Fällen zur Verabschiedung völlig neuer Gesetze für die Universitäten und für die verschiedenen anderen Hochschulen in den einzelnen Bundesländern führen.

Das am 1. Januar 1978 in Kraft getretene „Gesetz über die Universitäten im Lande Baden-Württemberg" (UG) hält an der früher geforderten Einheitlichkeit des Bibliothekswesens fest, differenziert aber stärker als das Hochschulgesetz von 1973. Die Universitätseinrichtungen werden als wissenschaftliche Einrichtungen (Institute, Seminare) und Betriebseinheiten (Bibliotheken, Rechenzentrum, Werkstätten) definiert (§ 28 Abs. 2 u. 3 UG). Dementsprechend müssen jetzt laut § 30 Abs. 1 UG zwangsläufig unterschieden werden:

- Bibliotheken als „zentrale Betriebseinheit" – d. i. „die Universitätsbibliothek als die Zentralbibliothek der Universität";
- Bibliotheken als „bibliothekarische Betriebseinheit" – das sind „Bereichsbibliotheken", die aufgrund eines Senatsbeschlusses und mit Zustimmung des

Kultusministeriums „als Betriebseinheiten unter der Verantwortung einer oder mehrerer Fakultäten eingerichtet sind";

- „Bibliotheken der sonstigen Einrichtungen" – das sind die bisherigen Instituts- und Seminarbibliotheken als Teile wissenschaftlicher Einrichtungen.

Soweit Bibliotheken Betriebseinheiten sind, führen sie Dienstleistungen aus (§ 28 Abs. 3 S. 1 UG). Dies trifft auch auf die dritte Art von Bibliotheken in den Universitäten zu, für die das Gesetz bestimmt: „Dienstleistungsbereiche von wissenschaftlichen Einrichtungen wie Bibliotheken, Werkstätten und ähnliche Bereiche sollen, soweit es unter wirtschaftlichen Gesichtspunkten zweckmäßig und der Aufgabenstellung förderlich ist, zu Betriebseinheiten zusammengefaßt werden" (§ 28 Abs. 4 S. 3 UG).

Die Auffächerung bedeutet, daß der Gesetzgeber in Baden-Württemberg im Vergleich zu Hochschulgesetzen mit einem völlig zentralisierten Bibliothekswesen einer Kompromißlösung den Vorzug gegeben hat. Er berücksichtigt, daß es auf absehbare Zeit noch Seminarbibliotheken als Teil wissenschaftlicher Einrichtungen geben wird, fordert aber für die Zukunft die Zusammenlegung zu wirtschaftlicheren Betriebseinheiten (Bereichsbibliothek). Nach dem alten Hochschulgesetz war es den Universitäten selbst überlassen, durch die „Verwaltungsordnung für das Bibliothekssystem" die Zusammenlegung von Bibliotheken zu größeren Einheiten vorzuschreiben oder nicht. Ob die Bildung von Bereichsbibliotheken jetzt aufgrund von § 28 Abs. 4 UG leichter sein wird als früher, steht dahin. Allgemein lehrt die Universitätsgeschichte jedenfalls, daß die Universitäten sich den zahlreichen, in den Hochschulgesetzen verbindlich festgelegten Regelungen gegenüber indolent verhalten. Dies traf und trifft noch immer in besonderem Maß für den bibliothekarischen Bereich zu. In Baden-Württemberg vertraut der Gesetzgeber offenkundig auch darauf, daß es den Leitern der Universitätsbibliotheken gelingt, die erwünschten Strukturveränderungen zu bewirken. Er überträgt ihnen nach § 30 Abs. 4 S. 1 UG die „fachliche Aufsicht über das Bibliothekssystem" und versucht, die erwünschte Einheitlichkeit bei der Organisation und Verwaltung der Bibliotheken in den Universitäten durch das Recht dieser Leiter zu erreichen, Anordnungen für alle in diesen Bibliotheken irgendwie tätigen Mitarbeiter zu erteilen:

„Er entscheidet über die Auswahl und den laufenden Einsatz des Bibliothekspersonals; hierzu gehören die Beamten des höheren, gehobenen und mittleren Bibliotheksdienstes sowie die Angestellten und Arbeiter, die nach ihrem Arbeitsvertrag überwiegend bibliotheksbezogen tätig sind (Bibliothekspersonal). Anordnungen für die dienstliche Tätigkeit des Bibliothekspersonals werden vom Leiter der Universitätsbibliothek getroffen, der diese Anordnungen über den Leiter der Einrichtungen erteilt, an der das Bibliothekspersonal tätig ist; dies gilt auch für das Personal in den sonstigen Universitätseinrichtungen, soweit dieses bibliothekarische Dienstaufgaben wahrzunehmen hat oder sonst für die Verwaltung einer bibliothekarischen Einrichtung tätig wird" (§ 30 Abs. 4 S. 3 u. 4 UG).

Die ausführliche Regelung ist bei Licht besehen unrealistisch. Sie überträgt dem Leiter der Universitätsbibliothek einerseits Rechte und Pflichten – Auswahl und laufenden Einsatz des Bibliothekspersonals –, die er praktisch nur unter größten Schwierigkeiten in diesem Umfang wahrnehmen kann, da die Stellen des Bibliothekspersonals weiterhin bei den Universitätseinrichtungen geführt werden und nur der Verwaltungsrat über die Verteilung dieser Stellen entscheiden kann (§ 20 Abs. 2 S. 3 UG). Andererseits schränkt sie die Realisierungsmöglichkeiten dieser Rechte und Pflichten in der bibliothekarischen Alltagspraxis einer Universität noch dadurch gravierend ein, daß Anordnungen für die dienstliche Tätigkeit nicht unmittelbar dem Bibliothekspersonal gegeben werden dürfen, sondern nur über den Leiter der Einrichtung, an der Personal für die Verwaltung einer Bibliothek tätig wird. Die Situation wirkt noch verworrener, wenn man sich klarmacht, wer Leitungsfunktion ausübt: Bibliotheken als Betriebseinheiten (Bereichsbibliotheken) haben in der Regel einen ständigen Leiter (§ 28 Abs. 6 S. 4 UG); er gehört aber dann nicht zum eigentlichen Bibliothekspersonal gemäß § 30 Abs. 4 S. 3 UG, wenn er wissenschaftlicher Beamter ohne abgeschlossene Ausbildung für den höheren Dienst an wissenschaftlichen Bibliotheken ist. Andererseits sollen wissenschaftliche Einrichtungen und dementsprechend auch Bibliotheken als Teile dieser Einrichtungen in der Regel durch eine kollegiale, eine befristete oder eine kollegiale und befristete Leitung verwaltet werden (§ 28 Abs. 6 S. 2 UG), d. h. hier sind Leiter Professoren der Besoldungsgruppe C 4, ggf. in einem Leitungskollegium und dies oft nur für eine befristete Zeit.

Die meisten neuen Hochschulgesetze sind zwar umfangreicher, aber nicht praktikabler geworden. Ein Vergleich mit älteren deutschen und mit ausländischen Hochschulgesetzen läßt deutlich die Tendenz erkennen, die vielfältigen Probleme der Massenuniversitäten durch extensive gesetzliche Regelungen aller denkbaren Einzelheiten und durch Entscheidungen der Ministerien zu lösen. Hier zeigt sich zweifellos eine Verkennung der universitären Realität, ein naiver Rechtsoptimismus, die irrige Auffassung, daß sich durch perfektionistische Gesetze und nachfolgende zahllose administrative Vorschriften der übergeordneten Verwaltungsstellen endlich die von den Universitäten selbst versäumten Reformen nachholen ließen. Der Insider hat derzeit den Eindruck, daß das Gegenteil der Fall ist. Die Bereitschaft zu Reformen schwindet in dem Maß, in dem das Überhandnehmen von Verwaltung Resignation und Verdruß hervorruft. Die einen erwarten inaktiv und staatsverdrossen in allen Angelegenheiten das Obrigkeitsdiktat, die anderen erfinden immer neue Strategien des passiven Widerstandes gegen immer neue, darunter auch durchaus sinnvolle Veränderungen.

Dies zeigt sich auch im bibliothekarischen Bereich. Zwar werden durch entsprechende gesetzliche Regelungen längst erwünschte Reformen der Struktur und Organisation erleichtert, zugleich aber geraten durch das allgemeine Klima in den Universitäten solche – ehemals als sinnvoll und zweckmäßig anerkannten und partnerschaftlich – kooperativ eingeleiteten Reformen[1] – mehr und mehr in den Verdacht der bürokratischen Zentralisierung um jeden Preis und der Hypertrophie der Administration. Die Universitäten in Baden-Württemberg bilden in dieser Beziehung keine Ausnahme, auch wenn hier das Bibliothekswesen nicht so weitgehend zentralisiert werden soll wie in einigen anderen Bundesländern.

Verglichen mit der Bibliotheksstruktur und -verwaltung der neuen Universitäten befindet sich das Bibliothekswesen der „alten" Universitäten vermutlich noch für lange Zeit in einer Übergangsphase. Auch in den Bundesländern, in denen bereits nach dem alten Hochschulgesetz alle Bibliotheken einer Universität eine „zentrale Einheit" bilden, haben die Erfahrungen in den letzten Jahren gezeigt, daß man sinnvolle und dauerhafte Reformen nicht einfach durch administrative Zwangsmaßnahmen erreichen kann. Vielmehr ist man hierfür auf die aktive Mitarbeit des Lehrkörpers und des Bibliothekspersonals in den einzelnen Universitätseinrichtungen angewiesen. Auch in Zukunft werden sich die Verhältnisse mit hoher Wahrscheinlichkeit nur schrittweise, behutsam und mit Geduld verändern lassen, ganz gleich ob das Gesetz für die Bibliotheken eine „zentrale Betriebseinheit" vorsieht oder sie zu einem einheitlichen Bibliothekssystem zusammenfaßt.

2. Bestimmungen zur Realisierung von § 30 Universitätsgesetz

Gesetze bedürfen zu ihrer Realisierung der Durchführungsbestimmungen. Die das Bibliothekswesen betreffenden Einzelheiten werden am besten in abgestufter und damit flexibler Weise geregelt – auch wenn dadurch auf den ersten Blick wieder der Eindruck unangemessen umfangreicher Verwaltungsvorschriften entsteht.

In Baden-Württemberg z. B. geschieht dies durch die schon im alten Hochschulgesetz von 1973 geforderte und erneut im Universitätsgesetz von 1978 in § 30 Abs. 5 S. 1 vorgeschriebene, nach Anhörung des Senats vom Verwaltungsrat der Universität zu beschließende „Verwaltungsordnung für das Bibliothekssystem"[2], die der Zustimmung des Kultusministeriums bedarf. Weitere Einzel-

[1] Vgl. hierzu: Wolfgang Kehr: Der Aufbau eines Bibliothekssystems. In: Freiburger Universitätsblätter. 12. 1973, S. 39–68.

[2] Abgedruckt in Wolfgang Kehr: Rechtliche Voraussetzungen für Bibliothekssysteme. In: Zeitschrift für Bibliothekswesen und Bibliographie. 22. 1975, S. 319–326.

heiten regeln die im Universitätsgesetz § 30 Abs. 3 S. 2 ausdrücklich genannten, vom Bibliotheksausschuß zu bestimmenden „Richtlinien der Erwerbung(-skooperation), der Bibliotheksorganisation und der Bibliotheksverwaltung". Hinzu kommen, vor allem im Bereich der Bibliotheksverwaltung, noch Merkblätter und schriftliche Dienstanweisungen des Leiters der Universitätsbibliothek, die weitere Einzelheiten der Verwaltungspraxis nach einheitlichen Grundsätzen regeln. Es versteht sich von selbst, daß solche Merkblätter und Anweisungen erst nach entsprechenden gemeinsamen Beratungen mit dem Bibliothekspersonal in den dezentralen Bibliotheken abgefaßt werden sollten. Zweifellos hängt es beim Entwurf solcher Ordnungen, Richtlinien und Anweisungen entscheidend von der realisitischen Beurteilung der universitären Verhältnisse und von der Kompromiß- und Anpassungsbereitschaft der Bibliothekare ab, ob hierdurch allgemeine, verbindliche und auch anerkannte Regelungen getroffen werden oder ob statt dessen nur die Furcht vor der monströsen Verwaltungshypertrophie bestätigt wird.

Die im Aufbau befindlichen Bibliothekssysteme der „alten" Universitäten können vor allem auf verbindliche Richtlinien für die Verwaltung der Bibliotheken und auf Musterbenutzungsordnungen nicht verzichten. Die vom Gesetzgeber geforderte räumliche oder auch nur verwaltungsmäßige Zusammenführung kleinerer, fachlich benachbarter Bibliotheken zu größeren, leistungsfähigeren Betriebseinheiten mit fachlich geschultem Personal und planvollem Bestandsaufbau, mit einem höheren Buch- und Arbeitsplatzangebot und – unter kostenwirtschaftlichen Gesichtspunkten – zweckmäßigen Ausgangskontrollen sowie die Abstimmung der Erwerbungen und die Erschließung der gesamten Buch- und Zeitschriftenbestände am Ort im Gesamtkatalog und im Gesamtzeitschriftenverzeichnis setzen voraus, daß die dezentralen Bibliotheken nach elementaren einheitlichen Grundsätzen verwaltet werden. Auch die verantwortliche Fachaufsicht des Leiters der Universitätsbibliothek über alle bibliothekarischen Einrichtungen ist ohne eine solche Vereinheitlichung schlecht möglich.

Die voraussehbaren allgemeinen Auswirkungen der neuen Hochschulgesetzgebung auf den bibliothekarischen Bereich lassen den Schluß zu, daß sich der Widerstand gegen die erforderliche Verwaltung der bibliothekarischen Einrichtungen nach einheitlichen Grundsätzen vor allem auf seiten derer verstärken wird, die auch schon bislang der Befriedigung von Partikularinteressen Priorität vor dem Aufbau gemeinschaftlicher Einrichtungen einräumten und in deren (meist kleineren) Institutsbibliotheken diese Verwaltung, entsprechend den Bedürfnissen eines kleinen Benutzerkreises, uneinheitlich und improvisatorisch war. Die für gemeinschaftliche Einrichtungen notwendigen qualitativ höheren Verwaltungsanforderungen – z. B. in der Titelaufnahme wegen dem nach RAK geführten Gesamtkatalog oder im Bestellwesen wegen der Abstimmung der Erwerbungen – werden dann in der Regel als übertrieben und sachlich ungerechtfertigt abgelehnt. Hier werden die Bibliothekare künftig noch sehr viel Überzeugungsarbeit leisten müssen, ganz gleich, welche Rechte ihnen die Gesetze und Verordnungen einräumen.

Die Verwaltungsrichtlinien und die Musterordnung für die Benutzung können nur klar, konzis und anwendbar formuliert werden, wenn sie von den Bedingungen und den Bedürfnissen der Fakultäts-, Bereichs- und großen Seminarbibliotheken mit geschultem Bibliothekspersonal ausgehen und wenn sie in den ,,alten" Universitäten auf die vom Gesetzgeber beabsichtigte *zukünftige* Bibliotheksstruktur bezogen sind. Jeder Versuch, bei der schriftlichen Fixierung der verbindlichen einheitlichen Verwaltungsgrundsätze und Benutzungsmodalitäten den sehr unterschiedlichen räumlichen, personellen, finanziellen und organisatorischen Bedingungen in den kleineren Institutsbibliotheken durch Einbeziehung aller Ausnahmeregelungen gerecht zu werden, ist der Klarheit und Übersichtlichkeit abträglich. Abweichungen von diesen Richtlinien werden der Bibliotheksausschuß und in seinem Auftrag der Leiter der Universiätsbibliothek ohnedies in begründeten Einzelfällen zulassen müssen.

Richtlinien und Musterbenutzungsordnung sollten sich deshalb auf das Allgemeine, das bibliotheks- und benutzungspolitisch Grundsätzliche, auf die ,,minima moralia" einer guten bibliothekarischen Verwaltung beschränken. Gleichzeitig sollte aber auch aus bibliotheks- und hochschulpolitischen Gründen Wert darauf gelegt werden, die Verwaltungsrichtlinien so abzufassen, daß sie in den ,,alten" Universitäten in gleicher Weise für die Zentralbibliothek verbindlich sind.

3. Richtlinien der Bibliotheksverwaltung

Nachdem das Kultusministerium zugestimmt hatte, konnte im März 1977 die vom Verwaltungsrat der Universität Freiburg nach Anhörung des Senats beschlossene ,,Verwaltungsordnung für das Bibliothekssystem" in Kraft treten. Der nächste Schritt war die Bearbeitung der ebenfalls vom Gesetzgeber nach § 14 Abs. 2 des alten HSchG (jetzt § 30 Abs. 3 S. 2 UG) geforderten ,,Richtlinien des Ausschusses für das Bibliothekssystem an der Universität Freiburg zur Verwaltung der bibliothekarischen Einrichtungen". Der von Bibliothekaren erarbeitete[3] und dem Bibliotheksausschuß vorgelegte Entwurf wurde nach Beratung in

[3] Der Verf. dankt seinen Kollegen aus der UB Freiburg, der Bibliothek für Rechtswissenschaft und anderen Seminarbibliotheken der Universität für ihre Mitarbeit an diesem Entwurf.

diesem Ausschuß den 14 Fakultäten zur Stellungnahme zugeleitet. Diese haben trotz einiger Bedenken der philosophischen Fakultäten, die z. T. auf Mißverständnissen beruhten, und – abgesehen von einigen noch zu beratenden kleineren Textänderungen – der unten abgedruckten Fassung letztlich zugestimmt.

Der Entwurf teilt sich in zwei Abschnitte, deren erster die Probleme der Verwaltungsorganisation bei Erwerbung, Bestandserschließung, Revision und Abgabe entbehrlicher Bestände mit verbindlichem Richtliniencharakter im eigentlichen Sinn behandelt, während der zweite Abschnitt als Musterentwurf für die Benutzung der dezentralen bibliothekarischen Einrichtungen der Fakultäten mit empfehlendem Charakter anzusehen ist.

In Teil I der Richtlinien für die Verwaltung wurde letzten Endes nichts mehr aufgenommen, was an anderer Stelle bereits geregelt ist, z. B. in der „Verwaltungsordnung für das Bibliothekssystem", im „Erlaß des Kultusministeriums über das Führen von Bestandsverzeichnissen für gedruckte und andere Informationsträger"[4], in den „Richtlinien des Rektorats über das Anweisen von Rechnungen" und in den „Regeln für die Katalogisierung in den dezentralen Bibliotheken".

Die Richtlinien konkretisieren prinzipielle Bestimmungen der Verwaltungsordnung, indem sie detaillierte Einzelhinweise für die Bibliotheksverwaltung geben. Es wurde Wert darauf gelegt, auch nicht zu nennen, was an anderer Stelle geregelt werden soll, z. B. in den noch nicht vorliegenden Richtlinien der Erwerbungskooperation und der Bibliotheksorganisation oder in den Merkblättern und schriftlichen Anweisungen, deren Erstfassung und eventuelle Modifikationen nicht der Beratung und Zustimmung des Bibliotheksausschusses (mit entsprechenden Stellungnahmen der Fakultäten vor der Beschlußfassung) bedürfen. Hierzu gehören z. B. die Regelung solcher Fragen wie Auswahl der Titel, Abstimmung und Koordinierung der Erwerbungen, Modalitäten der Kaufentscheidungen, Größenordnung und Erschließung von Handapparaten, aber auch weitere organisatorische Details des Bestellverfahrens, des Abstimmungsverfahrens für die Zeitschriften, Fortsetzungswerke und teueren Werke, der Besitzkennzeichnung und Signaturvergabe, der zentralen Titelkartenvervielfältigung, Katalogführung, Revision, Dublettenverwertung, der Führung der in der „Verwaltungsordnung" vorgeschriebenen Bibliotheksstatistik nach einheitlichen Regeln u. v. a. m. Aus bibliothekspolitischen und psychologischen Gründen enthalten die Richtlinien überall dort, wo es notwendig und bei der gewünschten konzisen Form möglich erschien, eine knappe Begründung der geforderten organisatorischen Maßnahme.

[4] Der Erlaß liegt dem Kultusministerium im Entwurf vor, ist aber noch nicht veröffentlicht.

4. Text der Richtlinien des Ausschusses für das Bibliothekssystem der Universität Freiburg i. Br. zur Verwaltung der bibliothekarischen Einrichtungen

I. Richtlinien für Erwerbung, Bestandserschließung, Revision und Abgabe entbehrlicher Bestände

0. Vorbemerkungen

Die Richtlinien des Ausschusses für das Bibliothekssystem der Universität Freiburg regeln in Ausführung der Bestimmungen von § 30 Abs. 3 S. 2 UG sowie von § 1 Abs. 2 S. 4 und § 2 Abs. 2 der „Verwaltungsordnung für das Bibliothekssystem der Universität Freiburg" die Verwaltung der bibliothekarischen Einrichtungen nach einheitlichen bibliothekarischen Grundsätzen. Für die praktische Anwendung werden sie ergänzt durch Merkblätter und Dienstanweisungen des Leiters der Universitätsbibliothek; dem Bibliothekspersonal sollen damit detaillierte Arbeitshilfen an die Hand gegeben werden.
Die Richtlinien des Ausschusses für das Bibliothekssystem gelten für alle bibliothekarischen Einrichtungen der Universität (einschl. der Handapparate). Sie gehen von § 9 Abs. 1 und 2 der „Verwaltungsordnung für das Bibliothekssystem" aus. Danach sollen die dezentralen bibliothekarischen Einrichtungen zu größeren leistungsfähigen Bereichsbibliotheken zusammengeführt und ausgebaut werden. Soweit dies aus räumlichen Gründen nicht möglich ist, sollen größere Verwaltungseinheiten gebildet werden. Es wird angestrebt, durch wirtschaftlichen und sparsamen Einsatz der Personal- und Sachmittel im Bibliothekssystem den größtmöglichen Nutzen für die Literatur- und Informationsversorgung von Forschung und Lehre zu erzielen.
Abweichungen von diesen Richtlinien sind nur in besonders begründeten Einzelfällen zulässig.

1. Erwerbung

1.1 Bestellung

Die Bestellungen für alle in die bibliothekarische Einrichtung aufzunehmenden Druckschriften (Bücher, Zeitschriften, Dissertationen, Karten usw.) und anderen Informationsträger (Mikrofilme, Mikrofiches, Schallplatten u. ä.) werden in einer Bestellkartei festgehalten. Eine zweckdienliche und sparsame Erwerbungspraxis wird durch die Einrichtung von Bereichsbibliotheken gefördert. Auch in Fakultäten ohne Bereichsbibliotheken empfiehlt es sich, in größeren Bibliotheken, die über geschultes Personal verfügen, zentrale Bestellkarteien für alle zugeordneten Institute, Lehrstühle und Handapparate zu führen.

Die Bestellkartei dient der Vermeidung ungewollter Dubletten durch
- den lückenlosen Nachweis der bestellten Literatur;
- den Nachweis vorhandener, aber noch nicht katalogisierter Literatur;
- die Abstimmung der Erwerbung im Bibliothekssystem.

Zu diesem Zweck sind
- vor Ausfertigung einer Bestellung alle Bestellwünsche an der Bestellkartei sowie an den Katalogen und ggf. am Zeitschriftenkardex und der Fortsetzungskartei zu überprüfen;
- für jeden Titel ein gesonderter Bestellzettel im internationalen Format mit mindestens zwei Durchschlägen auszuschreiben;
- alle Zettel für bestellte, erbetene, aus unverlangten Ansichtssendungen gekaufte sowie durch Tausch und Geschenk erworbene Titel alphabetisch nach gegebener Wortfolge in Anlehnung an die RAK einzulegen;
- diese Zettel mindestens so lange in der Bestellkartei aufzubewahren, bis das jeweilige Werk mit einer Titelaufnahme in den Katalogen der bibliothekarischen Einrichtung nachgewiesen ist;
- zur besseren Abstimmung der Erwerbung ggf. die Durchschläge der fachlich einschlägigen Bestellungen der Universitätsbibliothek in die Bestellkartei einzulegen oder auch ein Durchschlag der Bestellzettel an die Universitätsbibliothek weiterzuleiten.

1.2 Inventarisierung

Alle in die bibliothekarische Einrichtung durch Kauf, Geschenk oder Tausch aufzunehmenden gedruckten und anderen Informationsträger werden zum Nachweis ihres Verbleibs und zur Feststellung der ggf. dafür aufgewendeten Haushaltsmittel inventarisiert und mit Besitzvermerk versehen.
Die Inventarisierung regelt sich nach dem „Erlaß des Kultusministeriums über das Führen von Bestandsverzeichnissen für gedruckte und andere Informationsträger".

1.3 Rechnungswesen

Bei der Bearbeitung von Rechnungen sind die Bestimmungen der Landeshaushaltsordnung zu beachten. Die Einzelheiten regeln sich nach den jeweiligen „Richtlinien über das Anweisen von Rechnungen" des Rektorats.

1.4 Einband

Bei jeder Druckschrift ist zu prüfen, ob und wie sie gebunden werden soll. Periodica, Lieferungswerke und häufig benutzte Monographien sollen in den bibliothekarischen Einrichtungen gebunden aufgestellt werden. Die Einbandart

richtet sich nach Beschaffenheit und Wert der Druckschrift, der voraussichtlichen Häufigkeit der Benutzung und der Dauer der Aufbewahrung.
Von den Haushaltsmitteln ist ein entsprechender Anteil für Einband vorzusehen.
Die Einbandstelle der Universitätsbibliothek bzw. das sonstige mit Bindearbeiten vertraute bibliothekarische Fachpersonal berät die sonstigen bibliothekarischen Einrichtungen über die verschiedenen Einbandarten, die Buchbinderwerkstätten und die jeweils geltenden Preise.

2. *Bestandserschließung*

2.1 Signaturvergabe

Zur besseren Auffindung der vorhandenen Werke werden Signaturen (Standortnummern) vergeben. Sie erscheinen in und auf den Druckschriften, auf den anderen Informationsträgern sowie auf den Titelkarten der Kataloge. Die Vergabe der systematischen Signaturen ist in der Regel Aufgabe des wissenschaftlichen Personals. Bei der Erstellung neuer Signatursysteme ist der Rat der Universitätsbibliothek einzuholen.

2.2 Kataloge

Die Kataloge dienen dem Bestandsnachweis, der Bestandserschließung und der Abstimmung der Erwerbungen. Zu diesem Zweck werden – möglichst zentral für größere Bibliothekseinheiten – ein alphabetischer Katalog und ein Standortkatalog geführt.
Der alphabetische Katalog verzeichnet die in der bibliothekarischen Einrichtung vorhandenen gedruckten und anderen Informationsträger in alphabetischer Reihenfolge nach den im Bibliothekssystem der Universität geltenden Regeln für die alphabetische Katalogisierung.
Der Standortkatalog gibt die genaue Aufstellung der einzelnen Werke in der bibliothekarischen Einrichtung wieder. Sind deren Bestände systematisch gegliedert aufgestellt, so kann der Standortkatalog zugleich als Sachkatalog dienen.
Zahl und Art weiterer Kataloge richten sich nach den Erfordernissen der jeweiligen bibliothekarischen Einrichtung. Dabei sind jedoch Arbeitsaufwand und Nutzeffekt sorgfältig gegeneinander abzuwägen.

2.3 Titelaufnahme

Von jedem erworbenen gedruckten und anderen Informationsträger wird eine Titelaufnahme für die Kataloge hergestellt. Die Titelaufnahmen erfolgen einheitlich nach den im Bibliothekssystem geltenden Regeln für die alphabetische Katalogisierung und nur auf Titelkarten des internationalen Bibliotheksformats.

Die Diplombibliothekare der sonstigen bibliothekarischen Einrichtungen sind vordringlich mit der Anfertigung von Titelaufnahmen zu beauftragen. Die Regeln für die alphabetische Katalogisierung sind spätestens mit Aufnahme des Bestandes einer bibliothekarischen Einrichtung in die Gesamtkataloge der Universität anzuwenden.

2.4 Vervielfältigung der Titelkarten

Für die zentrale Bestandserschließung in den Gesamtkatalogen der Universität und aus Gründen der Wirtschaftlichkeit werden alle Titelkarten in der Regel in der Druckerei der Universitätsbibliothek vervielfältigt. Vervielfältigen bibliothekarische Einrichtungen die Titelkarten in begründeten Einzelfällen selbst, so ist sicherzustellen, daß die Universitätsbibliothek von jedem erworbenen Titel einen Nachweis für die Gesamtkataloge der Universität erhält.

3. Revision

Die in den bibliothekarischen Einrichtungen für den Benutzer frei zugänglichen gedruckten und anderen Informationsträger sind in regelmäßigen Abständen – nach Möglichkeit jährlich – auf Vollständigkeit zu überprüfen. Über den Vollzug und das Ergebnis dieser Prüfung ist ein schriftlicher Bericht anzufertigen.

4. Abgabe entbehrlicher Bestände

Die bibliothekarischen Einrichtungen sollen den aktuellen Bedürfnissen von Forschung und Lehre dienen. Zur Raumersparnis und besseren Übersichtlichkeit übergeben die sonstigen bibliothekarischen Einrichtungen der Universitätsbibliothek veraltete und wenig gebrauchte Bestände. Der Direktor der Universitätsbibliothek entscheidet über die weitere Verwendung (z. B. Aufstellung in einer anderen bibliothekarischen Einrichtung, Dublettenverkauf, Makulierung). Eine Veräußerung von Beständen der sonstigen bibliothekarischen Einrichtungen führt die Universitätsbibliothek für die Einrichtungen durch.

II. Benutzung

Für die sonstigen bibliothekarischen Einrichtungen der Universität sind dem Verwaltungsrat Benutzungsordnungen zur Beschlußfassung vorzulegen. Es wird empfohlen, dem Text den folgenden Musterentwurf einer Benutzungsordnung zugrundezulegen.

Musterentwurf einer Benutzungsordnung für die sonstigen bibliothekarischen Einrichtungen der Universität Freiburg i. Br.

Benutzungsordnung

d... ....

§ 1 Zweck der Bibliothek

D.. ...... dient als Präsenzbibliothek der Forschung, der Lehre, dem Studium und der Information auf dem (den) Gebiet(en) d.. ......

§ 2 Öffnungszeiten

Die regelmäßigen Öffnungszeiten der Bibliothek werden durch Aushang und Veröffentlichung im Vorlesungsverzeichnis bekanntgegegeben.

§ 3 Zulassung zur Benutzung

(1) Zur Benutzung der Bibliothek werden zugelassen
1. die Mitglieder der .... Fakultät
2. sonstige Personen, wenn ihre Tätigkeit oder ihr Interesse die Benutzung der Bibliothek erfordert, es sei denn, daß räumliche oder organisatorische Gründe dem entgegenstehen.

(2) Bei der Beantragung der Zulassung haben Studenten der Universität und der anderen Hochschulen der Gesamthochschulregion Freiburg i. Br. den Studentenausweis, andere Antragsteller einen amtlichen Lichtbildausweis vorzulegen.

(3) Wer zur Benutzung zugelassen ist, erhält einen Benutzerausweis. Die Zulassung und die Geltungsdauer des Benutzerausweises können befristet werden. Für Studenten der Universität und der anderen Hochschulen der Gesamthochschulregion Freiburg i. Br. gilt der mit dem Semesterstempel der Bibliothek versehene Studentenausweis bis zum Beginn des folgenden Semesters als Benutzerausweis. Der Zugelassene haftet der Bibliothek für Schäden, die aus dem Mißbrauch des Benutzerausweises durch Dritte entstehen. Der Verlust des Benutzerausweises sowie Änderungen des Namens oder der Anschrift sind der Bibliothek unverzüglich mitzuteilen. (Satz 4 und 5 können entfallen, wenn nicht in nennenswertem Umfang ausgeliehen wird.)

§ 4 Gebühren

Die Bestimmungen der §§ ...... der Verordnung des Kultusministeriums über die Gebühren der wissenschaftlichen Bibliotheken des Landes Baden-

Württemberg vom 25. März 1977 (GBl. S. 119) werden entsprechend angewandt. (Entfällt, wenn keine der in der gen. VO geregelten Gebühren erhoben werden sollen.)

§ 5 Allgemeine Rechte und Pflichten des Benutzers

(1) Der Benutzer hat nach Maßgabe dieser Benutzungsordnung das Recht auf Benutzung der in der Bibliothek vorhandenen Literatur und der zur allgemeinen Benutzung bereitgestellten sonstigen Einrichtungen und Geräte.
(2) Der Benutzer ist verpflichtet, die Vorschriften der Benutzungsordnung, die ihrer Durchführung dienenden übrigen Benutzungsbestimmungen und die Anordnungen des Bibliothekspersonals zu befolgen. Er haftet für Schäden und Nachteile, die der Bibliothek aus der Nichterfüllung dieser Pflichten entstehen.
(3) Beim Betreten der Bibliothek hat der Benutzer unaufgefordert/auf Verlangen den Benutzerausweis vorzuzeigen.
(4) Überkleidung, Schirme, Taschen u. dgl. sowie größere Gegenstände und Nahrungsmittel dürfen nicht in die Bibliothek mitgenommen oder vor ihr abgelegt werden, Tiere nicht in die Bibliothek mitgebracht werden.
(5) In den Lese- und Arbeitsräumen darf mit Rücksicht auf die anderen Benutzer die Ruhe nicht gestört, insbesondere nicht in störender Weise gesprochen werden.
(6) Die Räume und Arbeitsplätze sind sauber zu halten.
(7) Rauchen ist in den Lese- und Arbeitsräumen nicht gestattet/Rauchen ist nur in den dafür vorgesehenen Räumen gestattet.
(8) Der Benutzer hat das Bibliotheksgut sorgfältig zu behandeln. Insbesondere sind Eintragungen, Anstreichungen, Unterstreichungen und Durchstreichungen in Büchern und Katalogen sowie das Durchzeichnen untersagt. Loseblattwerken dürfen keine Blätter, Katalogen keine Titelkarten entnommen werden.
(9) Für Beschädigung oder Verlust von Bibliotheksgut haftet der Benutzer, bei entliehenem Bibliotheksgut auch dann, wenn ihn kein Verschulden trifft. Beschädigungen sind auch dic in Abs. 8 Satz 2 und 3 genannten Handlungen. Der Benutzer hat in angemessener Frist vollen Ersatz zu leisten. Art und Höhe der Ersatzleistung bestimmt die Bibliothek.
(10) Nach der Benutzung ist das Bibliotheksgut unverzüglich an seinen Standort zurückzustellen oder der Stelle, die es ausgegegeben hat, zurückzugeben. Dies gilt auch, wenn der Benutzer die Bibliothek länger als ...... verlassen will.
(11) Beim Verlassen der Bibliothek hat der Benutzer unaufgefordert mitgeführte Bücher, Zeitschriften, Manuskripte u. dgl. deutlich erkennbar vorzuzeigen.

§ 6 Besondere Benutzungsbestimmungen

(1) Die Bibliothek kann die Benutzung einzelner besonders schutzbedürftiger, insbesondere unersetzlicher oder kostbarer Werke auf Ausnahmefälle beschränken oder von besonderen Bedingungen abhängig machen.
(2) Arbeitsplätze dürfen nicht länger als ...... unbenutzt belegt werden.
[Hier ggf. auch Bestimmungen über die Zulässigkeit längerer Belegung oder das Stehenlassen von Büchern am Arbeitsplatz in Ausnahmefällen (z. B. für bestimmte Benutzer), ferner über die Zulässigkeit bzw. Unzulässigkeit der Benutzung besonderer Geräte am Arbeitsplatz (z. B. von Lesegeräten, Schallplatten- u. Tonbandgeräten, Schreibmaschinen, Tischkopiergeräten u. dgl.), soweit die Benutzung solcher Geräte nur in besonderen Räumen zulässig sein soll, zu Abs. 4.]
(3) [Hier ggf. Bestimmungen über (Ausgabe und) Benutzung von Zeitschriftenheften, Loseblattwerken, Mikrofilmen, Diplomarbeiten u. dgl. an besonderen Arbeitsplätzen oder in besonderen Räumen.]
(4) [Hier ggf. Bestimmungen über die Benutzung fester Arbeitsplätze u. besonderer Räume, z. B. von Arbeitsräumen für Blinde, Examenskandidaten, wissenschaftliches Personal, von Gruppenarbeitsräumen, Seminarräumen, Diktierräumen, Kartenräumen, Magazinen, von Plätzen u. Räumen für die Benutzung besonderer Geräte (z. B. Lesegeräten, Diaprojektoren, Filmvorführgeräten, Schallplatten- und Tonbandgeräten, Rechenmaschinen, Tischkopiergeräten), Schließfächer, Schränke.]
(Für die Abs. 2ff. wird empfohlen, nur die nach den Verhältnissen der jeweiligen Bibliothek erforderlichen Materien zu regeln; dabei kann wegen der Einzelheiten auf Merkblätter oder dgl. verwiesen werden.)
(5) Die Bibliothek erteilt über die Benutzung ihrer Kataloge und Bestände Auskunft, soweit es ihre Arbeits- und Personallage gestattet. Literaturzusammenstellungen fertigt sie nicht an. Die Schätzung des Wertes von Büchern gehört nicht zu den Aufgaben der Bibliothek.
(6) Der Benutzer kann Kopien aus den Buchbeständen der Bibliothek auf den dazu in (vor) d.. ...... aufgestellten (Münz)Kopiergeräten herstellen, soweit der Zustand der Vorlage dies gestattet. Auf die pflegliche Behandlung des Kopiergutes ist dabei besonders zu achten. Die Beachtung von Urheberrechten obliegt dem Benutzer. Die Bibliothek ist zur Herstellung von Kopien nicht verpflichtet.
(7) Eine Ausleihe von Büchern (oder anderem Bibliotheksgut) zur Benutzung außerhalb der Bibliothek findet nicht statt.
[*Oder* – falls in bestimmten Fällen eine solche Ausleihe möglich sein soll – nähere Bestimmungen über den dazu berechtigten Personenkreis (z. B. bestimmte Gruppen des wissenschaftlichen Personals, Doktoranden, Examenskandida-

ten), über die Dauer (Leihfrist, z. B. über Nacht, über Sonn- und Feiertage, für eine bestimmte Anzahl von Tagen) über die Art der ausleihbaren bzw. der von der Ausleihe ausgeschlossenen Literatur (z. B. Nichtausleihbarkeit von Bibliographien, Lehrbüchern in der neuesten vorhandenen Auflage, Zeitschriften), über die Beschränkung der Anzahl der gleichzeitig entleihbaren Werke sowie über das Ausleihverfahren. Verbot der Weitergabe an Dritte.]

§ 7 Handapparate

Handapparate sind Bestandteil der Bibliothek und stehen am Arbeitsplatz einzelner Mitglieder oder Gruppen des wissenschaftlichen Personals. Für andere Benutzer sind ihre Bestände zugänglich zu machen, soweit es sich um Literatur handelt, die ausschließlich in Handapparaten vorhanden ist.

§ 8 Ausschluß von der Benutzung

Verstößt ein Benutzer schwerwiegend oder wiederholt gegen die Bestimmungen der Benutzungsordnung oder ist sonst wegen besonderer Umstände der Bibliothek die Fortsetzung eines Benutzungsverhältnisses nicht mehr zuzumuten, so kann der Benutzer vorübergehend oder dauernd, teilweise oder ganz von der weiteren Benutzung ausgeschlossen werden. Die aus dem Benutzungsverhältnis entstandenen Verpflichtungen des Benutzers werden durch den Ausschluß nicht berührt.

§ 9 Haftung der Bibliothek

Die Bibliothek haftet nicht für den Verlust oder die Beschädigung von Gegenständen, die in die Bibliothek mitgebracht oder vor ihr abgelegt worden sind. Dies gilt auch für den Inhalt von Taschen- und Garderobenschränken. Die Benutzung von Geräten erfolgt auf eigene Gefahr.

§ 10 Kontrollrecht der Bibliothek

Das Bibliothekspersonal ist berechtigt, sich von jedem Besucher einen amtlichen Ausweis sowie den Inhalt von Mappen, Taschen, Aktendeckeln und ähnlichem vorzeigen zu lassen.

§ 11 Inkrafttreten

Diese Benutzungsordnung tritt am Tage nach der Veröffentlichung in den Amtlichen Bekanntmachungen der Albert-Ludwig-Universität Freiburg i. Br. in Kraft. Gleichzeitig treten die Bestimmungen ...... außer Kraft.

5. Erläuterungen zu den Richtlinien

Bezüglich der Überlegungen, die der oben abgedruckten Fassung der einzelnen Abschnitte zugrundeliegen, möchte ich mich auf die Erläuterung weniger und noch nicht in allen dezentralen Bibliotheken der Universität Freiburg selbstverständlicher Regelungen beschränken. Dabei finden auch Bedenken, die bei der Vorlage des Entwurfs von einzelnen Fakultäten geäußert worden sind, Berücksichtigung.

Zu I. 1.1 Bestellung: Eine in Bundesländern mit einem universitären Bibliothekswesen als ,,zentraler Betriebseinheit" denkbare und (wie z. B. in der TU München) auch konkret geplante Form der einheitlichen Verwaltung wurde nicht berücksichtigt: zentrale Mittelbewirtschaftung, zentrales Bestellverfahren, zentrale Erwerbungskartei, zentrale Inventarisierung, zentrale Katalogisierung für alle Bibliotheken in der Universität. Das Kultusministerium mag dies auf lange Sicht anstreben. Zweifellos würden die gegenwärtigen gesetzlichen Bestimmungen in den ,,alten" Universitäten Baden-Württembergs dies aber gar nicht zulassen. Nach § 30 Abs. 1 UG sind die dezentralen Bibliotheken keine ,,zentrale Betriebseinheit", sondern entweder selbst (bibliothekarische) Betriebseinheiten oder als ,,Bibliotheken der sonstigen Einrichtungen" Teil der wissenschaftlichen Einrichtungen.

In diesem Sinn müssen ihnen nach § 28 Abs. 1 UG für die Durchführung ihrer Aufgaben Personal, Sachmittel und Räume zur Verfügung stehen. Abgesehen davon, daß derzeit in der Zentralbibliothek alle für eine so weitgehende Zentralisierung notwendigen personellen Voraussetzungen fehlen würden, muß auch bezweifelt werden, daß damit eine ökonomische und im Sinne der raschen Literaturversorgung rationelle Organisationsform gegeben wäre, solange die Universitätseinrichtungen räumlich weit verstreut untergebracht sind und die Vielzahl der kleinen Bibliotheken nicht vollends durch ein überschaubares System von Bereichsbibliotheken in jeweils unmittelbarer Nähe der Lehr- und Forschungsstätten ersetzt ist. Der Mehrbedarf des Personals an zentraler Stelle ließe sich nur durch echte Einsparungen der Personalkapazität in den dezentralen Stellen rechtfertigen. Eine für alle Einrichtungen gemeinsam geführte zentrale Bestellkartei sichert noch keine gegenseitige Abstimmung der Erwerbungen. Eine völlige Zentralisierung der gesamten Literaturbeschaffung in großen ,,alten" Universitäten ist nur unter bestimmten Bedingungen möglich und auch nur dann sinnvoll, wenn die Literaturbedürfnisse der Einrichtungen dadurch nachweislich schnell aufeinander abgestimmt und in vertretbarem Aufwand an Personal und Mitteln befriedigt werden. Dies schließt eine regalfertige Buchbeschaffung und -bearbeitung für einzelne Bereichs- und Seminarbibliotheken durch die Universitätsbibliothek nicht aus.

In der anfänglichen Fassung des Abschnitts war – orientiert an den Verhältnissen und Bedürfnissen der großen Fakultäts- und Bereichsbibliotheken – vorgesehen, daß sämtliche Bestellungen, d. h. auch die für die kleineren Bibliotheken der Lehrstühle und der Handapparate, ausnahmslos auf Fakultätsebene durch das in der Bereichsbibliothek tätige Bibliothekspersonal erfolgen sollten. Die realistischere Einschätzung der Situation, vor allem in den vier Philosophischen Fakultäten, wo solche Bereichsbibliotheken erst unvollkommen oder noch gar nicht existieren, hat schließlich zu einer abgemilderten Formulierung geführt, die empfiehlt, aber nicht zwingend vorschreibt, auch in Fakultäten ohne Bereichsbibliotheken zentrale Bestellkarteien für mehrere zugeordnete Bibliotheken und Handapparate zu führen. Selbst diese Organisationsform halten einzelne kleinere Institute ohne fachlich geschultes Bibliothekspersonal noch für zu verwaltungsaufwendig, so daß es sinnvoll schien, Zweck und Vorteile der Bestellkartei in den Richtlinien zu erläutern.

Die Formulierung „Vermeidung ungewollter Dubletten" hat durch mangelnde Kenntnis der Bestimmungen in § 30 UG und in der „Verwaltungsordnung" zu Mißverständnissen geführt und bedurfte im Bibliotheksausschuß sowie in den Fakultätsberatungen der Interpretation. Das in § 30 Abs. 2 S. 2 UG festgelegte „Recht der wissenschaftlichen Einrichtungen auf selbständige Auswahl der anzuschaffenden Druckschriften und anderer Informationsträger" sollte durch diese Formulierung nicht eingeschränkt werden, vorausgesetzt allerdings, daß die gesetzliche Pflicht der Abstimmung der Erwerbungen dazu führt, daß insgesamt die Zahl unnötiger Doppelungen gemindert, die Zahl notwendiger Mehrfachanschaffungen (vor allem an Studienliteratur) erhöht, eine möglichst hohe Zahl wissenschaftlich relevanter Titel bereitgestellt und so insgesamt die im Universitätsbereich vorhandenen Literaturmittel optimal ausgenutzt werden.

Die Abstimmung der Erwerbungen kann sich naturgemäß nicht auf den Kauf von Literatur beschränken, sie muß auch die Abbestellung von Abonnements mit einbeziehen. Aus diesem Grunde muß verbindlich festgelegt werden, daß einmal getroffene Vereinbarungen über den laufenden Bezug von Periodika, Reihen und Fortsetzungswerken bindend sind und nur im gegenseitigen Einverständnis der jeweiligen Partner wieder aufgehoben werden können. Diese Regelung wurde bereits in die „Verwaltungsordnung für das Bibliothekssystem" (§ 5 Abs. 7 S. 3) aufgenommen und erscheint deshalb nicht mehr in den Richtlinien.

Zu I. 1.2 Inventarisierung: Daß ausnahmslos alle gedruckten und anderen Informationsträger, auch die durch Geschenk und Tausch erworbenen, inventarisiert und damit in das Eigentum des Landes überführt werden müssen, ist, wie die Erfahrung in den Universitäten lehrt, keineswegs selbstverständlich. In einigen Universitätseinrichtungen, namentlich den medizinischen und naturwissenschaftlichen, besteht noch immer die Neigung, manche Bücher und Broschüren als eine Art Verbrauchsmaterial für die (privaten) Lehr- und Forschungszwecke einzelner Personen anzusehen, sogar dann, wenn diese Literatur aus öffentlichen Mitteln finanziert worden ist. In besonderem Maß trifft das für Literatur in den sog. Handapparaten zu, die nach § 4 Abs. 5 S. 1 der ,,Verwaltungsordnung" stets ,,Bestandteil der sonstigen bibliothekarischen Einrichtungen (Bereichs- und Seminarbibliotheken) und in deren Katalogen nachgewiesen sind".

Zu I. 1.4 Einband: In manchen dezentralen Bibliotheken wird die Meinung vertreten, der Einband könne zugunsten des Neukaufes von Literatur vernachlässigt werden. Insbesondere bei ungebundenen Zeitschriften und Lieferungswerken entstehen jedoch durch die Entnahme einzelner Hefte bzw. Teile häufig erhebliche und nicht mehr zu schließende Bestandslücken, die sich im Rahmen der Erwerbungskooperation für einen größeren Benutzerkreis vor allem dann als sehr nachteilig erweisen, wenn es sich bei der Zeitschrift oder dem Lieferungswerk um das einzige Exemplar im Universitätsbereich handelt. Eine Bestandserhebung in zwei Freiburger Seminarbibliotheken vor wenigen Jahren hat z. B. ergeben, daß die Einbandsanierung für die wichtigere Literatur mehr als DM 60000,– erfordern würde. Bei dieser Sachlage wurde die ,,Einbandpflicht" für bestimmte Literaturkategorien als dringendes Desiderat betrachtet.

Die Forderung, von den Haushaltsmitteln zu Anfang des Jahres einen entsprechenden Anteil für den Einband vorzusehen, muß als Teil einer umfassenden Mahnung zur planvolleren Bibliotheksverwaltung und Mittelbewirtschaftung verstanden werden. Sollte ein jetzt entworfener Rahmenvertrag der Universität mit Buchbinderwerkstätten tatsächlich abgeschlossen werden, wird ein entsprechender Hinweis vor Inkrafttreten der Richtlinien aufzunehmen sein.

Zu I. 2.1 Signaturvergabe: So selbstverständlich die Forderung erscheinen mag, den vorhandenen Werken Signaturen zu geben – in einzelnen Bibliotheken, oft mit uneinheitlicher alphabetischer Buchaufstellung ohne eindeutige Einordnungsprinzipien, fehlen sie.Dies mag bei einem geringeren und mühelos überschaubaren Bestand nicht so gravierend sein. Die meisten kleineren Instituts- und Seminarbibliotheken haben in der Universität aber vergleichsweise rasch eine Bestandsgröße erreicht, die die Einführung von Signaturen als vorteilhaft für die Einhaltung der Ordnung und eine rasche Orientierung des Benutzers, vor allem wenn er die Bibliothek nicht häufig und regelmäßig besucht, erscheinen läßt.

Da die Vergabe von Signaturen in wissenschaftlichen Bibliotheken in der Regel entsprechende Fachkenntnisse voraussetzt, muß damit wissenschaftliches Personal beauftragt werden, es sei denn, es handelt sich um sehr einfache Aufstellungssysteme. Beim Einsatz von nichtwissenschaftlichem (Planstellen-)Personal könnte es sonst unter Umständen zu tarifrechtlichen Forderungen kommen, für die nach dem Universitätsgesetz auch der die Fachaufsicht führende Leiter der Universitätsbibliothek mitverantwortlich wäre.

Obwohl § 30 Abs. 4 S. 6 UG vorschreibt, daß ,,die Universitätsorgane und -einrichtungen sich in allen das Bibliothekswesen angehenden Fragen vom Leiter der Universitätsbibliothek beraten lassen *müssen*", wird in den Richtlinien speziell gefordert, bei der Erstellung völlig neuer Signatursysteme die Universitätsbibliothek zu Rate zu ziehen. Arbeitsaufwand, Übersichtlichkeit der Bibliothek und die Auffindbarkeit des einzelnen Buches sind gerade bei Präsenzbibliotheken u. a. nicht zuletzt davon abhängig, daß die Aufstellungssysteme nicht differenzierter und die Signaturen nicht komplizierter als unbedingt erforderlich sind.

Zu I. 2.2 und 2.3 Kataloge und Titelaufnahme: § 30 Abs. 2 S. 1 UG bestimmt, daß die Universitätsbibliothek die „Erschließung der Bestände des Bibliothekssystems fördert und einen Gesamtkatalog führt". Eine zentrale Erschließung der Bestände ist aber nur möglich, wenn in allen Bibliotheken nach einheitlichen Regeln katalogisiert wird und alle Titelkarten das gleiche Format haben. Daher werden diese Forderungen ausdrücklich in den Richtlinien genannt. Schon in den vergangenen Jahren wurden die alphabetischen Kataloge der meisten wissenschaftlichen Bibliotheken in der Universität Freiburg und in einigen Hochschulbibliotheken der Region auf internationales Zettelformat umgestellt und nach den RAK bzw. zumindest der gegebenen Wortfolge umgearbeitet. Dadurch konnte der Monographienbestand dieser Bibliotheken in einem nach den RAK geführten Gesamtkatalog erschlossen werden, während der Zeitschriftenbestand von über 150 Bibliotheken in der Hochschulregion schon seit vielen Jahren in einem gedruckten Verzeichnis nachgewiesen und in einem öffentlich zugänglichen Zettelkatalog auf dem laufenden gehalten wird. Ausnahmen von der RAK-Katalogisierung bilden derzeit nur noch die Universitätsbibliothek mit Katalogen nach PI und einige an den Gesamtkatalog der Monographien noch nicht angeschlossenen Bibliotheken.

Durch den Gesamtkatalog der Monographien und den der Zeitschriften ist die Tendenz einzelner Institute, ohne Rücksicht auf den Arbeitsaufwand und teilweise auch mit rasch wechselndem Hilfspersonal eine Vielzahl von Katalogen (oft unter Einbeziehung der Neuzugänge fachverwandter Institute) zu führen, zwar abgeschwächt worden. Gleichwohl ließ es die Sachlage angebracht erscheinen zu fordern, daß in der Regel nur ein alphabetischer und ein Standortkatalog geführt werden und dies möglichst zentral für größere Bibliothekseinheiten und unter Einschluß des Nachweises von Literatur in Handapparaten (§ 4 Abs. 5 „Verwaltungsordnung"). Dort wo größere bibliothekarische Einheiten noch nicht geschaffen werden konnten, erleichtert die einheitliche Bearbeitung aller alphabetischen Kataloge im Bibliothekssystem die spätere Zusammenlegung.

Mit der Anfertigung von Titelaufnahmen in den Bibliotheken der Universitäten sollen vordringlich Diplombibliothekare beauftragt werden. Dies ist eine Folge der Tatsache, daß nach der generellen Anwendung der RAK in den dezentralen Bibliotheken und im örtlichen Gesamtkatalog qualifiziertes Fachpersonal für diese Aufgabe unentbehrlicher ist als für die meisten anderen bibliothekarischen Verwaltungsarbeiten (z. B. Bestellung, Inventarisierung, Zeitschriftenbearbeitung, Bindevorbereitung).

Allerdings ist – wie offen gesagt werden muß – jeder Versuch, die nachweislich mit qualifizierten Arbeiten in einer dezentralen Bibliothek nicht ausgelasteten Diplombibliothekare in einer benachbarten dezentralen Bibliothek ohne Fachpersonal einzusetzen, trotz des gesetzlich verankerten Rechtes des Leiters der Universitätsbibliothek, über den laufenden Einsatz des Bibliothekspersonals zu entscheiden, nach wie vor äußerst schwierig. Ob die obige Formulierung in den Richtlinien solche Entscheidungen bzw. dahingehende Beschlüsse von Bibliotheksausschuß oder Verwaltungsrat erleichtern hilft, bleibt abzuwarten.

Zu I. 3 Revision: Sie ist im Entwurf der Inventarisierungsrichtlinien des Kultusministeriums vorgesehen. Für die technische Durchführung existiert bereits ein Merkblatt, das Alternativlösungen je nach Bestandsgröße bietet. An ihm haben Diplombibliothekare aus Bereichs-, Seminar- und Institutsbibliotheken unterschiedlicher Größe und Organisation mitgearbeitet.

Zu I. 4 Abgabe entbehrlicher Bestände: Die Regelung basiert auf § 5 Abs. 9 der Freiburger „Verwaltungsordnung". Dabei handelt es sich nicht um eine administrative Zwangsmaßnahme, mit der den Instituten Literatur weggenommen werden soll. Da aber die meisten Seminarbibliotheken bestenfalls noch für wenige Jahre freie Stellflächen haben und räumliche Erweiterungen kaum oder gar nicht möglich sind, mußte für die Literatur, die ein Bereich oder Seminar aus ganz verschiedenen Gründen aus dem Präsenzbestand ausscheiden möchte, eine praktikable Lösung gefunden werden, zumal die „Verwaltungsordnung" (§ 4 Abs. 2 S. 2) die Magazinierung an einer anderen Stelle der Universität als in der Zentralbibliothek „in der Regel" ausschließt. Zweck der Bestimmung in den Richtlinien ist es zu verhindern, daß die Bibliothek Bücher verkauft oder makuliert, die sonst in keiner anderen universitären Bibliothek, auch nicht ausleihbar in der Zentralbibliothek, vorhanden sind. Gleichzeitig muß sichergestellt sein, daß beim Ausscheiden von Literatur oder bei Standortwechsel innerhalb der Universität der Nachweis im Gesamtkatalog oder im Gesamtzeitschriftenverzeichnis korrigiert wird. Die Universitätsbibliothek führt eine eventuelle Veräußerung für die jeweilige Bibliothek zwar durch, d. h. praktisch aber nicht, daß dieser Bibliothek dadurch ein finanzieller Verlust entsteht. Der Verkaufserlös wird vielmehr der dezentralen Bibliothek durch die Universitätskasse gutgeschrieben.

Zu II Benutzung: Nach § 28 Abs. 5 S. 1 UG erläßt in den baden-württembergischen Universitäten der Verwaltungsrat die Verwaltungs- und Benutzungsordnungen der Universitätseinrichtungen; diese Ordnungen bedürfen der Zustimmung des Kultusministeriums.

Der Musterentwurf der Benutzungsordnung bezieht sich auf die Einrichtungen der Fakultäten, weil nach § 28 Abs. 1 S. 3 UG die einzelnen Universitätseinrichtungen ausnahmslos einer oder mehreren Fakultäten zugeordnet sind, soweit sie nicht zentrale Einrichtungen sind. Er ist zwar Teil der Verwaltungsrichtlinien, kann aber nicht in gleicher Weise verbindlich sein, weil die unterschiedlichen räumlichen, personellen und organisatorischen Voraussetzungen der Benutzung dezentraler Bibliotheken in noch größerem Ausmaß als bei deren Verwaltung ganz unterschiedliche Regelungen erforderlich machen. Gleichwohl ist zu erwarten, daß der Verwaltungsrat für die Abweichungen vom Musterentwurf Begründungen fordern wird.

Für die Benutzungsordnungen der dezentralen Bibliotheken in der Universität Freiburg bestimmt die „Verwaltungsordnung für das Bibliothekssystem“ in § 6 Abs. 3: „Die Benutzungsordnungen der sonstigen bibliothekarischen Einrichtungen müssen die Zulassungen aller Mitglieder der Universität zur Benutzung ihrer Bestände vorsehen. Die Benutzung durch Angehörige anderer Fachbereiche kann davon abhängig gemacht werden, daß diese ein berechtigtes Interesse nachweisen. Darüber hinaus sollen auch den Mitgliedern der anderen Hochschulen der Gesamthochschulregion Freiburg sowie der Öffentlichkeit Benutzungsrechte eingeräumt werden“.

Bereits im Januar 1973 hat das Leitungsgremium der Gesamthochschulregion Freiburg beschlossen, daß „alle Teilhochschul-Bibliotheken Einzelbenutzern der Gesamthochschulregion die Nutzungserlaubnis bei Vorlage eines Ausweises (z. B. Studentenausweis, Ausweis der Seminare für Studienreferendare) einräumen“. Der regionale Leihverkehr dieser Bibliotheken konnte zwei Jahre später durch eine „Vereinbarung über den regionalen Leihverkehr der Bibliotheken der Gesamthochschulregion Freiburg im Breisgau“ geregelt werden, nachdem das Kultusministerium gemäß § 2 Abs. 3 HSchG zugestimmt hatte.

Im Rahmen ihrer räumlichen und organisatorischen Möglichkeiten haben die dezentralen Präsenzbibliotheken der Universität Freiburg in den vergangenen Jahren, von wenigen Ausnahmen abgesehen, auch diejenigen wissenschaftlich Interessierten zur Benutzung zugelassen, die nicht Mitglieder der Hochschulen sind. Sie geben darüber hinaus Zeitschriftenkopien in den Auswärtigen Leihverkehr, vor allem dann, wenn es sich um Alleinbesitz in der Bundesrepublik handelt. Sicherlich ist das kein Einzelfall, in anderen Universitäten vollzieht sich die gleiche Entwicklung. Dies hängt u. a. mit der zunehmenden Kritik der Öffentlichkeit an der Exklusivität der Universitäten, an der Bewirtschaftung der ihr von der Öffentlichen Hand zu Verfügung gestellten Gelder und mit der Forderung zusammen, die Dienstleistungseinrichtungen der Hochschule für einen größeren Nutzerkreis als bisher zur Verfügung zu stellen.

Die Universitäten und die anderen Hochschulen folgen damit dem im deutschen Bibliothekswesen allgemein erkennbaren Trend, bei der Regelung der Zulassung zur Benutzung sich nicht mehr so streng wie früher auf ganz spezielle Gruppen und deren Bedürfnisse zu beschränken, sondern liberaler zu verfahren. Hierdurch kann – muß aber nicht – der durch die Erwerbungspolitik bestimmte Charakter dieser Bibliothek tiefgreifend verändert werden. Wenn in jüngster Zeit die baden-württembergischen Kreisverwaltungen die bisherigen Schülerbüchereien der vom Kreis getragenen Schulzentren und Kreisgymnasien zu Öffentlichen Bibliotheken mit dem Recht unentgeltlicher Benutzung für die gesamte Bevölkerung ausbauen, wird sich das mit Sicherkeit auf die Buchanschaffungen auswirken. Die Zulassung nichtuniversitärer Benutzer zu den Fakultäts-, Bereichs- und Seminarbibliotheken hat eine solche Wirkung nicht. Da eine Zulassung in der Regel keine Schwierigkeiten verursacht hat, wird sie in den zuständigen Gremien auch nicht mehr erörtert, ebensowenig wie andernorts die teilweise recht intensive Benutzung der Öffentlichen Bibliotheken durch die Studenten. Vor diesem Hintergrund erscheinen mir die neuerlichen Diskussionen einzelner Bibliothekare darüber, ob sich Landesbibliotheken mehr für die Versorgung ihrer örtlichen Universitäten engagieren und ob Hochschulbibliotheken ihre Bestände auch für die Öffentlichkeit am Ort, im Umland oder in der Region nutzbar machen sollten, ein wenig antiquiert und rein theoretisch. Die Universitäten und Pädagogischen Hochschulen dürften hochschulpolitisch jedenfalls gut beraten sein, wenn sie sich auch im bibliothekarischen Dienstleistungsbereich etwas mehr zum Bürger hin öffnen. Die Erfahrung hat gezeigt, daß dies nicht zwangsläufig zu einer Vernachlässigung der eigentlichen Aufgaben, nämlich der Literaturversorgung für Forschung, Lehre und Studium führen muß.

Zu II §§ 1 und 3 Zweck der Bibliothek und Zulassung: Solche bibliotheks- und universitätspolitischen Überlegungen haben in der Universität Freiburg dazu geführt, daß Bibliotheksausschuß und Fakultäten der Regelung in § 1 des Musterentwurfes einhellig zustimmten, die Zweckbestimmung der Bibliothek von vornherein so umfassend wie möglich zu formulieren. Es sollte nicht bereits an dieser Stelle die Einschränkung gemacht werden, die jeweilige Präsenzbibliothek diene der (allgemeinen) Information nur insoweit, als dies mit Forschung, Lehre und Studium vereinbar sei.

Erst die Zulassungsregelung in § 3 läßt je nach den nachprüfbaren räumlichen und organisatorischen Gegebenheiten in der einzelnen Bibliothek die Möglichkeit einer solchen Einschränkung offen. Diese ist in Einzelfällen auch unabweisbar, vor allem dann, wenn Ausgangskontrollen fehlen, nur wenige Arbeitsplätze vorhanden sind oder die Gefahr besteht, daß fachfremde Benutzer Arbeitsplätze regelmäßig belegen, nur weil sie dort ungestörter und bequemer arbeiten können. Allerdings liegt die Beweislast für die Ablehnung dann bei der die neue Benutzungsordnung vorlegenden Bibliothek.

Da alle Universitätseinrichtungen und ihre Teile – soweit sie nicht zentrale Einrichtungen sind – stets einer oder mehreren Fakultäten zugeordnet sind (§ 28 Abs. 1 UG), schien es folgerichtig, im Musterentwurf auch generell allen Mitgliedern der betreffenden Fakultät(en) die uneingeschränkte Zulassung zu gewähren. Wer Mitglied einer Fakultät ist, wird in § 22 UG bestimmt. Hierzu gehören auch alle „Studenten, die für einen Studiengang zugelassen sind, dessen Durchführung der Fakultät obliegt“ (§ 22 Abs. 1 Ziff. 2 UG).

Ob die einzelne Bibliothek Benutzerausweise ausgeben möchte, bleibt ihr überlassen (§ 3 Abs. 3). Bei größeren Bibliotheken mit verschiedenartigem Benutzerkreis kann der damit verbundene Verwaltungsaufwand durchaus gerechtfertigt sein.

Zu II § 4 Gebühren: Den dezentralen Bibliotheken der Universität Freiburg fehlte bis zum März 1977 eine Rechtsgrundlage für die Erhebung von Gebühren. Erst die neue „Verordnung des Kultusministeriums über die Gebühren der wissenschaftlichen Bibliotheken des Landes Baden-Württemberg” sieht vor, daß einzelne Paragraphen auch in den Instituts- und Seminarbibliotheken Anwendung finden können. In einzelnen, meist größeren Bibliotheken kann dies für kurzfristige Ausleihe, Mahnungen, Kopien, Ersatzregelungen für Verluste u. a. m. durchaus zweckmäßig sein.

Zu II § 6 Besondere Benutzungsbestimmungen: Der überwiegende Teil der besonderen Benutzungsbestimmungen ließ sich in den Musterentwurf nur in Form von Anregungen einfügen, da die stark unterschiedlichen organisatorischen Voraussetzungen letztlich darüber entscheiden, ob und in welcher Weise eine spezielle Regelung getroffen werden muß. Der möglichst umfangreichen Aufzählung eventuell zu regelnder Einzelheiten wurde aber gleichzeitig die Empfehlung beigefügt, nicht ausnahmslos alle diese Einzelheiten in die Benutzungsordnung aufzunehmen, da jede Abänderung gemäß § 28 Abs. 5 UG des Beschlusses des Verwaltungsrates und der Zustimmung des Kultusministeriums bedarf.

Zu II § 7 Handapparate: Von besonderer bibliotheks- und hochschulpolitischer Brisanz dürfte die Bestimmung über die Benutzbarkeit von Handapparaten des wissenschaftlichen Personals sein. Der erste Satz des Textes im Musterentwurf ist § 4 Abs. 5 der „Verwaltungsordnung für das Bibliothekssystem der Universität“ entnommen. Daß im folgenden Satz nicht einfach nur das Recht des Benutzers festgelegt, sondern die Aufforderung an den Lehrkörper gerichtet wird, diese Bestände zugänglich zu machen, entspricht nicht ganz dem Zweck und der Logik einer Benutzungsordnung. Der Bibliotheksausschuß, in dem die Ordinarien die Mehrheit haben, hielt bei den Beratungen eine solche Inkonsequenz im Interesse der praktischen Durchführung aber für opportun. Die Bestimmung wird allerdings nur für die spezielle Literatur Geltung haben können, die sich ausschließlich in einem Handapparat befindet und nicht in der Universitätsbibliothek oder in einer Fakultäts-, Bereichs- oder Seminarbibliothek, der dieser Handapparat zugeordnet ist.

Die Verwaltungsrichtlinien werden 1978 für alle Bibliotheken verbindlich werden. Es bleibt abzuwarten, ob sie die erhoffte Vereinheitlichung bewirken. Die ersten Entwürfe neuer Benutzungsordnungen einzelner dezentraler Bibliotheken liegen bereits vor. Sie weichen in keinem entscheidenden Punkt vom Musterentwurf ab.

HARTWIG LOHSE

Die Literaturversorgung der Studenten in geisteswissenschaftlichen Fächern

Betrachtungen aus der Sicht einer Massenuniversität mit zweigleisigem Bibliotheks-System

Als der Verf. 1963 nach Frankfurt an die Senckenbergische Bibliothek ging, um zu lernen und Erfahrungen zu sammeln, studierten an der schon damals großen Universität ganze 11300 Studenten. Leider verschweigen die Frankfurter Vorlesungsverzeichnisse für das SS 1977 die Studentenzahlen, doch doppelt so viele wie 1963 werden es sicher sein, da doch die kleinere Universität Bonn zur gleichen Zeit die wahrhaft astronomische Zahl von 25000 Studenten erreichte.

Von 215000 Buchbestellungen, die 1962 in der Frankfurter StuUB eingingen, waren 45000 verliehen (= 20%). 1976 waren es im neuen Bibliotheksgebäude an der Bockenheimer Landstraße im Zentrum der Universität 869000 Bestellungen, allerdings zusammen mit denen der Senckenbergischen Bibliothek. Das ist nicht weniger als eine Vervierfachung! Von diesen 869000 Bestellungen waren 98000 verliehen (= 11,4%), 98000mal ein vergebliches Suchen im Magazin, 98000mal ein vergeblicher Gang des Benutzers in die Bibliothek.

Diese Zahlen zeigen mehr als deutlich die Auswirkungen des Anstiegs der Studentenzahlen auf die Arbeit der großen zentralen Bibliotheken, ihre zunehmende Schwerfälligkeit und ihre einseitige Belastung durch die Benutzung. Ebenso deutlich machen dies die Benutzerzahlen in den Ortsausleihen, bei denen man hoffentlich davon ausgehen kann, daß nur solche Benutzer gezählt wurden, die in dem betr. Jahr (hier: 1976, lt. Betriebsstatistik VDB) auch entliehen hatten: StuUB Frankfurt 25000, SuUB Hamburg 50000, UB Münster 25000, UB Bonn „nur" 14000.

Und daß sich hinter diesen Zahlen weitgehend Studenten verbergen, daran kann auch nicht der geringste Zweifel herrschen. Die Detailstatistik der Ortsausleihe der UB Bonn für 1976 (vgl. Universitätsbibliothek Bonn. Jahresbericht 1976. Bonn 1977.) zeigt dies sehr klar: Von insg. in der Ortsausleihe im WS 1975/76 eingetragenen 13729 Benutzern waren 9720 (Universität) plus 1001 (PH Rheinland, Abt. Bonn) Studenten, also rd. 10700 von rd. 14000 = rd. 80 v. H.! Es lohnt sich also, dieser Frage der Literaturversorgung der Studenten einmal etwas genauer nachzugehen.

Einschränkend muß leider gesagt werden, daß die Kürze der zur Verfügung stehenden Zeit es verbietet, die damit verbundenen qualitativen Probleme gründlich zu untersuchen. Vielmehr wollen die nachfolgenden Ausführungen einen Überblick über die gegenwärtige Situation geben und die bibliothekarische Fachwelt dazu anregen, ihrerseits Einzelprobleme zu untersuchen und vorzustellen.

Ferner läßt die erwähnte Kürze der Zeit, aber auch der aus der Tatsache unterschiedlicher Arbeitsweisen in den vielen Disziplinen einer Universität sich ergebende Zwang zur Fächerabgrenzung eine Behandlung der Naturwissenschaften, der Rechts- und Staatswissenschaften wie der Medizin nicht zu, obwohl die Studentenzahlen dieser Fächer die derjenigen in den geisteswissenschaftlichen Fächern weit übersteigt: 8000 Studenten in der Philosophischen Fakultät von insgesamt 25000 Studenten. Aus dem gleichen Grunde soll auch an dieser Stelle auf das oft behandelte Thema „Lehrbuchsammlung" nicht eingegangen werden, eine Einrichtung, die für geisteswissenschaftliche Fächer „cum grano salis" den geringsten Entlastungseffekt bei der Literaturversorgung der Studenten gebracht hat.

Einschränkend muß endlich gesagt werden, daß der Verf. so sehr mit zweigleisigen Bibliothekssystemen vertraut und verbunden ist, daß er nur aus dieser Sicht zu argumentieren vermag und es den Neugründungen überlassen möchte, ihre Probleme studentischer Literaturversorgung selbst darzustellen. Sie tun es ja auch bereits, wie die neusten Veröffentlichungen etwa aus dem Bereich der Gesamthochschulen des Landes NRW zeigen[1].

Daß gerade bei diesen Berichten über die neuen „eingleisigen" Bibliothekssysteme angesichts des Charakters der Gesamthochschulen der Student im Vordergrund stehen sollte, versteht sich eigentlich von selbst. Doch wenn von Problemen, Schwierigkeiten etc. die Rede ist, sind es wiederum Professoren, die zitiert werden[2]. Nicht anders ist es in zweigleisigen Systemen.

Aus sieben zurückliegenden Bonner Jahren mit stürmischen Entwicklungen bei Studenten- und Benutzungszahlen erinnert sich der Verf. eigentlich nur an studentische Proteste bei Kürzung der ohnehin knappen Öffnungszeiten der Lehrbuchsammlung oder bei „unerträglichen" Bedingungen im Lesesaal, gemeint war die Klimaanlage. Die Zahl der Proteste von Professoren bezüglich nicht vorhandener Bücher und Zeitschriften, langer Fristen im Leihverkehr etc. etc. hingegen ist groß und steht quantitativ in krassem Gegensatz zur Benutzung der Bibliothek durch eben diese Professoren.

[1] Bibliotheksverbund in Nordrhein-Westfalen. Planung u. Aufbau d. Gesamthochschulbibliotheken u. des HBZ 1972–75. Hrsg. v. K. Barckow u. a. München 1976; Fünf Jahre Gesamthochschulen in Nordrhein-Westfalen. Bilanz der Gründungsphase. Düsseldorf, Ministerium f. Wiss. u. Forschung 1977, oder Vom neuen Standort der Gesamthochschulbibliothek. Hrsg. v. W. Barton. Siegen 1977.

[2] So zum Beispiel die „Professoren der Naturwissenschaften und Mathematik" in einem Papier zur Lage ihrer Fächer an der Gesamthochschule Siegen. In: Vom neuen Standort der Gesamthochschulbibliothek. Siegen 1977. S. 42.

Dieses Mißverhältnis hat gewiß sehr viele verschiedenartige Gründe, die hier nicht im einzelnen zu erörtern sind. Es muß aber erlaubt sein festzustellen, daß es auch *qualitative* Unterschiede gibt und daß es nur sehr bedingt stimmt, wenn von bibliothekarischer Seite gelegentlich behauptet wird, es sei recht belanglos, ob ein Buch von einem Professor oder einem Studenten verlangt wird – vor allem wenn es dann nicht vorhanden ist oder 6 Wochen im Leihverkehr auf sich warten läßt –.

Die relative Zurückhaltung der Studenten in den Angelegenheiten ihrer Bücherversorgung kann nicht nur an Formulierungsschwierigkeiten liegen, denn sie wissen sehr gut zu formulieren, wenn es um andere, für sie offensichtlich wichtigere Dinge geht. Damit soll keineswegs und vorab gesagt werden, daß die Bücherversorgung der Studenten „in Ordnung" ist, es soll nur auf die Problematik jedweder Aussage in diesem Bereich aufmerksam gemacht werden, sei sie nun qualitativer oder auch quantitativer Natur, und der Verf. bezieht dies auch durchaus auf seinen hier vorgelegten Beitrag. Soviel zur Einleitung.

In seinem glänzenden Vortrag über „Die regionale Grundlage der Literaturversorgung von Wissenschaft und Forschung"[3] sagt Gerhard Liebers sehr lapidar: „Die beste Lösung für das Ermöglichen wissenschaftlicher Arbeit, auf welcher Ebene auch immer, ist der Aufbau einer ausreichenden Privatbibliothek." Zurecht qualifiziert er diesen Ausspruch als eine „Binsenweisheit" (ebd.), und natürlich bezieht er sich auch auf die Studenten. Es kann keinem Zweifel unterliegen, daß viele Studenten sich Bücher kaufen, vor allem solche, die bereit sind, dafür „Opfer" zu bringen, und solche, die einen „reichen" Vater haben. Das gilt eigentlich für alle Fächer, wobei es die Geisteswissenschaftler gewiß leichter haben, weil ihre Bücher in der Regel billiger sind.

Leider sind dem Verf. keine Zahlen bekannt, aus denen hervorgeht, ein wie großer Anteil der Studenten welche Summen – oder Prozentanteile des Monatswechsels – für Bücher ausgibt, aber wenig kann es eigentlich nicht sein. Sonst müßten 1700 Bonner Germanisten, 485 Historiker, 1100Anglisten, 840 Romanisten oder 560 Geographen, für die 1, 2, 3 oder auch 10 Exemplare eines wichtigen Buches ja nun wirklich nicht ausreichen können, lauten und nachhaltigen Protest anmelden. Da ich nicht annehmen kann, daß das Gros der Studenten ohne Buch auskommt, müssen sich, wie schon gesagt, viele von ihnen wichtige Bücher selbst kaufen.

Hier sei einen Augenblick innegehalten. Der Verf. hat schon an anderer Stelle darauf hingewiesen, daß es eine merkwürdige Inkonsequenz bei der finanziellen Ausstattung der Universitäten gibt. Während es nämlich selbstverständlich ist, dem Mediziner, Chemiker, Physiker oder Ingenieur im Rahmen des Studiums

[3] In: Überregionale Literaturversorgung und Kostenrechnung in Bibliotheken. Vortrage, gehalten auf dem Bibliothekartag 1976 in Münster. Frankfurt 1977. S. 50.

einen Laborplatz etc. zur Verfügung zu stellen – wie sonst soll er sein Wissen und Können erlernen und erwerben –, fragt man bei der Zulassung in allen sog. ,,Buchfächern" kaum danach, ob es 10, 100 oder 500 Erstsemester in einem Fach sind. Es wird bei diesem Verfahren ausschließlich der Initiative des einzelnen überlassen, wie er an seine Bücher kommt, und das Wort ,,Initiative" ist in diesem Zusammenhang durchaus vieldeutig.

Warum eigentlich sucht der ,,Staat" nicht nach Möglichkeiten, den Studenten in den Besitz der für ihn wichtigen Bücher kommen zu lassen? Das könnte über einen gebundenen Sonderposten innerhalb der BAFÖG-Summe gehen, das könnte gewiß auch direkt über Buchhandlungen und Berechtigungsscheine abgewickelt werden. Diese Zurückhaltung ist auch deswegen unverständlich, da doch dem Schüler bis zur Oberprima hin die Schulbücher bezahlt werden. Warum hört diese weitgehend als Sozialmaßnahme zu betrachtende Unterstützung plötzlich auf? Auch aus der Sicht von Bibliotheken, die über der Massenabfertigung viele ihrer wichtigen Aufgaben z. T. sträflich vernachlässigen müssen, wäre die zweckgebundene Zuweisung eines ,,Büchergeldes" an Studenten nur zu begrüßen.

Wie zu Beginn gesagt, kann auf das in diesem Zusammenhang relevante Thema ,,Lehrbuchsammlung" nicht eingegangen werden, doch soviel sei hier gesagt, daß der z. Z. gültige Satz von 10 DM pro Student und Jahr auch für die Geisteswissenschaften weitaus weniger ist als der berühmte Tropfen auf den heißen Stein, von Jura etwa oder Medizin nicht zu reden.

Es muß mithin offen bleiben, in welchem Umfang sich der Student selbst mit Büchern versorgt. Die Tatsache, daß in Bonn weniger als jeweils 50 v. H. der Studenten die Ausleihe der UB in Anspruch nehmen, läßt darauf schließen, daß es neben dem eigenen Kauf bibliothekarische Supplementäreinrichtungen geben muß, die dem Studenten helfen, an die benötigte Literatur zu kommen. Das sind vor allem wissenschaftliche und öffentliche Bibliotheken am Heimatort, öffentliche Bibliotheken am Studienort, ferner andere wissenschaftliche Bibliotheken als die UB am Studienort und endlich die Instituts- und Seminarbibliotheken der eigenen Universität, um die wichtigsten zu nennen.

Daß der in Bonn studierende Dortmunder während der Semesterferien – und auch sonst – die in kommunaler Trägerschaft befindliche Stadt- und Landesbibliothek Dortmund besucht und beansprucht, versteht sich eigentlich von selbst. Er tut dies, weil es für ihn bequemer ist, und vor allem, weil er in Dortmund Bücher bekommt, die entweder in Bonn dauernd verliehen oder auch nicht vorhanden sind. Der Bibliothekar in Dortmund freut sich natürlich über diesen Benutzer, jedenfalls solange, als er dadurch nicht in der Arbeit für die eigentlich ihm zugedachten Benutzer aus Dortmund und Umgebung erheblich behindert wird. Letztlich ist der Bonner Student ja ein Dortmunder Bürger, und für den hat eine Stadtbibliothek zu sorgen.

Man sieht schon an diesem kleinen Beispiel, wie problematisch es wäre, angesichts unserer allgemeinen Bildungs- und Ausbildungsmisere auch nur den Versuch zu machen, ,,klare" Zuordnungen vornehmen zu wollen. Die Bücherversorgung der Studenten klappt nur aufgrund der gemischten Zuständigkeiten, des sehr dichten ,,Netzes" öffentlicher und wissenschaftlicher Bibliotheken vor allem in unseren Städten. Jeder Gedanke an eine Änderung dieses Zustandes wäre absurd, ein Zusammenbruch in der Bücherversorgung der Studenten wäre die unausweichliche Folge.

Noch problematischer als ein Besuch in der wissenschaftlichen Stadtbibliothek ist ein solcher des in Bonn studierenden Dortmunders in der gleichfalls von der Stadt getragenen öffentlichen Bibliothek, der es aufgegeben ist, Literatur- und Informationsversorgung für die breite Masse der Bevölkerung zu betreiben. Der Verf. erinnert sich, schon 1962 bei Besuchen in der Stadtbibliothek Hannover, deren damaliger Direktor Rolf Kluth gleichzeitig Vorsitzender des VDB war, 10 und mehr Exemplare gängiger Lehrbücher in den Regalen gesehen zu haben. Sie waren fraglos für Studenten der TH bestimmt, die diese Bücher dort vergeblich suchten, weil die wenigen Exemplare ausgeliehen waren.

Und wenn H. Süberkrüb schreibt, daß 50 v. H. der Besucher der Zentralbibliothek (Stadtbibliothek) in Bielefeld in ,,irgendeiner Form" in der Ausbildung stehen[4], so dürften auch das in nicht geringem Umfang Studenten sein, wie in Dortmund, dazu Studenten der neuen Bielefelder Universität – ebenfalls wie in Dortmund und den anderen Städten mit Universitäts-Neugründungen –. In Bonn waren in der Stadtbücherei am 5. 9. 1977 nicht weniger als 34,1 v. H. aller Benutzer der Hauptbücherei Studenten von Universität und Pädagogischer Hochschule, in der Musikbücherei waren es sogar 42,9 v. H., in der Englischen Bücherei (Die Brücke) waren es 36,6 v. H.[5] Diese Zahlen bedürfen wirklich keines Kommentars.

Ob dies alles im Sinne der Städte und ihrer Bürger liegt, muß mit Fug und Recht bezweifelt werden, gerade heute, da diese Bibliotheken wie üblich in Zeiten ökonomischer Schwierigkeiten z. T. empfindliche Einbußen etwa im Sachetat hinnehmen müssen, so in Bonn. Es kann kein Zweifel sein, daß auf dem Sektor der Literaturversorgung der Studenten die Städte und Gemeinden und ihre Bibliotheken die ,,Hauptleidtragenden" sind, wenn von den Ländern, den Universitäten oder der Westdeutschen Rektorenkonferenz großzügig eine zeitlich begrenzte ,,Überlastquote" angeboten wird. Es bleibt weitgehend der Initiative

[4] Zur Aufgabe u. Funktion der öffentl. Bibliothek der Stadt. Verband d. Bibliotheken d. Landes NRW. 1977. S. 10.

[5] Nach einer freundlichen Mitteilung des Direktors der Bonner Stadtbücherei, Dr. G. Röttcher vom 20. 10. 1977.

dieser Studenten überlassen, wie sie an ihre Bücher herankommen, und es wurde schon angedeutet, daß dieser Begriff „Initiative" durchaus in die Nähe des Darwinschen „Kampf ums Dasein" gerückt werden kann. Die Erfahrungen an unseren Bibliotheken in den letzten Jahren mit zahlreichen Tricks der Studenten, mit Diebstählen, herausgeschnittenen Seiten etc. lassen andere Schlüsse leider nicht zu.

Eigentlich wäre es Aufgabe der Politiker, sich dieses Themas anzunehmen. Ein „Büchergeld" für Studenten, in welcher Form auch immer ausgezahlt, wäre die nach Meinung des Verf. einzig gangbare und vertretbare Lösung. Oder man müßte die Etats – und nicht nur die Sachetats – der institutionengebundenen Universitäts-Bibliotheken schon sehr kräftig aufstocken, mit 10 DM pro Student wäre es nicht getan. Sonst geht dies eindeutig zu Lasten der Schwächeren, d. h. der Bürger, die bei ihrer Stadtbibliothek noch seltener als bisher das bekommen, was sie eigentlich verlangen könnten und der Studenten, die keinen reichen Vater haben und die im weitesten Sinne zu schwach sind, um bei diesem Wettlauf zu gewinnen.

Abschließend sei noch auf die Fälle hingewiesen, in denen staatliche – also in der Regel von den Ländern unterhaltene – Bibliotheken die studentische Literaturversorgung mittragen. Klassisches Beispiel dafür ist die Bayerische Staatsbibliothek München, im Zentrum der Universität gelegen und für Lehre und Forschung dieser Großuniversität sicher völlig unentbehrlich. Ein einziger Blick in die Lesesäle, den Katalograum oder an die Ausleihtheke bestätigt dies, man hört es von jedem Studenten dieser Universität, und man möchte sie um die Möglichkeit beneiden, diese großartige Institution zu benutzen. Ähnlich dürfte die Bedeutung der ehemaligen Preußischen Staatsbibliothek für die Universität der alten Reichshauptstadt Berlin gewesen sein, ähnlich liegen die Fälle in Stuttgart, Karlsruhe oder Hannover, wo die dortigen Landesbibliotheken ausdrücklich bzw. per Kooperationsvertrag die studentische Literaturversorgung in den geisteswissenschaftlichen Fächern der dortigen Technischen Universitäten übernommen haben.

Soviel zum Subsidiaritätsprinzip bei der studentischen Literaturversorgung, ein in vieler Hinsicht sehr schwieriges und heikles Thema, wie angedeutet aus bibliothekarischer und kulturpolitischer Sicht z. T. recht unerfreulich und mit wenig Aussicht auf baldige und gründliche Änderung der Verhältnisse.

Eine beabsichtigte Parallelversorgung findet im zweigleisigen Bibliothekssystem natürlich in Instituts-, Seminar- und Fakultätsbibliotheken statt, auf die jetzt eingegangen werden soll. Bedauerlicherweise gibt es für diesen großen Bereich der universitären Literaturversorgung kaum statistische Angaben, abgesehen von dem Gutachten von Gerhart Lohse über „Das Bibliothekswesen an den Universitäten und an der Technischen Hochschule des Landes Nordrhein-Westfalen" aus dem Jahre 1970[6]. Der Verf. wird sich daher auf die dort angegebenen Werte stützen, außerdem auf die mündliche Befragung einiger großer Bonner Institutsbibliotheken. Die Angaben von G. Lohse sind in der absoluten Höhe gewiß veraltet, die Relationen dürften etwa für Bonn auch heute noch stimmen, da sich an der Bibliotheksstruktur nur wenig geändert hat. Die zusätzlichen Befragungen sollen etwas Farbe in das Bild und einen Überblick über den heutigen Zustand bringen.

Vorab sei gesagt, daß generelle Aussagen auch hier nahezu unmöglich sind, da sehr große Unterschiede von Bibliothek zu Bibliothek wie auch von Fach zu Fach festzustellen sind. Das ist u. a. vom Geld abhängig, von den Baulichkeiten, natürlich auch von der Art, ein Fach zu lehren, von der Zahl der in Forschung und Lehre tätigen Studenten, Assistenten, Professoren, vom Bibliothekar, vom Bibliotheksbeauftragten (Assistent, Akademischer Rat o. ä.), vor allem aber von dem Institutsdirektor, seiner Persönlichkeit und seiner Einstellung zur studentischen Literaturversorgung. Das gilt auch für eine Mehrheit von Professoren, die unter einem geschäftsführenden, wechselnden Direktor für alle größeren Fachbereiche – wie Germanistik, Anglistik, Romanistik etc. – verantwortlich sind.

Gerhart Lohse schreibt: „Die Institutsbibliotheken, ursprünglich nur als Ergänzung der Universitätsbibliotheken gedacht, bilden heute in vielen Fällen das Rückgrat der literarisch-wissenschaftlichen Arbeit an einer Hochschule, wenigstens in den geisteswissenschaftlichen Fächern."[7] Er schrieb dies 1968, aber auch heute hat sein Sohn als Germanist und Kunsthistoriker im 9. Semester an der Universität Bonn kein Konto bei der UB. Für ihn gilt also unverändert das 1968 Gesagte.

G. Lohse fährt fort: „Von ihnen aus gesehen ist jetzt die Universitätsbibliothek die komplementäre Büchersammlung. Die Institutsbibliotheken sind im allgemeinen um den vollständigen Besitz der in ihr Fach fallenden Literatur bemüht. Oft wird auch die Literatur der Nachbargebiete gesammelt. Im Idealfall finden der akademische Lehrer und der Student(!) in der Institutsbibliothek alle (!) Monographien, Serien und Zeitschriften, die sie benötigen."[8] Es soll im folgenden am Beispiel der Universität Bonn geprüft werden, ob diese gewiß generalisierenden Sätze stimmen, aber schon soviel sei vorab gesagt, daß es den „Idealfall" gewiß kaum gibt, selbst nicht bei den Bonner Kunsthistorikern mit ihrer ganz vorzüglichen Institutsbibliothek.

Diesen Idealfall kann es schon deshalb nicht geben, weil die Mengenprobleme inzwischen unlösbar geworden sind: Im Sommersemester 1977 in Bonn (Stand 1. 6. 1977) u. a.: 1100 Anglisten, 842 Romanisten, 1700 Germanisten, 1486 Ma-

[6] Wuppertal 1970. 90 S. (= Strukturförderung im Bildungswesen des Landes NRW. H.12).
[7] ebd. S. 24.
[8] ebd.

thematiker, 851 Physiker, 1000 Agrarwissenschaftler, 2100 Mediziner und als Spitze 4012 Juristen! Müssen noch 391 Kunsthistoriker im Hauptfach genannt werden, um die Widersinnigkeit solcher Zahlen überdeutlich zu machen? Als der Verf. 1952–1955 in Göttingen Agrarwissenschaften studierte, hatte die dortige, mit Bonn vergleichbare Fakultät vielleicht 200 Studenten, und noch im SS 1963 waren es nicht mehr als 251, heute sind es in Bonn über 1000. Bei den Bonner Zahlen aus dem SS 1977 ist für unseren Zusammenhang noch erschwerend hinzuzufügen, daß sie sich nur auf das 1. Fach beziehen, für den bibliothekarischen Alltag also wesentlich höher liegen, etwa bei Germanistik, Anglistik, Geographie oder Geschichte. Selbst eine um größtmögliche Vollständigkeit bemühte Institutsbibliothek wäre völlig überfordert, eintausend oder mehr Studenten – neben den ja auch zahlreich gewordenen Angehörigen des Lehrkörpers – optimal zu versorgen.

Daraus kann einmal der Umkehrschluß gezogen werden, daß es für „kleine", spezielle und sehr spezielle Fächer, etwa Indologie, Vorgeschichte, Meteorologie, Volkskunde, klassische Philologie (mit ganzen 68 Studenten), aber auch evangelische Theologie (mit 411 Studenten) oder katholische Theologie mit 632 Studenten eine weitgehende Versorgung durch Institutsbibliotheken durchaus geben kann. Die Situation dieser relativ vielen Fächer mit mittleren und kleinen Institutsbibliotheken soll im Rahmen der Untersuchung jedoch unberücksichtigt bleiben, denn sie quält uns weniger.

Daß die Studenten nicht ausschließlich von den Institutsbibliotheken versorgt werden, läßt sich auch sehr einfach an den bereits genannten rund 11000 aktiven Benutzern der Ausleihen der UB ablesen. In einem gewiß sehr groben Vergleich könnte man folgern, daß knapp 45% aller Studenten durch die UB versorgt werden, knapp 55% durch die Institutsbibliotheken, doch dieser Vergleich läßt natürlich völlig außer acht, daß uns, jedenfalls für Bonn, absolut unbekannt ist, wieviele Studenten beide Bibliotheken *nie* benutzen.

Er ist auch deswegen unzulässig, weil wir nicht wissen, wie sich diese 11000 Benutzer der UB auf die einzelnen Disziplinen und auf die verschiedenen Semester verteilen und weil wir noch viel weniger davon über die Benutzer der Institutsbibliotheken wissen. Dieses vom Verf. bei seinen Befragungen immer wieder schmerzlich festgestellte Faktum ist auch deswegen zu bedauern, weil sich die Institutsbibliotheken damit selbst den Weg verbauen, in der andauernden und gelegentlich sehr einseitig geführten Auseinandersetzung über das zweckmäßigste Bibliothekssystem angemessen auf ihre tatsächlichen Leistungen hinzuweisen.

Viele Studenten benutzen die UB, weil sie *ausleihen* wollen, obwohl das Buch in der Institutsbibliothek steht, und viele ziehen den Charakter der Institutsbibliothek – Präsenthaltung mit systematischer Aufstellung – vor, obwohl das

Buch in der UB ausleihbar ist. Hier zu spekulieren oder auch Analysen anzustellen, ist dem Verf. weder möglich, noch scheint es ihm sinnvoll zu sein. Denn in den meisten Fällen wird es vor allem und ganz banal darum gehen: Wo bekommt der Student die für ihn wichtige Literatur, unabhängig von allen anderen Kriterien, so einengend sie auch für den einzelnen sein mögen.

Um also eine gewisse Klarheit zu bringen, wie es in einzelnen Institutsbibliotheken und einzelnen Fächern aussieht, hat sich der Verf. im persönlichen Gespräch mit den zuständigen Bibliothekaren oder Bibliotheksbeauftragten von 9 Bonner Institutsbibliotheken der Philosophischen Fakultät über sein Thema unterhalten. Ausgewählt wurden diese Bibliotheken nach der Zahl der Hauptfachstudenten in den betr. Fächern, wurde es dadurch doch möglich, 80 v. H. der Studenten der Philosophischen Fakultät, 6418 von 8147, zu erfassen, die restlichen 1729 (= 20%) verteilen sich auf 17 weitere Fächer, von denen das kleinste 6 Studenten hat (Vor- und Frühgeschichte), das größte 148 (Sozialwissenschaften).

Die folgenden Seiten zeigen, daß zwar nach einem relativ einheitlichen Schema gefragt wurde, die Antworten jedoch unterschiedlich ausfallen. Das dürfte verständlich sein angesichts der Art der Befragung und ist auch zurückzuführen auf den unterschiedlichen Informationsstand der betr. Bibliothekare. Ganz exakt sind nur die Zahlen über die Öffnungszeiten, in allen anderen Fällen hat sich der Verf. mit ca.-Angaben begnügt, um die betr. Bibliothekare mit ihm überflüssig erscheinenden Recherchen nicht unnötig zu belasten.

Germanistik

Hauptfachstudenten SS 1977: 1706

Die gemeinsame Institutsbibliothek (8 Ordinarien) hat einen Bestand von rd. 85000 Bänden und hält rd. 130 laufende Zeitschriften. Die Bibliothek hat 250 Sitzplätze, die jedoch für längeres Arbeiten wegen ihrer bescheidenen Dimensionen nicht geeignet sind. Für Haupt- und Nebenfachstudenten werden pro Semester ca. 2800 Seminarkarten ausgegeben, daneben rd. 300 hauptsächlich für Studienreferendare. Die Bibliothek wird erschlossen durch AK und SyK, letzterer mit Zeitschriftenaufsätzen; sie ist systematisch aufgestellt, rd. 10000 Bände sind magaziniert.

Die Bibliothek ist während des Semesters Montag bis Freitag von 8.00 bis 21.30 Uhr, Samstag von 9.00 bis 12.00 Uhr und in den Semesterferien von 9.00 bis 19.30 Uhr, Samstag von 9.00 bis 12.00 Uhr geöffnet. Infolge der sehr langen täglichen Öffnungszeiten gibt es keine Nachtausleihe, wohl aber eine Wochenendausleihe von Freitag, 17.00, bis Montag, 10.00 Uhr. Auf diese Weise werden pro Semesterwochenende 200 bis 300 Bücher ausgeliehen (insg. 8000) und an den übrigen Wochenenden jeweils 100 bis 150 Bände (insg. 1500), also pro Jahr rund 10000 Bände.

Romanistik

Hauptfachstudenten SS 1977: 842

Die gemeinsame Institutsbibliothek (6 Ordinarien) hat einen Bestand von rd. 45000 Bänden, einen jährlichen Zugang von rd. 1500 Monographien (die UB mit dem Sondersammelgebiet Romanistik hat einen jährlichen Zugang von knapp 4000 Monographien) und 130 laufende Zeitschriften. Es sind 50 Arbeitsplätze vorhanden, daneben 20 feste Arbeitsplätze für Examenskandidaten und Doktoranden mit der Möglichkeit, einen Handapparat aufzubauen. Pro Semester werden über 1000 Seminarkarten ausgegeben. Die Bibliothek wird erschlossen durch einen alphabetischen und einen systematischen Katalog, die systematische Aufstellung ist relativ grob.

Während des Semesters ist die Bibliothek von Montag bis Freitag zwischen 9.00 und 21.00 Uhr geöffnet, in den Semesterferien zwischen 10.00 und 18.00 Uhr. Ungeachtet des Präsenzcharakters wird eine Nachtausleihe von 16.30 bis 10.00 Uhr praktiziert, von der Zeitschriften und Nachschlagewerke grundsätzlich ausgenommen sind. Hier konnte die Zahl der ausgeliehenen Monographien (darunter auch Ausleihen innerhalb der Bibliothek für Handapparate und an Dozenten) pro anno glücklicherweise mit 4000 relativ präzise angegeben werden; man könnte sie in Beziehung setzen zu 2200 Ausleihen im Bereich Romanistik der Lehrbuchsammlung der UB.

Anglistik

Hauptfachstudenten SS 1977: 1102

Die gemeinsame Institutsbibliothek (5 Ordinarien) hat einen Bestand von rd. 35000 Bänden und hält 150 laufende Zeitschriften. Der jährliche Monographienzugang liegt bei ca. 2000. Nach einer baulichen Erweiterung sind 160 Arbeitsplätze vorhanden, pro Semester werden zwischen 1300 und 1400 Seminarkarten ausgegeben. Die Bibliothek wird erschlossen durch einen alphabetischen und einen systematischen Katalog (= Standortkatalog), sie ist systematisch aufgestellt. In einem gesonderten Schlagwortkatalog werden die Neuzugänge der Bibliothek des J.-F.-Kennedy-Instituts Berlin verzeichnet.

Die Bibliothek ist im Semester Montag bis Freitag von 9.00 bis 21.30 Uhr und Sonnabend von 9.00 bis 12.00 Uhr geöffnet, außerhalb des Semesters Montag bis Freitag von 9.00 bis 18.30 Uhr. Es gibt sowohl eine Nacht- als auch eine Wochenendausleihe, mit der statistischen Erfassung dieser Ausleihen ist begonnen worden.

Geographie

Hauptfachstudenten SS 1977: 565

Die gemeinsame Institutsbibliothek (Geographisches Institut und Institut für Wirtschaftsgeographie, 5 Ordinarien) mit einem Bestand von ca. 55000 Bänden und 620 laufenden Zeitschriften verfügt über einen Leseraum mit 50 Arbeitsplätzen. Der Zugang an Monographien pro Jahr liegt bei etwa 1100. Die Bibliothek wird erschlossen durch einen alphabetischen und einen systematischen Katalog, ferner gibt es einen Regional-Katalog. Die Aufstellung der Bücher ist systematisch. Pro Semester werden rd. 1100 Seminarkarten ausgegeben.

Die Bibliothek ist im Semester montags bis freitags von 9.00 bis 19.00 Uhr geöffnet, sonnabends von 10.00 bis 12.00 Uhr, in den Semesterferien montags bis freitags von 9.00 bis 10.30 Uhr. Es gibt sowohl eine Nachtausleihe von 16.00 bis 10.30 Uhr, als auch eine Wochenendausleihe von freitags 16.00 bis montags 10.30 Uhr. Pro Nachtausleihe werden ca. 100 Bücher ausgeliehen, pro Wochenendausleihe zwischen 250 und 300.

Geschichte
Hauptfachstudenten SS 1977: 485

Die gemeinsame Institutsbibliothek (6 Ordinarien, ohne alte Geschichte, Vor- und Frühgeschichte sowie geschichtliche Landeskunde der Rheinlande mit jeweils eigenen Bibliotheken) mit einem Bestand von ca. 60000 Bänden, 108 laufenden Zeitschriften und einem Jahreszugang von ca. 2000 Monographien verfügt über rd. 100 Arbeitsplätze und gibt pro Semester 1200 Seminarkarten aus. Sie wird erschlossen durch einen alphabetischen und einen systematischen (= Standort-)Katalog. Die Aufstellung ist systematisch.

Sie ist von Montag bis Freitag von 9.00 bis 21.30 Uhr geöffnet, in den Semesterferien von 9.00 bis 17.00 Uhr. Es wird eine Wochenendausleihe von Freitag 14.00 bis Montag 12.00 Uhr praktiziert, dabei werden im Durchschnitt 60 bis 80 Bücher ausgeliehen, Zeitschriften sowie wichtige Nachschlagewerke sind von der Ausleihe ausgenommen.

Kunstgeschichte
Hauptfachstudenten SS 1977: 395

Die gemeinsame Institutsbibliothek (2 Ordinarien) zählt mit rd. 120000 Bänden und 300 laufenden Zeitschriften zu den großen und leistungsfähigen Spezialbibliotheken für Kunstwissenschaft in der Bundesrepublik Deutschland und ist insofern über den Status einer Instituts- oder Seminarbibliothek weit hinausgewachsen. Man wird daher ungeachtet der ungewöhnlich hohen Zahl von fast 400 Studenten deren Literaturversorgung als optimal bezeichnen dürfen. Der Jahreszugang an Monographien beträgt ca. 2000! Pro Semester werden 600 bis 700 Seminarkarten ausgegeben, die Bibliothek hat 90 Arbeitsplätze, der Bestand ist systematisch aufgestellt und wird durch alphabetischen wie systematischen Katalog erschlossen. Sie ist während des Semesters Montag bis Donnerstag von 9.00 bis 21.00 Uhr, Freitag bis 19.00 Uhr und Sonnabend von 9.00 bis 12.00

Uhr, in den Semesterferien Montag bis Freitag von 9.00 bis 18.00 Uhr geöffnet. Auch hier wird wie in fast allen anderen Bibliotheken der Präsenzcharakter gewahrt, Zeitschriften und Sammelbände werden nicht ausgeliehen, Ausleihen über Nacht und über das Wochenende bedürfen in jedem Fall der Genehmigung. Über die Zahl der Ausleihen gibt es auch hier keine Statistik; nach Auskunft der Bibliotheksleitung sind jedoch selten mehr als 50 bis 100 Bücher außer Hauses ausgeliehen.

Politische Wissenschaften
Hauptfachstudenten SS 1977: 391

Die gemeinsame Bibliothek (2 Ordinarien), außerhalb des Hauptgebäudes der Universität (Schloß) in einem Privathaus untergebracht, leidet unter großen räumlichen Schwierigkeiten und kann, jedenfalls für Studenten, nicht als Freihandbibliothek mit Präsenzcharakter angesprochen werden. Rund 1300 eingetragene Benutzer, also sehr viele Studenten mit Zweitfach Politologie, leihen überwiegend aus, und zwar nicht nur in Form der Nacht- und Wochenendausleihe, sondern auch der Tagesausleihe. Die Bücher werden gebracht, mehr als 5 werden nicht ausgeliehen. Ausleihzahlen lagen nicht vor.

Die Bibliothek umfaßt rd. 21000 Bände, hat 90 laufende Zeitschriften und einen jährlichen Zugang von rd. 1000 Monographien. Sie wird durch einen alphabetischen Katalog erschlossen, ist systematisch aufgestellt und hat „einige" Arbeitsplätze. Sie ist von Montag bis Donnerstag von 9.00 bis 20.00 Uhr geöffnet, Freitag bis 16.00 Uhr.

Psychologie
Hauptfachstudenten SS 1977: 612

Die gemeinsame Institutsbibliothek (4 Ordinarien) umfaßt 17000 Bände, 80 laufende Zeitschriften und hat einen Jahreszugang von ca. 200 Monographien. Der Zugang zur Bibliothek wird durch Institutsausweise geregelt, von denen pro Semester zwischen 90 und 130 ausgegeben werden, daneben ca. 30 für Studierende mit Zweitfach Psychologie. Die relativ geringe Zahl der studentischen Bibliotheksbenutzer muß erstaunen, ganz besonders in Anbetracht von 612 Hauptfachstudenten. Die Zahl der Arbeitsplätze beträgt 36, sie kann durch Verkleinerung der Arbeitsplatzfläche bis auf 72 erhöht werden, 18 Arbeitsplätze gibt es im Keller des Instituts. Die Bibliothek wird durch einen alphabetischen Katalog erschlossen, sie ist systematisch aufgestellt. Die Öffnungszeiten: Montag bis Freitag von 10.00 bis 18.00 Uhr. Bücher werden an Studenten nur mit Unterschrift eines Hochschullehrers von Freitag bis Montag (Wochenendausleihe) herausgegeben, von dieser Ausleihe machen jedoch nur wenige Studenten Gebrauch.

Philosophie
Hauptfachstudenten SS 1977: 320

Die Institutsbibliothek für das größere Philosophische Seminar A (3 Ordinarien) – daneben gibt es noch ein Philosophisches Seminar B sowie ein Seminar für Logik und Grundlagenforschung mit jeweils kleineren Institutsbibliotheken – hat einen Bestand von rd. 26 000 Bänden, 52 laufende Zeitschriften sowie einen Jahreszugang von rd. 900 Monographien. Pro Semester werden zwischen 1 300 und 1 500 Seminarkarten ausgegeben, für die Inhaber stehen ganze 12(!) Arbeitsplätze zur Verfügung. Die Aufstellung der Bücher ist systematisch, es gibt einen alphabetischen und einen systematischen Katalog.

Im Semester ist die Bibliothek Montag bis Freitag von 9.00 bis 21.00 geöffnet, sonst von 10.00 bis 17.00 Uhr, im August geschlossen. Der Präsenzcharakter wird gewahrt, jedoch gibt es für höhere und fortgeschrittene Semester mit Genehmigung eines Dozenten eine Ausleihe bis zu 4 Wochen, daneben in Einzelfällen auch Wochenendausleihe. Außerdem gibt es hier, im Gegensatz zu allen anderen befragten Bibliotheken, eine sog. „Ausleihbibliothek", vergleichbar der Lehrbuchsammlung an der UB. Sie umfaßt z. Z. etwa 1 300 Bände, z. T. in Mehrfachexemplaren, systematisch aufgestellt; die Leihfrist mit Verlängerungsmöglichkeit beträgt 4 Wochen.

Soweit diese Übersicht, die ein insgesamt doch recht einheitliches Bild von den Leistungen der Institutsbibliotheken gibt und den Gesamteindruck vermittelt, daß bei aller Leistungsfähigkeit schon quantitativ eine optimale (oder gar ideale) Versorgung der Studenten nicht möglich ist, aber auch qualitativ kaum, und es muß offen bleiben, wie denn bei diesen Dimensionen die Forschung zu ihrem Recht kommen soll. Bei genauerer Betrachtung zeichnen sich einige Gemeinsamkeiten ab, die wie folgt zu kennzeichnen sind:

1.
Alle Bibliotheken haben sehr lange Öffnungszeiten von 12 und mehr Stunden täglich im Semester;

2.
Ungeachtet dieser langen Öffnungszeiten werden zusätzlich Nacht- und Wochenendausleihe mit z. T. erheblichen Ausleihzahlen praktiziert, sonst aber der Präsenzcharakter weitgehend gewahrt;

3.
Die Zahl der Arbeitsplätze ist in allen Bibliotheken, gemessen an der Zahl der Hauptfachstudenten und vor allem an der Zahl der ausgegebenen Seminarkarten nicht ausreichend;

4.
Die Bestandszahlen sind z. T. beachtlich (Germanistik, Kunstgeschichte), die Zugangszahlen an Monographien liegen, soweit sich das mit unserer sehr reformbedürftigen Statistik feststellen läßt, in etwa vergleichbaren Größenordnungen mit der UB, die Zahlen der laufenden Zeitschriften dürften aber in der Mehrzahl der Fälle im Sinne der Aussage von G. Lohse nicht ausreichen, um eine vollständige Versorgung von Forschung und Lehre zu gewährleisten; hier bilden wohl Geographie und Kunstgeschichte eine Ausnahme;

5.
Die Erschließung der Bestände durch systematische Aufstellung, systematischen Katalog (meist Standortkatalog) und alphabetischen Katalog ist sicher als zufriedenstellend zu bezeichnen, die Bewältigung der Erwerbung, Katalogisierung, Ausleihe, Auskunft und Aufsicht durch jeweils 1 Diplombibliothekarin, 3–4 studentische Hilfskräfte (mit max. 20 Wochenstunden pro Student), einige Bibliotheksbeauftragte (Akademische Räte mit Lehraufgaben) sowie Assistenten bei der Systematisierung ist, gemessen an den Leistungen und der Zahl der Benutzer, als durchaus ökonomisch zu bezeichnen.

Das negative Bild, das die Verfechter eines ,,eingleisigen" Bibliothekssystems gelegentlich von den Institutsbibliotheken ,,alter" Universitäten zeichnen, wird jedenfalls hier kaum sichtbar. Diese Bibliotheken sind gewiß für Forschung und Lehre unentbehrlich und damit vor allem für die Aufrechterhaltung eines auch nur einigermaßen geregelten Studienganges. Ebenso gewiß sind sie in den untersuchten Fächern bei jeweils mindestens drei (und bis zu acht) Ordinarien nicht mehr ,,Herrschaftsinstrumente" einzelner Professoren, sondern inzwischen stark verselbständigte Spezialbibliotheken rasch zunehmender Größe, nach bibliothekarischen Regeln geführt und organisiert und einer relativ breiten universitären Öffentlichkeit fast uneingeschränkt zugänglich.

Aber das alles kann die äußerst bedauerliche Tatsache nicht zudecken, daß trotz aller Befragungen uns weitgehend unbekannt geblieben ist, inwieweit etwa 1700 Germanisten oder 1100 Anglisten für Seminare, Übungen, Magister- und Staatsexamen mit ihren Institutsbibliotheken auskommen. Da in der Ortsausleihe der UB weder eine Fächerstatistik noch eine solche nach Semestern geführt wird, können auch aus der Benutzung der UB keine Rückschlüsse gezogen werden. Aber es gibt Anzeichen dafür, daß die Masse der Studenten in der Tat weitgehend mit dem Bestand der Institutsbibliothek auskommt.

Der Verf. hat in vielen Gesprächen mit Studenten dieser Fächer, die als studentische Hilfskräfte in der Bibliothek arbeiten, mit studierenden Kindern von Bonner Bekannten und Freunden wie mit Bewerbern für den höheren Bibliotheksdienst immer wieder gehört, sie hätten bis zum Staatsexamen (Magisterexamen) die UB praktisch nicht gebraucht. Diese Aussagen können eigentlich nicht falsch sein – warum sollte die Wahrheit verschwiegen werden? – sie wurden auch durchaus glaubwürdig vorgebracht und begründet. Die vom Verf. selbst beobachteten Benutzerscharen in diesen Bibliotheken können nur den Eindruck verstärken, daß es so ist.

Dagegen spricht alleine die Tatsache, daß die Zahl der Arbeitsplätze in den Institutsbibliotheken im Vergleich zu den Studentenzahlen sehr gering und daß meistens nur jeweils ein Exemplar von Buch oder Zeitschrift vorhanden ist. Andererseits gleichen sehr lange Öffnungszeiten wie auch Nacht- und Wochenendausleihe dieses Manko bis zu einem gewissen Grade aus. Lektüre werden sich im Zeitalter des Taschenbuches viele Studenten selbst kaufen – sogar das Handbuch der deutschen Geschichte von Bruno Gebhardt gibt es als Paperback –, Quellentexte werden in der Geschichte als Abzug durch den Dozenten geliefert, und lehrbuchähnliche Monographien, Wörterbücher wie auch Gesamtausgaben einzelner Autoren stehen in der Lehrbuchsammlung der UB.

Daher bleibt zu wiederholen, daß vermutlich in den großen geisteswissenschaftlichen Massenfächern die Institutsbibliotheken die Hauptlast der studentischen Literaturversorgung bis zum ersten Examen tragen, ihre Bedeutung gerade für die Lehre also nicht hoch genug eingeschätzt werden kann. Wenn das aber so ist, bleibt die Frage, wer sich hinter den knapp 11 000 studentischen Entleihern mit 365 000 Buchbestellungen verbirgt?

Solange keine detaillierte Fächerstatistik in der Ausleihe geführt wird, läßt sich diese Frage kaum beantworten, wir sind auf Vermutungen angewiesen, und unter dieser bedauerlichen Prämisse kommen wir zum Thema der studentischen Literaturversorgung durch die Universitätsbibliothek. Und da wir ebenfalls nicht wissen, wie sich die Ausleihen zahlenmäßig auf die Benutzer verteilen, wird die Unsicherheit noch größer. Was also bleibt an konkreten Feststellungen, wenn wir die Lehrbuchsammlung ausklammern, von der wir statistisch belegbar wissen, daß die Hauptentleiher Juristen, Mediziner, Naturwissenschaftler und Ökonomen sind?

Ein nicht wegzudiskutierendes Faktum sind die bereits genannten rd. 365 000 Bestellungen (ohne Verlängerungen) im Jahr 1976 in der Ortsausleihe, von denen 114 000 (= 31,3%) verliehen waren, 44 000 (= 12%) nicht vorhanden waren – die UB läßt auch unsignierte Bestellungen zu – und 206 000 ausgeliefert wurden. Um eine grobe Übersicht zu gewinnen, was sich hinter diesen 206 000 ausgeliehenen Büchern verbirgt, hat der Verf. am 2. 12. 1977 als Stichprobe die formal unterscheidbaren Bereiche des Couponregisters gemessen, die prozentualen Anteile errechnet und auf 206 000 Ausleihen hochgerechnet. Die methodische Bedenklichkeit ist dem Verf. ebenso bewußt wie das Fehlen der 114 000 „Verliehen-Fälle" in dieser Analyse. Dennoch seien folgende Aussagen gemacht:

Von 206000 ausgeliehenen Büchern sind etwa 7 v. H. (= 14000) *Dissertationen*, die umfassend nur die UB hat und 14 v. H. (= 29000) *Zeitschriften*, vor allem wohl solche, die in den Institutsbibliotheken nicht vorhanden oder auch dort „verliehen" sind, besonders an Angehörige des Lehrkörpers. Die Ausleihen von *vor 1945 erschienener* Literatur *(Monographien*, in der UB gesondert aufgestellt) machen ca. 13 v. H. (= 27000) aus, und es verbleiben 66 v. H. (= 136000) Ausleihen von *Monographien*, die *nach 1945* erschienen sind.

Betrachten wir noch diese 136000 Ausleihen (bei 250 Öffnungstagen 540 pro Tag) sehr global, so läßt sich vermuten, daß es sich einmal um wichtige deutsche und ausländische Monographien aller Gebiete handelt, die Studenten ausleihen wollen, um sie in Ruhe zu Hause zu lesen und durchzuarbeiten, ferner um interdisziplinäre Literatur, die allgemein informiert oder die mehrere Fachgebiete anbetrifft und die in vielen Fällen nur in *den* Institutsbibliotheken vorhanden ist, die am Hauptthema einer solchen Schrift interessiert sind. Mehr auszusagen wäre wohl nicht zu vertreten, es bleibt die Hoffnung, daß eines späteren Tages der Einsatz der EDV bei der Ausleihverbuchung etwas mehr Licht in dies Dunkel bringt.

So läßt sich im Rahmen des Themas nur sehr allgemein formulieren, daß die Universitätsbibliothek der Universität Bonn mit (1976) knapp 11000 entleihenden studentischen Benutzern, 365000 Buchbestellungen sowie 206000 Ausleihen (die beiden letzten Zahlenangaben beziehen sich natürlich auf alle knapp 14000 entleihenden Benutzer) erheblichen Anteil an der studentischen Literaturversorgung hat, unabhängig von der Lehrbuchsammlung mit weiteren 94000 Ausleihen (1976) sowie der Benutzung der Präsenzbestände im Leesesaal und der Studentenbücherei[9]. Diese rein quantitative Aussage läßt völlig offen, ob die Leistungen der UB „ausreichen", wo Lücken im Bestandsaufbau und im Service, wo Verbesserungen anzubringen sind. Nur soviel läßt sich mit absoluter Sicherheit sagen, daß angesichts dieser Studenten- und Leistungszahlen nur ein kombiniertes System von zentraler Ausleihbibliothek und dezentralen Fachbibliotheken mit Präsenzcharakter die Aufrechterhaltung einer auch nur leidlich funktionierenden Literaturversorgung der Studenten gewährleistet.

Einen kleinen und bescheidenen Ansatz für eine qualitative Analyse der Arbeit der UB gibt es jedoch, und das sind die Vormerkungen. Diese werden in aller Regel erst nach zweimaliger Abgabe des Leihscheines und Rückgabe mit dem Vermerk „verliehen" angenommen und durchgeführt. Das Ganze ist für sich schon eine wenig erfreuliche Prozedur für die Benutzer; die Zahl von dennoch fast 10000 Vormerkungen im Jahr 1976 zeigt, wie dringend die Buchwünsche sein müssen. Um die Zahl der Vormerkungen wie die der Verliehen-Fälle zu re-

[9] Zu dieser Einrichtung vgl. auch H. Lohse: Die Studentenbücherei als Teil der Universitätsbibliothek. Ein Bericht über die Neustrukturierung der Bonner Studentenbücherei. In: Dienst an Büchern, Lesern und Autoren. Festschrift für Fritz Hüser. Berlin 1973. S. 70–76.

duzieren – das eine ist so aufwendig für die Bibliothek wie das andere lästig für den Benutzer ist –, wurden 1976 von solchen Leihscheinen Kopien angefertigt, die wiederholt verliehen waren, vorgemerkt wurden und bei denen zusätzlich durch die Kontrolle der Verleihstempel im Buch sehr häufige Benutzung nachweisbar war.

Zweck dieser Aktion war es, zwei weitere Exemplare für das Magazin zu kaufen. Von diesen kopierten Leihscheinen lagen dem Verf. 437 Stück, also knapp 5 v. H. der Vormerkungen, vor, und er hat sie nach Fachgebiet wie nach dem Erscheinungsjahr untersucht.

Die Fachgebietsuntersuchung sagt ganz eindeutig aus, daß fast ausnahmslos Bücher aus solchen Fächern stark gefragt waren, denen der sog. „Lehrbuchcharakter" fehlt, die also weitgehend aus dem Bereich der „alten" philosophischen Fakultät stammen: Neue Philologien (Germanistik weit an der Spitze), allgemeine Sprach- und Literaturwissenschaften, Geschichte/Politik, Geographie, Philosophie, Psychologie, Pädagogik. Knapp 10 v. H. stammen aus dem Bereich der Sozialwissenschaften.

Alle anderen Fächer sind nicht bzw. mit zu vernachlässigenden Zahlen (Wirtschaftswissenschaften 3%) vertreten, was den eindeutigen Schluß zuläßt, daß in diesen Fächern die Versorgung durch die Lehrbuchsammlung voll greift oder anders ausgedrückt, daß die Versorgung mit „Studienliteratur" – ein Begriff der Denkschrift der DFG aus dem Jahr 1970 – in den philologisch-historischen Fächern unbefriedigend ist. Es gibt einfach nicht genügend Exemplare dieser Bücher.

Eine inhaltliche Analyse dieser 437 Zettel läßt die Aussage zu, daß es sich um typische „Renner" handelt, die immer und immer wieder zitiert werden und die offensichtlich unverändert aktuell sind, auch wenn die erste Auflage 40 (!) Jahre zurückliegt wie bei Wolfgang Kaysers „Geschichte der deutschen Ballade", 1936! oder „Das Groteske", 1957, über Hans Mayer „Thomas Mann", 1950, Bert Nagel „Das Nibelungenlied", 1965, Georg Lukács „Deutsche Realisten des 19. Jh.", 1951, Paul Böckmann „Formengeschichte der deutschen Dichtung", 1948, Albrecht Betz „Ästhetik und Politik", 1971, Kurt Böttcher „Sturm und Drang", 1958, Hugo Kuhn „Hartmann von Aue", 1973, Reinhold Grimm „Essays zur deutschen Literatur", 1963 bis zu Benno v. Wiese und seinen Veröffentlichungen. So die *Germanistik*.

In der *Philosphie* Karl Mannheim „Ideologie und Utopie", 2. Aufl. 1930!, Karl Bormann „Platon", 1973 oder Gerhard Schmidt „Aufklärung und Metaphysik", 1965, in der *Romanistik* etwa „Molière" von Hans Heiss, 1929 erschienen oder von René Jasinski, 1970 erschienen, in der *Anglistik* „Die amerikanische short story" von Hans Bungert, 1972 oder Kurt Otten „Der englische Roman vom 16. zum 19. Jh.", 1971, in *Geschichte* und *Politik* etwa Kurt Koszyk ,,Die deutsche Presse im 19. Jh., 1966, Werner Conze ,,Staat und Gesellschaft im deutschen Vormärz 1815–1848", 1962, Karl Dietrich Bracher ,,Deutschland zwischen Demokratie und Diktatur", 1964, Ernst Noltes Arbeiten über den Faschismus oder Walter Hubatsch ,,Zeitalter des Absolutismus", 1962. Die gewiß sehr zufällige Aufzählung sei hier abgebrochen; es dürfte auch mit den wenigen Beispielen klar geworden sein, um welche Kategorie von Büchern es geht.

Die Frage nach dem ,,Warum" sollte man sich nicht mit dem Hinweis auf die großen Studentenzahlen in den betr. Fächern allzu leicht vom Halse schaffen. Auch sollte klar sein, daß diese Werke in der UB *und* den Seminarbibliotheken vorhanden sind, in neueren Auflagen z. T. auch in der Lehrbuchsammlung, aber das reicht eben bei weitem nicht aus.

Eine erste Antwort darauf, warum hier die Situation so sehr unbefriedigend ist, gibt die Analyse der Erscheinungsjahre: Von 437 Titeln erschienen 153 (= 33%) *nach* 1970, kein Buch später als 1975, aber 67% *vor* 1970, vor allem zwischen 1950 und 1970, einige Bücher sind zwischen beiden Weltkriegen erschienen. Das bedeutet, daß ein großer Teil heute nicht mehr erhältlich ist, weil vergriffen. Bei der Aktion der UB Bonn im Sommer 1976 zur Beschaffung von Mehrfachexemplaren waren denn auch fast zwei Drittel der Werke nicht mehr zu beschaffen, allerdings konnten in einer Reihe von Fällen Neuauflagen geliefert werden. (Vgl. UB Bonn. Jahresbericht 1976. Bonn 1977. S. 1ff.).

Hier zeigt sich also deutlich die Problematik dieser Monographien-Kategorie: Es sind keine Lehrbücher. Ob sie viel gefragt werden, zeigt sich häufig, ja meistens erst nach vielen Jahren, dann aber sind sie kaum noch beschaffbar. Außerdem behalten sie im Gegensatz zu typischen Lehrbüchern häufig sehr lange ihren Wert, auch ohne inhaltliche Veränderung.

Einen Ausweg aus diesem wirklichen Dilemma kann der Autor nicht aufzeigen, wohl aber Leihstellen und Fachreferenten auffordern, durch frühzeitige Analysen der Verliehen- und Vormerkungsfälle so weit wie möglich Abhilfe zu schaffen. Es bleibt die bedauerliche Erkenntnis, daß hier die studentische Literaturversorgung unbefriedigend ist und auf absehbare Zeit bleiben muß, daß wir hier eine ,,Schwachstelle" haben, die im Gegensatz etwa zum Dauerthema ,,Fernleihe" viel zu wenig bekannt ist und ernster genommen werden sollte.[10]

[10] Dazu müßten wir aber mehr von den tatsächlichen Verhältnissen wissen, wie von den Ursachen, und in diesem Zusammenhang muß noch auf ein eigentlich nicht sehr erfreuliches Kapitel eingegangen werden. Im WS 1972/73, also vor nunmehr 5(!) Jahren, fand eine Befragung im Rahmen des Projektes ,,Benutzerforschung I" statt, deren Ergebnisse ,,demnächst" veröffentlicht werden, wie Günter Baron auf dem Bibliothekartag 1977 in Bremen mitteilte. Hätten diese Ergebnisse inzwischen vorgelegen, wären dem Verf. möglicherweise manche Fragen erspart geblieben. Liest man andererseits den folgenden Satz von G. Baron mit auch nur einiger Aufmerksamkeit: ,,Ich ... möchte gleich betonen, daß ich nichts Sensationelles vorzutragen habe, sondern eher empirische Bestätigungen von Verhaltensweisen der Benutzer, die von erfahrenen Bibliothekaren vorauszusehen waren"

Damit bin ich am Ende und darf wiederholen, daß die studentische Literaturversorgung in den Geisteswissenschaften an großen Universitäten nur dadurch aufrecht erhalten werden kann, daß sich verschiedene Bibliotheken, unabhängig von ihren ,,eigentlichen" Aufgaben daran beteiligen. Die Frage ,,eingleisig" oder ,,zweigleisig" stellt sich nicht, zumal die untersuchten Institutsbibliotheken, soweit man dies anhand ihrer meßbaren Leistungen feststellen kann, in einem eingleisigen System unter Leitung der Hochschulbibliothek kaum anders operieren würden. Auch ohne Kenntnisse der angesprochenen Fächer – der Verf. hat Agrarwissenschaften studiert – sei ferner die Behauptung gewagt, daß dies ,,cum grano salis" ebenfalls für die Praxis der Erwerbungspolitik gilt, was nicht ausschließt, daß es durchaus noch Möglichkeiten geben dürfte, etwa in Bonn, Köln, Münster oder Aachen ohne großen Verwaltungsaufwand mit den vorhandenen Mitteln von Instituts- *und* Zentralbibliothek im einen oder anderen Fall eine Verbesserung der Literaturversorgung zu erreichen, auch und gerade für die Studenten. Es liegt aber mindestens genau soviel an uns Bibliothekaren, vor allem unseren Fachreferenten und ihrer Initiative und nicht nur am Lehrkörper, diesem durchaus möglichen und erstrebenswerten Ziel näher zu kommen.

(S. 1), dann kann es einem angesichts des finanziellen und zeitlichen Rahmens dieser Untersuchung nur den Atem verschlagen. Und wenn man weiter liest: ,,Wahrscheinlich wurde der Literaturbedarf dieser Benutzer (gemeint sind Studenten) in den Institutsbibliotheken befriedigt oder aber auch im Lesesaal oder der Lehrbuchsammlung. Exakt (!) ist dies mit den vorliegenden Daten nicht zu ermitteln, vor allem ob die Kompensation durch die anderen bibliothekarischen Einrichtungen als ausreichend angesehen wird oder ob dieses bedenkliche (wieso bedenkliche?) Ergebnis vielleicht eine Folge eines unzureichenden Angebots der Bibliothek ist" (S. 2) läßt sich mit einiger Gelassenheit feststellen, daß es bis auf weiteres besser sein dürfte, sich auf die Sachkenntnis erfahrener Bibliothekare als auf die Ergebnisse der wissenschaftlichen Benutzerforschung zu verlassen, ganz abgesehen davon, daß kein mit dem Alltag heutiger Massenuniversitäten vertrauter Bibliothekar auch nur im Traum daran denken kann, mit der UB für die Studenten ein ,,zureichendes" Bücherangebot anbieten zu können. Vgl. Günter Baron: Ergebnissse des Projektes Benutzerforschung I in bezug auf Ortsleihe und Fernleihe. Vortrag gehalten auf der Sitzung der Kommission für Benutzungsfragen, Bibliothekartag 1977 in Bremen. Maschschr. Manuskript 8 S.

GERHARD LIEBERS

Die zentrale Forschungsbibliothek der Hochschule – auch ein Modell

Zweck der folgenden Ausführungen ist nicht Polemik oder systematische Auseinandersetzung mit anderen Vorstellungen, sondern der Versuch, an Möglichkeiten des Bibliotheksverständnisses zu erinnern, die in den Diskussionen seit Beginn der sechziger Jahre in unserem Lande etwas in Vergessenheit geraten sind. Es ist ein wenig Gedankenspielerei, ohne die Illusion, damit der Wirklichkeit in absehbarer Zeit nahe zu kommen, aber doch mit der Hoffnung, daß das Bild einer Bibliothek, wie sie hier gemeint ist, nicht gänzlich verschwinden möchte.

Die Texte unterschiedlicher Planungspapiere des letzten Jahrzehnts zeigen eine erstaunlich konforme Neigung, die erste Wahl bei der Zuordnung der eigentlichen Forschungsliteratur dezentralen bibliothekarischen Einrichtungen zuzusprechen, wobei es sich ziemlich gleich bleibt, ob unter Verantwortung einer zentralen bibliothekarischen Stelle oder nicht. So wird der Aufgabenkatalog für eine zentrale Hochschulbibliothek – auch wenn es sie noch geben soll – oft recht mager: allgemeine Information, Bereitstellen von ephemerem Lehrmaterial, Magazinieren von unaktuellem, veraltetem, z. Z. am Ort nicht für Lehrveranstaltungen unmittelbar benötigtem Material, ergänzendes Beschaffen von sozusagen normaler wissenschaftlicher Literatur für Ausleihzwecke, wobei diese zunächst systematisch geschlossen am eigentlichen Ort der Forschung, in der Fachbibliothek, steht. Die letztere und etwa noch weitergehende Funktionen werden erst mit einschränkenden Formeln angefügt, und auch nur bei bestimmten Bibliotheksstrukturen.

Nachdem Gremien der Studentenschaft und der Wissenschaftsorganisation, Hochschullehrer als Mitglieder von Gründungsausschüssen und Bildungspolitiker diesen Weg vorgezeichnet hatten und bibliothekarische Planer ihnen darin gefolgt waren, haben sich bibliothekarische Stimmen nur noch sehr vorsichtig zu substanzielleren Aussagen über die Funktionen einer zentralen Hochschulbibliothek vorgewagt. Wer es tut, riskiert, zugleich an mehreren Stellen anzuekken. Sogar relativ dezentralistische Planungen für neue Bibliothekssysteme oder auch für die Reorganisation alter haben in Universitätskreisen wahres Entsetzen hervorgerufen, nur weil man einige Elemente formaler Zentralisierung eingebaut hatte und nicht mehr die totale Desorganisation ausdrücklich planen wollte. Selbst der harmlose Ausdruck „Koordinierung“ wurde an manchen Stellen schon zum Reizwort.

Die Diskussion über das Verhältnis zwischen Universitäts- und Institutsbibliotheken und damit auch über das Selbstverständnis beider Typen von akademischen Bibliotheken hat das biblische Alter erreicht, und sie ist leider im Laufe der Zeit kaum ergiebiger geworden. Die Grundpositionen wurden schon am Ende des vorigen Jahrhunderts und in den ersten Jahren des neuen bezogen. Unzufriedenheit und Mißvergnügen, Notlage und Ausweglosigkeit standen bereits am Anfang und gaben immer wieder den Anstoß, wenn die Auseinandersetzungen neu aufflackerten. Das alles ist bekannt und wurde in den Gutachten und Planungspapieren der letzten Jahrzehnte auch gelegentlich erwähnt, ob man sich allerdings des ehrwürdigen Alters mancher flott vorgetragener Argumente immer bewußt war, ist nicht ganz sicher. Es ist das Verdienst von Ladislaus Buzas[1], die ganze Problematik im letzten Band seiner Deutschen Bibliotheksgeschichte einmal wieder in Erinnerung zu bringen und die Hauptquellen zu verzeichnen und teilweise zu zitieren. Auf bibliothekarischer Seite sind für die frühe Zeit und damit in nuce auch für alle späteren Auseinandersetzungen am aufschlußreichsten die Ausführungen von Gotthold Naetebus[2] (1906) und Wilhelm Erman[3] (1908), die auch im Zentralblatt am leichtesten erreichbar sind.

Die Verfasser waren sich, im Gegensatz vor allem zu den Kritikern Ermans[4], des Bildes von einer Universitätsbibliothek noch einigermaßen sicher und zweifelten nicht an deren Rolle als zentraler Versorgungsstelle für die wissenschaftliche Arbeit an der Hochschule, wie sehr sie das Bild im realen Alltag auch schon getrübt sahen. Seitdem hat die Resignation im Kreise der Bibliothekare im Grunde immer nur zugenommen. Die Vorschläge, die Gerhard Reincke[5] auf Grund des deprimierenden Bildes, das seine Erhebungen in Instituts- und Universitätsbibliotheken ergeben hatten, in seinem Gutachten für die Deutsche Forschungsgemeinschaft 1953 machte, wurden sehr rasch abgeschwächt. Hermann

[1] Ladislaus Buzás: Deutsche Bibliotheksgeschichte der Neuesten Zeit (1800–1945). Wiesbaden 1978.

[2] Gotthold Naetebus: Über die Bibliotheken der Preußischen Universitätsinstitute. In: Zentralblatt für Bibliothekswesen 23. 1906, S. 341–367.

[3] Wilhelm Erman: Allgemeine Grundsätze für die Vermehrung der preußischen Staatsbibliotheken. 31 Thesen. In: Zentralblatt für Bibliothekswesen. 25. 1908, S. 429–433.

Ders.: Erläuterung und Begründung der Allgemeinen Grundsätze für die Vermehrung der preußischen Staatsbibliotheken. In: Zentralblatt für Bibliothekswesen. 26. 1909, S. 97–121.

[4] Johannes Franke: Bemerkungen zu dem Ermanschen Entwurf „Allgemeine Grundsätze für die Vermehrung der preußischen Staatsbibliotheken". In: Zentralblatt für Bibliothekswesen. 26. 1909, S. 12–22.

Fritz Behrend: Für die Seminarbibliotheken. In: Zentralblatt für Bibliothekswesen. 26. 1909, S. 23–25.

[5] Gerhard Reincke: Gutachten über die Lage der Institutsbibliotheken und ihr Verhältnis zu den Universitäts- und Hochschulbibliotheken. Bad Godesberg: Deutsche Forschungsgemeinschaft 1953.

Tiemanns[6] Versuch, der universalen Funktion der Universitätsbibliothek einen neuen Sinn zu geben – in seinen Vorträgen auf den Bibliothekartagen 1953 in Freiburg und 1956 in Berlin –, an den Hellmut Braun[7] 1968 noch einmal anknüpfte, blieb angesichts der neuen Planungsideen der sechziger Jahre ohne weiterreichende Wirkung. Neben dem optimistischen Bejahen des subsidiären Charakters der zentralen Institution hielten sich noch behutsame oder auch diplomatisch zähe Bemühungen, eine eigenständige Funktion für eine zentrale Bibliothek zu halten oder auszubauen. Daß die gleiche Entwicklung mit national gebundenen Varianten sich inzwischen auch in anderen europäischen Ländern abzeichnet, wurde bei dem internationalen Symposium in Amsterdam im Frühjahr 1976 deutlich[8].

Ausgangspunkt für die in andere Richtung gehenden Überlegungen, die hier vorgestellt werden, ist die Überzeugung, daß abseits aller Diskussionen und Planungen die großen Universitätsbibliotheken mit einiger Tradition auch die Funktionen von zentralen Forschungsbibliotheken von jeher in mehr oder weniger hohem Grade ausüben. Diese Aufgaben ganz zu verwirklichen, werden sie – abgesehen von allgemeinen Etatbeschränkungen – im wesentlichen dadurch gehindert, daß es ihnen an der vollen Bestätigung von der Seite fehlt, für die sie die zentrale Leistung gerade vollbringen sollen, nämlich von der Forschung selbst. Bekanntlich ist es schwer, sich dort mit dem, was man tun möchte, verständlich zu machen. In jedem Falle muß man aber wohl versuchen, die eigene Vorstellung von der Aufgabe der Bibliothek mit möglichst viel positivem Gehalt zu füllen.

Ein Mißverständnis muß dabei verhütet werden: der etwas provozierende Titel dieser Anregungen soll nicht das Modell einer Hochschulbibliothek ankündigen, die ausschließlich Forschungsbibliothek und die die einzige Forschungsbibliothek im Hochschulbereich sein sollte. Auch soll die Frage der Organisationsformen von Bibliothekssystemen und der Unterstellungsverhältnisse innerhalb dieser unberührt bleiben. Das Modell kann für jedes System gelten, soweit es darin überhaupt eine zentrale Bibliothek gibt. Das Konzept dürfte sich allerdings in einem System leichter durchhalten lassen, das alle Bibliotheksbe-

[6] Hermann Tiemann: Das Problem der Universalbibliothek heute. In: Nachrichten für wissenschaftliche Bibliotheken. 6. 1953, S. 165–176.

Ders.: Neue Lesesaalaufgaben in den wissenschaftlichen Universalbibliotheken. In: Zeitschrift für Bibliothekswesen und Bibliographie. 3. 1956, S. 171–186.

[7] Hellmut Braun: Die zentrale Hochschulbibliothek heute. In: Zeitschrift für Bibliothekswesen und Bibliographie. 15. 1968, S. 339–350.

Zu erinnern ist auch an das Gutachten von Gerhart Lohse: Das Bibliothekswesen an den Universitäten und an der Technischen Hochschule des Landes Nordrhein-Westfalen. Wuppertal: Henn 1970 (Strukturförderung im Bildungswesen des Landes Nordrhein-Westfalen. 12.)

[8] Developments in Collection Building in University Libraries in Western Europe. Papers presented at a Symposium of Belgian, British, Dutch, and German University Librarians. Amsterdam, 31st March – 2nd April, 1976. München 1977.

stände einer Hochschule als gegliederte Einheit ansieht. Wenn in einigen Hochschulgesetzen die Gesamtheit der bibliothekarischen Einrichtungen der Hochschule als Universitäts- oder Hochschulbibliothek bezeichnet werden, so ist hier die Zentraleinheit eines solchen Systems gemeint. Und wenn es im Hochschulbereich nur eine Bibliothek gibt mit geringfügigen Handbibliotheken bei den Lehrstühlen, fallen dieser ohnehin alle zentralen Aufgaben zu.

Wenn man den Blick über Europa hinaus richtet, insbesondere nach Amerika, wird man das Modell nicht als ganz aus der Luft gegriffen ansehen können. Die großen Universitätsbibliotheken von Yale, Princeton, Cornell, Chicago, Urbana, Berkeley, Stanford, Los Angeles und viele andere werden bestimmt nicht bereit sein, den Anspruch aufzugeben, daß sie die bibliothekarischen Dienstleistungszentren der Forschung an ihren Hochschulen seien, wenn es in ihrem Umkreis auch Fachbibliotheken unterschiedlicher Art und Größe gibt und die Bestände in einigen Fachgebieten fast immer auf eigene, selbständige oder abhängige, Bibliotheken verlagert sind. Manche bezeichnen sich ausdrücklich als „Central Research Library" der Universität, einige mit dem Zusatz „for humanities and social sciences", weil für andere Gebiete Teilbibliotheken existieren. Mindestens für diesen Bereich umfassen sie dann im Prinzip aber auch alle Bestände der Hochschule ohne zusätzliche größere Fachbibliotheken. Über die Abtrennung von ausdrücklich nicht für die Forschung bestimmten Bibliotheken – Undergraduate Libraries – wird noch zu sprechen sein.

Die großen National- oder Staatsbibliotheken und manche Regional- und Spezialbibliotheken sind in ihrem Wirkungskreis unbestritten Stätten der Forschung oder Versorgungszentren für diese, zu denen man sich hinbewegt, wenn es nötig ist, oder von denen man sich beliefern läßt. Warum sollte Entsprechendes im engeren Rahmen einer Hochschule gänzlich untragbar sein?

Wissenschaftstheorie kann hier nicht getrieben werden, und es soll nicht versucht werden, den Begriff Forschung grundsätzlich zu diskutieren. Es muß genügen, ihn in der etwas vagen Bedeutung zu gebrauchen wie bei dem viel strapazierten Begriffspaar Forschung und Lehre. Man darf dabei vor allem an die Bedeutungsschattierungen vom Suchen zum Untersuchen, Prüfen, Aufspüren, Durchforschen und Erforschen denken und kommt damit dem englisch-amerikanischen „research" nahe, das den Fachausdruck für den Bibliothekstyp „Research Library" geprägt hat.

Das Suchen und Auswerten von Information ist nur ein Teil der Forschungsarbeit unter einem begrenzten Aspekt. Die per Datenbank, Konsole, Abstract und sonstige Dokumentationsmittel erhaltene Information ersetzt nicht das im geplanten Experiment, im systematischen Durcharbeiten der Quelle, in der Anschauung, kritischen Betrachtung und Interpretation des literarischen und bildnerischen Kunstwerkes sich vollziehenden Forschen. Für dieses ist neben dem

Labor, dem Institut, dem privaten Arbeitsplatz, dem Museum und Archiv auch die Bibliothek der gegebene Ort. Ihre Leistung erschöpft sich nicht im Ermöglichen oder Vermitteln von Information.

Der Erfolg des Forschungsvorgangs ist andererseits nicht von dem jeweiligen einzelnen Arbeitsort abhängig. Der zündende Gedanke, der das Forschen vorantreibt und zum Ergebnis, zur Erkenntnis, zur Entdeckung führt, ist nicht an das Informieren über den Gegenstand, an die Bearbeitung und das Durchforschen des Materials und nicht an den Ort, wo das stattfindet, gebunden. Das Bestehen auf der oft berufenen ,,Pantoffelentfernung", die der Forscher auf dem Weg zu seinem Material nicht glaubt überschreiten zu können, ist doch ein wenig dekuvrierend.

Legitimation und Verpflichtung für ihren Dienst als Forschungsplatz oder Reservoir für die Forschungsarbeit erhält die zentrale Bibliothek von ihrem Bestand, von dem wesentliche Teile Gegenstand der Forschung sein können, andere Material und Hilfsmittel für sie. Alter, Größe, Geschlossenheit und Weite, Struktur, Qualität und Aktualität der Sammlung bestimmen den Standort der Bibliothek im Versorgungssystem für die Forschung an der Hochschule. Das schließt nicht aus, daß jüngere oder neu aufzubauende Hochschulbibliotheken in zentrale Funktionen für die Forschungsarbeit hineinwachsen können und sollen, vorausgesetzt, daß ihnen ermöglicht wird, die notwendige Substanz zu bilden. Andererseits wäre sehr zu bedenken, daß bei der Planung und Zuweisung von Forschungsvorhaben und bei der Einrichtung dafür bestimmter Institutionen auch der am Ort verfügbare Fundus an Bibliotheksgut berücksichtigt wird.

Umfangreiche Sammlungen mit einem kontinuierlich gewachsenen Bestand sind zu zentralen Forschungsbibliotheken selbstverständlich prädestiniert. Nicht mehr ganz selbstverständlich ist es leider, daß sie diesen Bestand auch ungeschmälert behalten, erhalten, pflegen und erschließen und ihn systematisch und planmäßig ergänzen und ausbauen können. Nur die verengte Sicht auf Wissenschaftsgebiete, die auf Aktualität in kurzen Phasen fixiert sind, kann zu dem Gedanken führen, man könne von historisch gewachsenen Bibliotheken Schichten oder Teile abschneiden und die Masse durch neues Material wieder auffüllen. Für große Bereiche der Forschung – auch wenn sie zu manchen Zeiten nicht gerade zu den wirtschaftlich, politisch oder militärisch interessanten und deshalb bevorzugt geförderten gehören – macht gerade die historisch fundierte und ungebrochen wachsende Substanz einer Bibliothek ihren stetig zumehmenden Wert aus. Dabei sind nicht etwa nur die vornehmlich für historisch-philologische Fächer attraktiven Bestände vom Mittelalter bis zur letzten Jahrhundertwende, oder wo man diese Grenze sonst ziehen will, gemeint, sondern auch die der jeweils vergangenen letzten Jahrzehnte. Wer regelmäßig die Verteilung der Ausleih- und vor allem Fernleihwünsche einer großen Allgemeinbibliothek auf

Zeiträume und Fächer hin beobachtet, auch was etwa den Zeitschriftenbedarf im naturwissenschaftlichen und medizinischen Bereich anbelangt, wird nicht so leicht bereit sein, den Begriff der Aktualität pauschal und zeitlich knapp anzuwenden und daraus Entscheidungen zum Abstoßen ganzer Bestandsblöcke zu treffen. Die grundsätzliche Nützlichkeit oder Möglichkeit von Häutungsvorgängen bei stark expandierenden Beständen – etwa durch Anlage von Depots – soll damit nicht ausgeschlossen sein, die Gefahr liegt nur in der Simplifikation. Institutionen von Niveau müssen vor dieser bewahrt bleiben.

Verödungserscheinungen im Bestand einer Sammlung, zeitlich oder fachlich begrenzt, mindern ihren Wert für die Forschung. Schäden, die einem Bibliotheksorganismus durch Mangel oder Zerstörung, ungenügende oder falsche Vermehrung und durch Beschneidung ihrer Aufbau- und Wirkungsmöglichkeit zugefügt werden, sind noch nach Jahrhunderten abzulesen. Sie waren schon in den Diskussionen um die Jahrhundertwende das Hauptargument für die Abwertung der Funktion zentraler Hochschulbibliotheken. Frühere Schäden zu beheben und das individuelle Gesicht der Bibliothek weiter auszuprägen durch Pflege und Bereicherung von typischen Schwerpunkten, Sondersammlungen und Sonderfunktionen, gehört auch zu den Verpflichtungen für die Gegenwart.

Um künftigen Verödungen vorzubeugen, muß ein planmäßiger systematischer Bestandsaufbau garantiert sein, d. h. ein Aufbau, der dem System des gesamten Forschungsprogramms der Hochschule entspricht und dessen mögliche Veränderungen und Erweiterungen berücksichtigt. Im Sinne dieses Modells kann sich die zentrale Bibliothek also nicht auf zufällige und in den Zielsetzungen wechselnde Ergänzungen zu dezentralen, primär der Forschung dienenden Sammlungen beschränken. Sie kann für große Fachgebiete, die in einem räumlich weit entfernten eigenen Baukomplex untergebracht sind, Zweigbibliotheken ausgliedern, aber sie kann sich nicht in eine größere oder kleinere Zahl von Teilbibliotheken nahezu auflösen – dann handelt es sich um ein anderes Modell.

Keine wissenschaftliche Arbeitsstelle, auch wenn sie noch so speziell ausgerichtet ist, kann heute noch autark und in ihren Literaturmitteln vollständig sein. In einer Spätkultur mit wachsendem Fundus an durchzuarbeitendem oder zur Information heranzuziehendem Material, bei vielfältiger interdisziplinärer Verflechtung und internationaler Kommunikation, würden an jeder einzelnen Stelle mit Anspruch auf Autarkie die absolute Bestandsgröße und die vielfachen Überschneidungen in einem Ausmaße zunehmen, daß selbst bei großzügigem und ständig steigendem Aufwand die Qualität und Gleichmäßigkeit der Gesamtversorgung nicht durchzuhalten ist. Das Übergreifen der Fachgrenzen kann nicht an vielen Stellen – heute weit über hundert an alten großen Hochschulen – zugleich geschehen sondern nur durch rationelle Konzentration.

Das Bibliothekssystem der Hochschule ergibt sich nicht aus der bloßen Addition dezentraler und zentraler Einheiten. Die Zentralbibliothek faßt die Versorgungsfunktionen der Fachbibliotheken weitgehend auf einer zweiten Ebene noch einmal zusammen und verdichtet und erweitert sie zugleich. Allgemeine, grundlegende Literatur von dauerndem Bestand, im Prinzip aus allen Fächern, bietet sie konzentriert noch einmal zur Ausleihe und zur Präsenzbenutzung an einem Ort an, um die unrationelle überschneidende Beschaffung von Material aus den jeweiligen, häufig identischen Grenzgebieten an vielen Einzelstellen zu reduzieren und fächerüberschreitendes Arbeiten zu erleichtern. Spezialliteratur beschafft sie zur allgemeinen, nicht fachbegrenzten Ausleihe und eventuell auch Präsenzbenutzung. Mit dem Erwerb von speziellem, nicht ständig im dezentralen Arbeitsbereich benötigtem Material entlastet sie die Fachbibliotheken und erweitert zugleich das Gesamtangebot.

Für Zeitschriftenbestände hat sich diese Vorstellung schon in einigen Planungspapieren und Koordinierungsmaßnahmen durchgesetzt, es ist ein wichtiges Anliegen dieser Ausführungen, die Möglichkeit und wohl auf weite Sicht auch Notwendigkeit zu bedenken zu geben, auch spezielles monographisches Forschungsmaterial zu konzentrieren und seine Erwerbung damit in breiterer Auffächerung für die gesamte Hochschule verfügbar zu machen. Bei der zu beobachtenden Abnahme der Fremdsprachenkenntnisse könnte das beispielsweise auch für Veröffentlichungen in Sprachen gelten, die dem jeweiligen Fach nicht ganz naheliegen, damit diese für Forschungsarbeit wenigstens einmal am Ort greifbar sind. Gerade auch in der Verbesserung der Versorgung für den speziellen Bedarf könnte man eine Funktion einer zentralen Forschungsbibliothek sehen. Wo man die Grenze des Bemühens um Spezialisierung und Ausdehnung der Versorgung am Ort ziehen muß, wird sich nicht allgemeingültig beschreiben lassen, sondern von institutionellen, lokalen und regionalen Voraussetzungen abhängen und von Fach zu Fach und in größeren Zeiträumen wechseln.

Die zentrale Forschungsbibliothek kann – auch in Verbindung mit einem Bibliothekssystem der Hochschule – nicht universal sein. Sie kann sich nur bemühen, über den eigenen Bestand hinaus den Zugang zu den verstreuten Teilen eines möglichst universalen Bestandes an Forschungsmaterial zu vermitteln. Für die einzelne Bibliothek selbst kann man bei ihren begrenzten Bemühungen um einen möglichst tiefgehenden und zugleich weitreichenden, übergreifenden Bestandsaufbau an die schon erwähnten Überlegungen Tiemanns über einen „Funktionellen Universalismus" erinnern, mit denen er weniger auf die materielle Vollständigkeit als vielmehr auf die Funktion des auf den universalen Zusammenhang gerichteten Sammelns abzielt. Über die eigene Sammelfunktion hinaus ist die Bibliothek auf Lastenverteilung im Verbund mit anderen Bibliotheken der Region oder des ganzen Landes angewiesen.

Ansätze zur Schwerpunktbildung sind in einigen Ländern für die Hochschulbibliotheken oder die staatlichen Bibliotheken überhaupt gemacht oder in der Planung. Sie betreffen z. B. in Nordrhein-Westfalen zunächst nur die Zeitschriftenbestände von zur Zeit besonders stark begehrten Fachgebieten. Gedacht war an Material, das in seinem Spezialisierungsgrad zwischen dem überall nötigen Allgemeinen und dem im Rahmen des Sondersammelgebiets-Programms der Forschungsgemeinschaft liegenden Speziellen rangiert. Wenn an einen Sammelverbund zur Versorgung der Forschung in einem Lande gedacht ist, müßte dieser Spezialisierungsgrad eindeutig angesteuert und durch die Lastenverteilung eine wirkliche Erweiterung des Gesamtangebots erstrebt werden. Das würde bedeuten, daß auch das nicht periodisch erscheinende Material, also die spezielleren Monographien mit einbezogen würden. Im Hinblick auf die Forschung darf es demnach nicht um Einsparungen bei der Beschaffung von relativ allgemeinem Material für den Massenbedarf gehen, sondern gerade um eine breitere Auffächerung des Angebots für den Spezialbedarf mit möglichst rationellen Mitteln.

Die Erschließung und Vermittlung solcher zu einer höheren Einheit verbundener Spezialbestände muß mit allen Mitteln der Informations-, Nachrichten- und Beförderungstechnik möglichst direkt und unkonventionell erfolgen, damit sie für die Forschungsarbeit an den einzelnen verbundenen Orten wirklich zur Hand sind. Die Zeitschriftenbestände im Schwerpunktprogramm von Nordrhein-Westfalen sollen möglichst präsent gehalten werden, unter den derzeitigen Rechtsverhältnissen mit der Möglichkeit des Kopienversands, unter anderen Umständen müßte auf möglichst kurzfristige Ausleihe übergegangen werden. Es ist ernsthaft zu erwägen, ob bei einer Ausdehnung der Schwerpunktbildung auf Monographien auch für dieses im Verbund gesammelte Material eine modifizierte Präsenzaufstellung vorgesehen werden müßte mit kurzfristiger Ausleihe an Verbundbibliotheken zur Benutzung nur im Lesesaal. Daß eine solche auf einzelne Fächer und einen höheren Spezialisierungsgrad begrenzte Verteilung der Sammelaufgaben nicht zur Verkümmerung der Gesamtsubstanz der einzelnen Bibliotheken führen dürfte, ist von den sonstigen Funktionen der zentralen Forschungsbibliothek her gesehen selbstverständlich.

In welcher Weise die einzelne Zentralbibliothek oder ein solches regionales System in überregionale Zusammenhänge einzufügen ist und welche Strukturen oder Organisationsformen dafür bestehen oder gefunden werden sollten, kann hier außer Betracht bleiben. Das Gewicht, das eine Bibliothek durch ihre Aufgabe als Sondersammelgebietsbibliothek mit dem aus den Zuwendungen beschafften Spitzenmaterial und der aus eigenen Mitteln beigesteuerten Basis erhält, beeinflußt auch ihre Rolle und ihren Rang als Forschungsbibliothek in der eigenen Hochschule. Bei allen überregionalen Überlegungen muß andererseits gesehen werden, daß jede Bibliothek von einiger Bedeutung eine eigenständige

Ganzheit in ihrem akademischen oder lokalen Umkreis mit geschlossenem Bestand und individueller Gestalt bleibt. Historische Bestände, Sonderschwerpunkte und traditionelle Aufgaben lassen sich nicht verlagern. Um so mehr ist die Bestandserschließung und die übergreifende und wechselseitige Information Vorbedingung für die Anerkennung des Modells bei der Forschung. Dem Informationsbereich an der zentralen Bibliothek kommt deshalb sowohl in der Ausstattung als auch in der personellen Leistungsfähigkeit entscheidende Bedeutung zu. Hier müßte am ehesten weitgehende Universalität angestrebt werden. Die bibliographische Arbeit auch an der einzelnen Bibliothek als eigene Unternehmung oder in Zusammenarbeit mit bibliothekarischen oder fachwissenschaftlichen Stellen gehört zu den zentralen Funktionen. Sie kann sich auf eigene Bestände richten oder zur lokalen, regionalen und überregionalen allgemeinen oder fachlichen Bestandserschließung beitragen.

Auch abgesehen von den notwendigen Verbindungen mit dem gesamten Bibliothekswesen des Landes und Institutionen und Organisationen des internationalen Bibliothekswesens wirkt die zentrale Bibliothek einer Hochschule über die Grenzen der Hochschule hinaus. Das Reservoir einer in der geschilderten Weise ausgestatteten und ständig auszugestaltenden großen Bibliothek kann als Gegenstand, Material oder Hilfsmittel für jegliche wissenschaftliche Arbeit, wo und in welchem Rahmen sie auch stattfindet, nicht ungenutzt bleiben. Weder die Hochschule noch ihre Bibliothek sind vor ihrer Umwelt verschlossen. Je nachdem ob sie offiziell zugleich als Stadt-, Landes- oder Staatsbibliothek fungiert oder ob sie ohne ausdrücklichen Auftrag in einer Stadt den Bürgern und den Bewohnern des Umlandes dient, wachsen der zentralen Hochschulbibliothek gradweise weitere Aufgaben zu. Da diese Aufgaben auch mit regional gebundenen Hochschulinstituten, Lehrstühlen und Forschungsprojekten unterschiedlicher Fachbereiche, nicht nur der naheliegenden landeskundlichen, verbunden sind und diese ebenso wie die Bibliothek mit Einrichtungen und Organisationen außerhalb der Hochschule zusammenarbeiten, ist es müßig, darüber zu diskutieren, ob eine zentrale Hochschulbibliothek sich diese Funktionen leisten kann oder dadurch von ihren eigentlichen Pflichten abgezogen würde. Es handelt sich dabei sowohl um Sammelverpflichtungen als auch um Aufgaben der Erschließung und Vermittlung, unter Umständen bis hin zum Bereitstellen von Arbeitsmöglichkeiten für solche Institutionen im Hause. Je nach der Geschichte und Struktur der Stadt oder des Landes und nach der Substanz und Geschichte der Bibliothek treten diese Aufgaben mehr oder weniger deutlich hervor.

Da deutsche Hochschulbibliotheken normalerweise zugleich der Forschung, der Lehre und dem Studium dienen, gehören zu den bisher genannten Funktionen, die für alle Angehörigen der Hochschule oder speziell für den Kreis der Forschenden bestimmt sind, noch andere, die sich vorwiegend an die Lehrenden und Studierenden richten. Die Sammlung und Bereitstellung von typischem Lehrmaterial – eigentliche Lehrbücher, Standardwerke, Textausgaben, Kommentare – hat sich in der Form von Lehrbuchsammlungen mit Freihandsystem als ein Teil der zentralen Hochschulbibliothek eingebürgert. Man könnte auf weitere Sicht unter dem Druck des Massenansturms auch an eine stärkere räumliche Trennung in selbständige Gebäudeteile oder Gebäude nach dem Vorbild der amerikanischen Undergraduate Libraries denken, besonders wenn man sich entschießen würde, aus diesen Einrichtungen weitergehende Entlastungsinstrumente für die eigentlichen Forschungsbibliotheken zu machen, bezogen auf das vielgebrauchte Material im allgemeinen und auf den unkomplizierten Benutzungsstil mit raschem Buchumsatz, ohne Begrenzung auf einen Benutzerkreis, etwa nach dem akademischen Status. Es könnten hier auch allgemein interessierende Bestände wie die der sogenannten Studentenbüchereien einbezogen werden. Inhaltlich und in der Methode wären diese Sammlungen den Undergraduate Libraries verwandt, aber eben nicht auf weniger Privilegierte beschränkt, weil es diese isolierte Gruppe bei uns bisher zum Glück noch nicht gibt und hoffentlich trotz der drohenden Reformen, die mit Minimal-Regelstudienzeiten auch den deutschen Universitäten sogenannte praxisbezogene Kurzstudiengänge bescheren wollen, auch in Zukunft nicht geben wird. Die räumliche Trennung ist keine notwendige Folge. Neben manchen bekannten Beispielen für eine solche Entwicklung in den USA gibt es auch eindeutig andere Entscheidungen: mindestens zwei der bedeutendsten Universitätsbibliotheken – Yale und Urbana – haben die Undergraduate Library in unmittelbarer Verbindung mit der Hauptbibliothek errichtet, in einer durch Tunnel angeschlossenen Untergrundanlage, andere haben sich betont ganz gegen eine Abtrennung entschieden, wie Princeton.

Die wünschenswerte Einbeziehung der Bibliothek in den Lehrbetrieb der Hochschule kann sich neben der Darbietung von Lehrmaterial auch in der methodischen Hinführung zum gesamten Literaturangebot der Bibliothek und besonders zu den Informationsmitteln äußern. Optisches Hinführen zum geordneten Bestand, Einführungen in Kataloge und Dokumentationsdienste, bibliographische Einführungen, auch in Verbindung mit den Fachbereichen, dienen nicht nur der Lehre im engeren Sinne, sondern auch der Hinführung zu selbständiger Forschungsarbeit.

Inwieweit zentrale Verwaltungs- und Dienstleistungsaufgaben für das gesamte Bibliothekssystem oder für unabhängige zentrale Fachbibliotheken wahrgenommen werden, hängt von der Struktur des Bibliothekswesens der Hochschule und der Organisation und räumlichen und personellen Ausstattung der Zentralbibliothek ab. Zu denken ist an Koordinierung oder Abwicklung der Bucherwerbung und Katalogisierung, Führung von Zentralkatalogen, insbesondere zentrale Steuerung der Datenverarbeitung des Bibliothekswesens der Hochschule, wenn diese integriert für alle genannten Aufgaben und den Benutzungsbereich oder für einzelne Bereiche der Bibliotheksarbeit eingesetzt ist.

Der systematische Ausbau eines zentralen Buchbestandes für die Forschung und seine Erschließung und Ermittlung erfordern ein hohes Maß an Kooperation, auf Seiten der Bibliothekare die Bereitschaft, die Anforderungen der Forschung und der in ihr unmittelbar Tätigen zu erkennen und zu respektieren und ihnen möglichst vorausschauend entgegenzukommen. Sie können sich nicht darauf beschränken, Forderungen von wechselnden Individualitäten und Interessen entgegenzunehmen, sondern sie müssen auch in selbständiger Verantwortlichkeit gegenüber der Gesamtheit der Aufgaben, die der Institution gestellt sind, Initiative ergreifen, getragen von dem Vertrauen der zu Versorgenden. Dazu ist vor allem eine nicht zu enge wissenschaftliche Ausbildung erforderlich, die auch Einblick in Forschungsarbeit und Teilnahme an ihr gewährt hat, dazu eine Fachausbildung, die besonders auf die Erfordernisse der vielseitigen Praxis ausgerichtet ist. Zur Mitarbeit brauchen sie Fachkräfte, die von der Vorbildung und spezifischen Ausbildung her für den Umgang mit schwierigem tradierten Material und mit vielfältigem neu zu erwerbenden geeignet und auf qualifizierte Dienstleistung gegenüber der Forschung eingestellt sind.

Die möglichen Aufgaben einer zentralen Forschungsbibliothek einer Hochschule sollen andeutungsweise in einem Merkmalkatalog zusammengefaßt werden, in dem die Kenner von Empfehlungs- und Planungspapieren leicht manche bekannte Formulierung entdecken werden. Es kommt jedoch auf die Akzentsetzung an.

A. Allgemeine Aufgaben:

1. Primäre Sammelstelle allgemeiner und spezieller Literatur für den unmittelbaren Bedarf der wissenschaftlichen Arbeit an der Hochschule
2. Sammelstelle speziellerer Literatur, bestimmt durch fachliche Schwerpunkte im regionalen oder überregionalen Verbund mit anderen Bibliotheken
3. Sammelstelle von Beständen, die die Kontinuität und zukünftige Entwicklung der wissenschaftlichen Arbeiten an der Hochschule gewährleisten: zur Zeit nicht oder noch nicht aktuelle Literatur, Literatur aus Fächern oder Forschungsrichtungen, die an der Hochschule nicht vertreten sind
4. Bewahrungsstelle von tradierten Altbeständen und überkommenen oder neu entstehenden Sondersammlungen und Stiftungen von fachlicher, regionaler oder persönlicher Bedeutung
5. Sammel- und Erschließungsstelle historisch bedeutender und für die Hochschule, die Stadt und die Landschaft typischer Materialien: Handschriften,

Autographen, Nachlässe von Gelehrten, literarische und sonstige für die Forschung wichtige persönliche Nachlässe, Inkunabeln und andere ältere und moderne kostbare und seltene Literatur, Dokumente der Buchkunst

6. Standort von zentralen Spezialsammlungen: Karten, Musikalien, spezielle Fachsammlungen, audiovisuelles Material (soweit für dieses nicht eine besondere zentrale Einrichtung der Hochschule besteht, anderenfalls nur begrenzte Auswahl im Rahmen der sonstigen Sammelaufgaben der Bibliothek)
7. Sammel- und Verteilungsstelle der Hochschulschriften
8. Bibliographisches Informationszentrum der Hochschule mit Verwaltung und Betreuung von Dokumentationsdiensten und ggf. Koordinierung aktiver Dokumentation an der Hochschule
9. Arbeitsstätte für alle Angehörigen der Hochschule zur Benutzung der eigenen Bestände der Bibliothek mit ausgedehntem Präsenzangebot und von im Leihverkehr beschafftem Material
10. Ausleihbibliothek für alle Angehörigen der Hochschule
11. Vermittlungsstelle für den Leihverkehr mit auswärtigen Bibliotheken
12. Wissenschaftliche Arbeitsstelle für Buch- und Bibliothekswesen, Bibliographie und Dokumentation mit Informations- und Lehraufgaben an der Hochschule

B. Lokale und regionale Aufgaben:

13. Sammelstelle von am Ort, in der Region und im Land erschienenen oder erscheinenden Publikationen, traditionsgemäß oder im offiziellen Auftrag als Pflichtexemplarempfänger
14. Bibliographische Erschließungsstelle für dieses Material
15. Standort und Bearbeitungs- bzw. Publikationsstelle von lokalen oder regionalen Zentralkatalogen und Zeitschriften-Bestandsverzeichnissen
16. Arbeitsstelle von orts- und landesgeschichtlichen oder sonstigen regional gebundenen Gremien, Forschungsunternehmen, Institutionen, insbesondere Sitz einer mit der Hochschule verbundenen wissenschaftlichen Akademie
17. Depot von Bibliotheken solcher Einrichtungen, evtl. mit Verwaltung und Wahrnehmung des Publikationenentausches

C. Zusätzliche Aufgaben für Lehre und Studium:

18. Sammel- und Ausleihstelle von zusätzlichen Exemplaren vielgebrauchter Literatur in bedarfentsprechender Staffelung mit Arbeitsmöglichkeit auch an Präsenzbestand derartigen Materials
19. Gegebenenfalls Standort oder Verwaltungsstelle einer gesonderten Studentenbücherei als allgemeiner Bildungsbücherei

20. Allgemeinbibliographische und fachbibliographische Informations- und Lehreinrichtung für die Hochschule, zentral und in Zusammenarbeit mit den Fachbereichen

D. Zentrale Koordinierungs-, Verwaltungs- und Dienstleistungsaufgaben für die bibliothekarischen Einrichtungen der Hochschule, abhängig von der Struktur und Organisation des Bibliothekssystems.

Unter den Folgen, die sich aus den beschriebenen Aufgaben einer zentralen Forschungsbibliothek ergeben, sollen die für die Aufbewahrung und Darbietung der unterschiedlichen Bestände hervorgehoben werden. Nach den Funktionen der einzelnen Bestandstypen lassen sich folgende Gruppen, und damit auch räumlichen Bereiche bilden:

1. Präsenzbestand im Informationsbereich: Allgemein- und Fachbibliographien, Referateblätter, Dokumentationsdienste, Bibliothekskataloge, allgemeines Nachschlagematerial für rasche Sachinformation, u. U. Erweiterung um enzyklopädische und biographische Nachschlagewerke. Gut zugängliche und überschaubare Buchaufstellung, kombiniert mit Katalogaufstellung – in Zettel-, Band- oder Mikroform – und reichlichen und angemessenen Benutzungsgelegenheiten sowie Arbeitsplätzen zur raschen Durchsicht und für intensivere, länger dauernde Durcharbeitung. Es könnte oder sollte sich daraus ein zentraler Benutzungsbereich für informatorische und bibliographische Arbeit mit einer zugeordneten Abteilung der Bibliothek entwickeln: „reference area" mit „reference department", für unsere Verhältnisse vielleicht am besten als Bibliographische Abteilung zu bezeichnen.

2. Erweiterter Präsenzbestand der Lesebereiche: über das übliche Nachschlage- und Handbuchmaterial erheblich hinausgehende Sammlung von grundlegenden Forschungsbeständen, Quellen, Primär- und Sekundärliteratur mit Standardcharakter, um am Ort mit dem wichtigsten Hilfsmaterial der Forschung in raschem Zugriff arbeiten zu können, vor allem auch interdisziplinär, ohne ständig weite Wege gehen zu müssen: sozusagen begrenzte Freihandbibliothek in Präsenthaltung.

Hier zugeordnet ggf. Präsenzaufstellung der wichtigen und stark benutzten gebundenen Zeitschriften mit nötigenfalls nach Fächern unterschiedlicher zeitlicher Begrenzung. Auslage der ungebundenen Zeitschriftenhefte in Auswahl aus dem Gesamtbestand der laufenden Zeitschriften, in einem Bereich konzentriert oder auf die Fächerbereiche verteilt, u. U. mit der Aufstellung der gebundenen Zeitschriften kombiniert.

3. Normaler Ausleihbestand, möglichst auch den über das Nachschlagematerial hinausgehenden Präsenzbestand verdoppelnd, damit volle Ausleihmöglichkeit auch dieses zentralen Forschungsmaterials gewährleistet ist. Die Frage, ob

der Hauptbestand der Bibliothek im geschlossenen Magazin oder in Freihandaufstellung dargeboten werden soll, soll hier nicht diskutiert werden. Beide Möglichkeiten dürften für die Bedürfnisse der Forschung jeweils eigene Vorteile haben und ohne dogmatische Ausschließlichkeit zu bedenken sein. Bei großzügigem Angebot von frei zugänglichem Grundmaterial in und bei den Lesebereichen könnte die Masse des seltener gebrauchten spezielleren und älteren Bestandes vor allem großer alter Bibliotheken, die eine feinsystematische Aufstellung und übersichtliche Benutzung erschwert, magaziniert werden. Die systematische, komplette Erschließung über Kataloge oder automatisierte Hilfsmittel, die mit geringerem Aufwand zu erhaltende Ordnung und bei genügender technischer Ausstattung auch schnelle Beschaffung sowie der mit Einsatz der Datenverarbeitung sofort zu erbringende eindeutige Nachweis des Vorhandenen und Abwesenden sind gegen die Attraktivität des freien Zugangs mit Informations- und Auswahlmöglichkeit am Ort und Unabhängigkeit von Technik und Bedienung und, bis zu einem gewissen Grade, von Katalogen abzuwägen. Das zusätzliche Bereitstellen von stark benutzter Literatur in Mehrfachexemplaren zur Freihandausleihe würde den Entschluß zur Magazinierung erleichtern.

4. Präsenter Magazinbestand: älteres und wertvolles, gefährdetes Material, vor allem singulärer Bestand der Bibliothek, Spezialbestände, die im Verbund mit anderen Bibliotheken der Region oder in überregionalen Systemen zur gegenseitigen Ergänzung beschafft sind und in Gegenleistung zur Hand sein müssen. Die Gewißheit des Forschers, zu solchem Material sofort oder mit übersehbarer Wartezeit gelangen zu können, besonders nach Verbesserung der bisherigen, regionalen oder überregionalen Bestandsnachweise, dürfte das Modell der zentralen Forschungsbibliothek interessant machen. Zeitlich begrenzter Fernleihversand zur Lesesaalbenutzung müßte vorgesehen werden.

5. Besonders gesicherter Magazinbestand: Handschriften, Rara, Nachlässe, Buchkunst, Graphik und anderes wertvolles Material ohne Buchcharakter. Konzentrierte Aufbewahrung mit besonderer technischer Ausstattung und isolierter Klimatisierung oder Zuteilung der jeweiligen Bestände unter entsprechenden Bedingungen zu den verschiedenen Sonderabteilungen.

6. Stark benutzter Ausleihbestand in Freihandaufstellung: Lehrbuch-, Standard- und Bildungsmaterial, begrenzte Titelzahl, soweit nötig gestaffelt, zur raschen, unkomplizierten Selbstbedienung, verbunden mit Leseplätzen in zwangloser Anordnung, eventuell unter Einbeziehung eines Zeitungsleseraums.

Das Modell einer zentralen Hochschulbibliothek, die auch als zentrale Arbeits- und Versorgungsstelle für die Forschung gelten kann, steht und fällt mit der Möglichkeit, das dafür bestimmte Haus für die in der Forschung Tätigen in ausreichendem Maße zu öffnen und für den Aufenthalt attraktiv und bequem zu machen. Wie ein solches Haus aussehen soll, braucht nicht mehr ausführlich beschrieben zu werden, ein Vertreter der Forschung hat das bereits vor wenigen Jahren getan, Helmut Bonheim[9] in seinem amüsanten Beitrag „Die Traumbibliothek", mit dem er die Bibliotheksplaner in Nordrhein-Westfalen ein wenig zum Nachdenken anregen wollte. Man kann ihm nur von ganzem Herzen zustimmen und nur anmerken, daß sich auch Bibliothekare schon ähnliche Gedanken gemacht haben und daß es auch in Deutschland einige Bibliotheken gibt, die wenigstens unter einigen Gesichtspunkten seinen Träumen etwas näher kommen. Für die hier angestellten Überlegungen ist es interessant, daß die Idealvorstellungen einer für die Arbeit eines Forschers angemessenen Bibliothek durch den Aufenthalt in der großen zentralen Universitätsbibliothek von Cambridge angeregt wurden, für deutsche Verhältnisse aber auf den Typus der Institutsbibliothek bezogen werden.

Die Zentralbibliothek muß wie die Institutsbibliothek auch für abendliche Arbeit offen stehen und auch dann noch Zugang zu den nötigsten Informations- und Literaturversorgungsquellen bieten. Daß das nicht nur eine Frage des guten Willens, sondern vor allem auch der Anerkennung des dafür erforderlichen Personalbedarfs ist, muß immer wieder betont werden. Die Rationalität spricht für den konzentrierten Personaleinsatz an einer zentralen Versorgungsstelle.

Nicht in erster Linie eine Frage des Aufwands ist die bauliche Gestaltung und innere Ausstattung des Gebäudes. Weder Monumentalität und Massigkeit noch kostbare Materialien und aparte Formung bestimmen die Qualität der Arbeitsatmosphäre einer Bibliothek. Licht, Luft und Ausblick, Stein, Holz und andere natürliche Stoffe in warmen Farbtönen wirken selbst im Massenbetrieb einer heutigen großen Hochschule anziehend und den Arbeitsstil fördernd. Nüchternheit und Dürftigkeit mit genormter Massenware lähmen alle guten Absichten für ein angemessenes Angebot, die Bibliothek als zentrale Arbeitsstelle zu nutzen.

Wesentlich ist es, Arbeitsplätze in vielfältiger Auswahl für den individuellen Arbeitsstil bereitzustellen: Plätze an Einzeltischen und auch an größeren Tischen, Tischgruppen mit Sichtabschirmung für den Einzelplatz und der Möglichkeit, eine begrenzte Zahl von Büchern aufzustellen, offene oder geschlossene Carrels, von denen für den Normalbedarf den offenen der Vorzug zu geben ist, während die geschlossenen für die Benutzung von Schreibmaschinen, Diktier- und Abhörgeräten und andere Arbeiten, die akustisch abgeschirmt sein müssen, bestimmt sind. Individuelle Plätze und offene Carrels sollten nicht in düsterer Innenlage mit ständiger künstlicher Beleuchtung untergebracht sein, sondern gerade für intensiveres Arbeiten möglichst langen Aufenthalt bei Tageslicht und Ausblick ins Freie gewähren. Für häufige längere Anwesenheit von Besuchern,

[9] Helmut Bonheim: Die Traumbibliothek. In: Verband der Bibliotheken des Landes Nordrhein-Westfalen. Mitteilungsblatt N. F. 23. 1973, S. 119–122.

die mit großen, materialreichen Arbeiten befaßt sind, ist es unerläßlich, verschließbare Fächer in der Nähe der Arbeitsplätze bereitzustellen, allerdings muß bestimmtem Bibliothekspersonal die Einsichtnahme zugestanden sein.

Gruppenarbeitsräume, die für gemeinsames Studieren immer mehr an Interesse und Bedeutung gewinnen, sind auch für kleinere Forschungsgruppen mit längerfristigen Arbeitsvorhaben einzusetzen, und der lehrende Forscher kann Übungen im kleinen Kreise, die an Material der Bibliothek, insbesondere präsent zu haltendes, gebunden sind, in Räumen innerhalb der Lesebereiche oder bei Sondersammlungen abhalten. Inwieweit deutsche Bibliotheken nach dem Vorbild der amerikanischen faculty studies auch reservierte Arbeitsräume in Form von größeren Carrels für Mitglieder des Lehrkörpers oder auswärtige Gäste verfügbar machen sollen oder können, hängt nicht zuletzt von der Einstellung der Hochschule zu ihrer zentralen Bibliothek ab. Handschriftenabteilungen und andere Spezialabteilungen sollten vor allem für auswärtige und ausländische Besucher, die für längere Zeit auf die Arbeit an nicht verleihbarem Material angewiesen sind, individuelle großzügige Arbeitsplätze anbieten. Die Einrichtung und apparative Ausstattung derartiger Abteilungen müssen dem hohen Wert im Gesamtbestand der Bibliothek und der überregionalen und internationalen Inanspruchnahme angepaßt werden. Angemessene Räume für Ausstellungen und öffentliche Veranstaltungen, auch zur Aufnahme von wissenschaftlichen Kolloquien und Tagungen, tragen dazu bei, die Bibliothek in die Forschungsarbeit einzufügen.

Mengen- und Größenangaben für Gesamtbestand, Teilbestände, Arbeitsplätze in den aufgeführten unterschiedlichen Formen, Personalbedarf und Raumbedarf sind hier nicht versucht worden. Sie zu berechnen, ist eine komplizierte und schwer überschaubare Aufgabe, sie in genügender Differenzierung und Anpassung an individuelle Bibliotheksstrukturen zu leisten, kann nur angeregt werden.

HELMUT VOGT

Zur Frage der außeruniversitären Funktionen deutscher Hochschulbibliotheken

Ein Problem, das unseren verehrten Kollegen Clemens Köttelwesch in den letzten Jahren seiner Berufslaufbahn immer wieder bewegt hat, ist die Frage gewesen, inwieweit Hochschulbibliotheken in einer sich neu gliedernden Bibliothekslandschaft außeruniversitäre Aufgaben wahrnehmen können und auch wahrnehmen sollten. Unter seinem Vorsitz behandelte die Arbeitsgemeinschaft der Hochschulbibliotheken auf ihrer Würzburger Sitzung[1] ausführlich dieses Thema, und sein Beitrag zu der Kurt Köster gewidmeten Festschrift befaßte sich mit den außeruniversitären Funktionen der von ihm geleiteten Stadt- und Universitätsbibliothek Frankfurt/M.[2] Auch im persönlichen Gespräch griff er oft diese Fragestellung auf. Es erscheint daher nicht unangemessen, auch in der ihm hier dargebrachten Festschrift das Thema der außeruniversitären Funktionen deutscher Hochschulbibliotheken noch einmal aufzugreifen, um einige zusätzliche Fakten und Gesichtspunkte zu diesem wichtigen Problem zusammenzutragen.

Es dürfte wohl keine deutsche Hochschulbibliothek geben, die außeruniversitäre Leistungen rundweg ablehnt. Eine diesbezügliche Umfrage ergab, daß selbst Neugründungen, wie z. B. die Hochschulbibliotheken Augsburg und Siegen, die rein unter dem Aspekt der Hochschulversorgung angetreten sind, inzwischen Versorgungsleistungen außerhalb der Hochschule erbringen. Zur Diskussion steht bei einigen der Neugründungen nur die Frage, inwieweit der Freihandbestand in den Fachbereichen in den Fernleihverkehr gegeben werden sollte. Befürworter einer mehr restriktiven Haltung begründen diese damit, daß hier eine Parallele zu den Institutsbibliotheken alten Typs gesehen werden müsse, die auch nicht oder nur in geringem Umfang zum Fernleihverkehr herangezogen wurden. Es bedarf keiner Erläuterung, daß eine solche Restriktion insbesondere für den starken interuniversitären Leihverkehr bedenklich und – schon vom sehr verschiedenen Umfang der verglichenen Bestände her – auch nicht berechtigt ist. Von Bestrebungen der Universitäten, den interuniversitären Fernleihverkehr zu bedienen und sich im übrigen außeruniversitären Fernleihverkehr zurückzuhalten, ist dagegen im Ergebnis der Umfrage nirgends die Rede.

[1] Außeruniversitäre Aufgaben deutscher Hochschulbibliotheken. In: ZfBB. 24. 1977, S. 157–200.

[2] Bibliothek, Buch, Geschichte: Kurt Köster zum 65. Geburtstag. Frankfurt/M. 1977, S. 109–117.

Man kann davon sprechen, daß die außeruniversitären Aufgaben zugunsten des örtlichen Bereichs aber auch darüber hinaus sich bei den Hochschulbibliotheken in ganz natürlicher Weise entwickelt haben und auch weiter entwickeln werden. Denn welcher Bibliothekar könnte sich schon der sinnvollen Bitte eines – woher auch immer kommenden – Benutzers um Hilfe verschließen. In zutreffender Weise kann hier das Bild des organischen Wachstums verwendet werden, und dies erklärt allgemein, weshalb die einzelnen Hochschulbibliotheken in so unterschiedlichem Grade in die Versorgung außeruniversitärer Bereiche eingebunden sind. Größe und Charakter des Standortes der Bibliothek und die Struktur des Umlandes spielen bei der Entwicklung des außeruniversitären Bedarfs und der Bedarfsdeckung eine ebenso wichtige Rolle, wie Zahl und Art der in der näheren Umgebung ansässigen Bibliotheken. Gemeinsam aber ist allen Hochschulbibliotheken, daß auch Nichthochschulangehörige aus dem Ort und der Umgebung zur Benutzung zugelassen werden, daß Führungen für Nichthochschulangehörige stattfinden und daß Ausstellungen sich ebenfalls an das außeruniversitäre Publikum wenden. Nimmt man noch die Erledigung von Reproaufträgen und die Bedienung von Fernleihscheinen hinzu, so sind damit für einen nicht unerheblichen Teil der Hochschulbibliotheken die außeruniversitären Funktionen bereits vollständig aufgezählt. Der Radius des mitversorgten Umlandes ist dabei oft erheblich und reicht bis 50 km oder weiter. Diese Einzugsbereiche lassen zusammen nur einen geringen Teil der Bundesrepublik unüberdeckt; sie enthalten zudem den weitaus überwiegenden Teil der Bevölkerung. Von einer Beeinträchtigung der Versorgung der eigenen Hochschule durch die örtliche und überörtliche Literaturversorgung der Bevölkerung wurde nirgends berichtet. Zu Interessenkollisionen kam es offensichtlich nur, wenn am Ort Studenten und sonstige Angehörige bibliothekarisch erheblich unterversorgter Institutionen – wie etwa Pädagogischer Hochschulen, Fachhochschulen usw. – als Massenbenutzer im Universitätsbereich auftraten[3]. Daß hier nur der Ausbau der institutionseigenen Bibliothek, insbesondere mit Mehrfachexemplaren, oder die zusätzliche finanzielle Ausstattung der Universitätsbibliothek für diese spezielle Aufgabe eine Lösung des Problems bringen können, ist offensichtlich. Eine ähnliche Schwierigkeit deutet sich bei der Literaturversorgung der obersten Klassen der Gymnasien an (z. B. FU Berlin), während anderenorts diese Benutzergruppen noch mit betreut werden können, ohne daß es zu Friktionen kommt (z. B. UB München). Ein Sonderfall dagegen ist die Universitätsbibliothek Bonn. Von ihr werden schon seit Jahren erhebliche und sehr spezielle Literaturversorgungsaufgaben wahrgenommen, die in engstem Zusammenhang mit der Funktion Bonns als Regierungssitz der Bundesrepublik stehen, ohne daß es bisher zur

[3] Ein Beispiel: S. Corsten: Hochschulbibliothek und regionale Aufgaben. In: ZfBB, Sonderheft 16. 1973, S. 225–233.

finanziellen Sicherung dieser Hauptstadt-Versorgungsfunktion der Bibliothek gekommen ist. Diese Unterlassung muß naturgemäß zu Friktionen führen und sollte daher behoben werden.

Eine traditionell starke Betonung erfährt die außeruniversitäre Literaturversorgungskomponente in denjenigen großen Hochschulbibliotheken, die als ehemalige Landesuniversitäten schon immer Landesbibliotheksaufgaben wahrgenommen haben und ihre reichen Bestände bereitwillig dem Publikum der Region zur Verfügung stellen. Als Beispiel sei hier die Universitätsbibliothek Münster genannt. Bei ihr ist zudem die Bibliothek in die Arbeiten einer ganzen Palette außeruniversitärer wissenschaftlicher, kultureller und staatlicher Institutionen integriert.

Schwergewichtig und von besonderer Bedeutung für die außeruniversitäre Literaturversorgung sind auch die Leistungen der großen Hochschulbibliotheken wie z. B. Frankfurt, Köln, Hamburg, Göttingen, FU Berlin, Saarbrücken, Tübingen, Freiburg, um nur einige zu nennen. Schon der Name Stadt- und Universitätsbibliothek bzw. Staats- und Universitätsbibliothek, den nicht wenige von ihnen tragen, weist deutlich auf diese außeruniversitären Verantwortlichkeiten. Die meisten dieser Bibliotheken sind gleichzeitig Sondersammelgebietsbibliotheken und tragen damit eine besondere Verantwortung auch für die überregionale Literaturversorgung.

Neben und teilweise in unmittelbarer Verbindung mit den genannten Literaturversorgungsfunktionen werden von Hochschulbibliotheken weitere außeruniversitäre Aufgaben in erheblichem Umfang wahrgenommen. So die Führung von oder Mitarbeit an regionalen oder örtlichen Zentralkatalogen, der Betrieb regionaler oder örtlicher Bücherautodienste, die Mitarbeit an EDV-Verbundlösungen und in einigen Fällen sogar die Ausübung des Pflichtexemplarrechts und die Erstellung oder die Beteiligung an der regionalen Bibliographie. Hinzu kommt – wie oben bereits angedeutet – die Einbindung von Hochschulbibliotheken in die Arbeit von Akademien, wissenschaftlichen Gesellschaften und anderen Institutionen.

Es wäre natürlich völlig unbillig zu verschweigen, daß auch viele Regionalbibliotheken in erheblichem Umfang zur Literaturversorgung von Hochschulangehörigen beitragen, sei es, daß diese Aufgabe ihnen offiziell übertragen ist (so z. B. der Niedersächsischen Landesbibliothek Hannover) oder daß nur mehr oder weniger feste Verabredungen zwischen den betroffenen Bibliotheken getroffen sind.

Unter Berücksichtigung aller aufgeführten Sachverhalte kann man zusammenfassend sagen, daß die deutschen Hochschulbibliotheken wesentlich tragende Teile des natürlich gewachsenen und vielfältig verflochtenen Netzes zur bibliothekarischen Versorgung der universitären und der außeruniversitären

Benutzer mit wissenschaftlicher Literatur sind. Solche natürlichen Systeme sind, wie wir aus nicht immer glücklichen Erfahrungen wissen, gegen äußere Eingriffe oft sehr empfindlich. In einer Zeit, in der für die Erhaltung des gewachsenen Systems unserer Stadtkerne erhebliche Mittel aufgewendet werden, erscheint Zurückhaltung geboten, wenn es darum geht, Änderungen am gleichfalls natürlich gewachsenen System unserer Literaturversorgung vorzunehmen. Bedenkt man, daß jeder Bürger unseres Landes, der sich über einen Sachverhalt gezielt und umfassend informieren will, notwenig auf die bibliothekarische Literaturversorgung angewiesen ist, so wird die allgemeinpolitische Bedeutung des Funktionierens dieser Versorgungskomponente deutlich.

Unter diesem Blickwinkel muß es als recht erfreulich angesehen werden, daß seitens der Hochschulbibliotheken – wie die Umfrage ergab – keine Änderung des bestehenden Zustandes beabsichtigt ist. Man hält durchweg die jeweils ausgeübten außeruniversitären Funktionen für sinnvoll, und es wird zur Zeit – abgesehen von einigen begründeten Ausnahmefällen – auch keine Ausweitung dieser Funktionen erwogen. Besonders wichtig ist es, daß auch die Hochschulen selbst weitestgehend die außeruniversitären Aufgaben ihrer Bibliotheken dulden bzw. akzeptieren, ja sie in einer ganzen Reihe von Fällen – wie z. B. in Konstanz, Freiburg und Kiel – ausdrücklich begrüßen. Als Begründung wird angegeben, daß so ein Hineinwirken der Universität in die Region ermöglicht wird und daß die Dienstleistungen der Bibliothek eine positive Einschätzung der Universitäten in der öffentlichen Meinung fördern können. Die Verwaltungsordnung der Universität Heidelberg und die Ordnung der Universitätsbibliothek Saarbrükken sehen ausdrücklich vor, daß die Universitätsbibliotheken Aufgaben in der regionalen und überregionalen Literaturversorgung übernehmen, und im Niedersächsischen Hochschulgesetz ist diese Möglichkeit gleichfalls gesichert. Auch der Bibliotheksplan 73 ist in dieser Frage sehr flexibel, indem er in die Aufgaben der Regionalversorgung auch Hochschulbibliotheken einbezieht.

Es gibt jedoch auch negative Stimmen zur Frage der örtlichen und regionalen Literaturversorgung durch Hochschulbibliotheken. So lesen wir im Handbuch „Zur Theorie und Praxis des modernen Bibliothekswesens", daß Hochschulbibliotheken diese Funktion „oft genug auf Kosten oder doch zum Nachteil ihrer primären Aufgaben für die örtliche Hochschule"[4] wahrgenommen hätten und daß „für die regionale Versorgung mit wissenschaftlicher Literatur... eigentlich die Landesbibliotheken zuständig"[5] sind. Der in beiden Aussagen implizierte Vorwurf verdient sicher in jedem Einzelfall eine ernsthafte Prüfung.

Bedauerlicherweise erlaubt die normale Betriebsstatistik keine Aussage darüber, welchen Anteil die reine Regionalversorgung der Bevölkerung – also unter

[4] Zur Theorie und Praxis des modernen Bibliothekswesens. T. 1. 1976, S. 160
[5] a. a. O. S. 159

Ausschluß der interuniversitären Komponente des Leihverkehrs – am gesamten Leihverkehrsaufkommen hat und inwieweit diese Regionalbestellungen die Literaturversorgung der eigenen Hochschule beeinträchtigen. Diese Zahlen würden objektiv darüber Auskunft geben können, ob die regionale Literaturversorgung eine wirkliche Last für die Hochschulbibliotheken darstellt, die ihnen von den Schultern genommen werden muß. Es ist daher vielleicht nicht uninteressant, hier eine Schätzung dieser Zahlenverhältnisse für eine stark benutzte Bibliothek und die zuständige Region zu geben.

Anfang Dezember 1977 gingen im Zeitraum einer Woche im Niedersächsischen Zentralkatalog insgesamt 7711 rote Leihscheine ein, davon 2951 aus der eigenen Region. 875 der regionalen Leihscheine kamen dabei aus der Gruppe der Regionalbibliotheken, der Bibliotheken der Pädagogischen Hochschulen und der selbständigen wissenschaftlichen Institutionen. Nach einer groben Schätzung lag die Zahl der eigentlichen Regionalbestellungen etwa bei 400. Gemessen am Fernleih-Gesamteingang sind das 5,2%, von den Bestellungen aus der Region 13,5%. Diese Zahlen – die natürlich nur eine Momentaufnahme darstellen – geben der Vermutung Raum, daß eine wesentliche Entlastung des Leihverkehrs der Hochschulbibliotheken der Region durch eine Abtrennung der echten regionalen Literaturversorgung vom Umfang her gesehen nicht zu erwarten ist. Dies bestätigt sich, wenn man der Frage nähertritt, ob und gegebenenfalls in welchem Umfang die außeruniversitäre Komponente der Literaturversorgung in den Hochschulbibliotheken die Versorgung der eigenen Hochschule beeinträchtigt.

Die statistische Aufgliederung einer Stichprobe von 1153 Verliehenfälle an der SUB Göttingen erbrachte folgende Ergebnisse:

Während sich beim Gesamtbestand der entliehenen Bände die Fernleihzahlen zu den Ortsleihzahlen wie 1:2,4 verhielten, entstanden bei den Ortsbestellungen Verliehenfälle in weitaus geringerem Umfang dadurch, daß der gewünschte Band an einen Fernleihbenutzer als an einen Ortsleihbenutzer verliehen war. Hier war nämlich das Verhältnis 1:10. Das bedeutet aber, daß Bestellungen aus der eigenen Hochschule sich in einem unverhältnismäßig größeren Umfang gegenseitig beeinträchtigen, als daß sie durch Fernleihentleihungen beeinträchtigt wurden.

Bei den Fernleihbestellungen ergab sich ein umgekehrtes Bild. Hier entstanden die Verliehenfälle etwa im gleichen Umfang aufgrund der Tatsache, daß der gesuchte Band an einen Fernleihbenutzer verliehen war wie daß er einem Ortsbenutzer ausgehändigt war. Diese Zahlen lassen sich so interpretieren, daß auch die Fernleihbestellungen sich in stärkerem Maße gegenseitig beeinträchtigen, als daß sie durch Entleihungen der eigenen Hochschule beeinträchtigt werden.

Die Verhältnisse bei den Entliehenfällen werden noch deutlicher, wenn man die Fernleihbestellungen aus den Hochschulbibliotheken getrennt von denen aus den übrigen Bibliotheken betrachtet. Eine Auszählung ergab, daß sich der Fernleihverkehr der Hochschulbibliotheken untereinander in besonders starkem Maße gegenseitig beeinträchtigt.

Es ist zu vermuten, daß die gegenseitigen Beeinträchtigungen im universitären Orts- bzw. im interuniversitären Leihverkehr insbesondere durch den „run" der Studenten auf solche ihnen empfohlene Literatur verursacht wird, die an der eigenen Hochschule nicht in genügender Exemplarzahl bzw. gar nicht vorhanden ist. Dies führt dann in erheblichem Umfang zu Mehrfachbestellungen im Orts- bzw. im Fernleihverkehr. Die außeruniversitären Literaturwünsche der echten Regionalversorgung trafen dagegen in den weitaus meisten Fällen auf Literatur, die in den Regalen der Hochschulbibliothek zum Zeitpunkt der Entleihung unbenutzt stand. Es zeigt sich also für den Fall der vorliegenden Erhebung deutlich, daß die echte Regionalversorgung praktisch nicht zu Lasten der Universitätsversorgung ging.

Um Aufklärung darüber zu erhalten, welche Literatur für die echte Regionalversorgung der eigenen Region im Fernleihverkehr gesucht wurde, wurde eine fachliche Gliederung einer entsprechenden Fernleihschein-Stichprobe vorgenommen. Sie ergab ausgesprochene Bedarfsspitzen in den Gebieten Geschichte, Recht, Politik, Pädagogik, Germanistik, Anglistik, Biologie und Medizin. Die übrigen Bereiche – darunter erstaunlicherweise die Schöne Literatur – traten demgegenüber stark zurück. Da die Hochschulbibliotheken – vielleicht abgesehen von der Pädagogik – die obigen Fächer mit Bedarfsspitzen traditionell stark pflegen, nimmt es nicht wunder, daß über 85% der gesuchten Bände als in der Region vorhanden nachgewiesen werden konnten, davon der weitaus überwiegende Teil in Hochschulbibliotheken.

Unter diesen Umständigen ist eine wirksame Verbesserung der Literaturversorgung in der betroffenen Region wohl kaum dadurch zu erreichen, daß man – etwa bei den Landesbibliotheken – noch einmal alle wissenschaftlich relevante deutschsprachige Literatur, und zwar durch alle Fächer hindurch, sammelt. Vielmehr sollten die zur Verfügung gestellten Buchkaufmittel eingesetzt werden, um im Verbund aller Bibliotheken der Region den wirklichen Bedarf zu decken. Um es deutlich zu machen: Es geht hier nicht darum, den Landesbibliotheken die drigend benötigten Finanzmittel, wie sie etwa der Bibliotheksplan vorschlägt, in irgendeiner Form streitig zu machen. Vielmehr wird dafür plädiert, solche Mittel im Bereich dieser Bibliotheken so einzusetzen, daß sie einen sinnvollen Verbund mit den übrigen Bibliotheken bei der Versorgung der Region ermöglichen.

Was ist nun der wirkliche Literaturbedarf einer Region? Er findet seinen unmittelbaren Niederschlag in der Leihverkehrsstatistik dieses Bereichs. Zweckmäßigerweise müßte jedoch die zur Zeit gebräuchliche Form feiner differenziert werden, indem die Leihscheine nach fachlichen und formalen Gruppen (Zeitschriften, Monographien, Gruppierungen von Erscheinungsjahren) gegliedert würden. Eine Orts-Leihscheinstatistik der Region, die in der Eingangsspalte die Bibliotheken aufführt, in der Eingangszeile nach den Wissenschaftsfächern und formalen Gruppen gegliedert ist, gibt in besonders übersichtlicher Weise den örtlichen Bedarf einer Region wieder. Eine entsprechende Statistik der Fernleihscheine gibt einen Überblick über den nicht befriedigten örtlichen Bedarf. Liegt eine so deutliche Gliederung des örtlichen Bedarfs in einer Region vor, so erscheint es gerecht, die Verteilung der Buchkaufmittel an die Bibliotheken nach diesen Bedarfszahlen vorzunehmen. So könnte man etwa der im jeweiligen Fachgebiet am stärksten in Anspruch genommenen Bibliothek diejenigen Mittel zuweisen, die es ihr erlauben, so zu kaufen, daß ein festgelegter Prozentsatz (z. B. 80%) der anfallenden Ortsleihscheine positiv erledigt werden können. Die Kaufmittel der übrigen Bibliotheken könnten dann proportional zu ihrem Leihscheinaufkommen zugeteilt werden. Die über die einzelnen Fächer erstreckte Summe der Mittel ergibt jeweils die gesamten Buchkaufmittel für eine Bibliothek. Auf diese Weise würde jeder Benutzerwunsch in der Region finanziell in gleicher Weise gefördert.

Gliedert man die Fernleihscheine einer Region in entsprechender Weise, nur daß in der Eingangsspalte die regionalen Schwerpunktbibliotheken für die jeweiligen Fächer stehen, so erhält man eine Übersicht über den regionalen Bedarf. Dieser sollte möglichst weitgehend durch die Schwerpunktbibliotheken abgedeckt werden. Die Bemessung der Finanzmittel für diese Aufgabe könnte zweckmäßigerweise ebenfalls nach dem obigen Verfahren erfolgen.

Die genannten Bedarfsstatistiken sind – wie hier nur kurz angedeutet werden soll – auch direkt als mathematische Größen, nämlich Matrizen, interpretierbar, die im vorliegenden Fall als Bedarfsmatrizen einer Region bezeichnet werden könnten. Diese Matrizen sind einer besonders bequemen rechnerischen Handhabung – z. B. auch für Optimierungszwecke – zugänglich.

Solang die benötigten statistischen Unterlagen nicht laufend, wie es etwa beim Ausbau der automatisierten Ausleihverbuchung geschehen könnte, gewonnen werden, müßten in regelmäßigen Abständen manuell erhobene Stichproben die erforderlichen Zahlen liefern. Der Aufwand dafür ist, wie die Erhebung einer solchen Stichprobe am NZK ergab, durchaus vertretbar, zumal die Ergebnisse wichtige Ansätze zum Erkennen des Bedarfs und zur Steuerung der Kaufpolitik liefern. Diese Bedarfsmatrizen würden zudem den sich dynamisch entwickelnden Bedarf in der Region ohne Verzögerung wiederspiegeln und damit eine unmittelbare Reaktion des Kaufs auf diese Entwicklung gestatten. Ein solches Verfahren würde somit die organische Weiterentwicklung des gewachsenen Systems der Literaturversorgung sichern. Es scheint mir in dieser Hinsicht einer mehr planungsschematisch begründeten Zuweisung von Literaturversorgungsaufgaben, wie sie sich z. B. in der Überschreibung der Regionalversorgung an die Landesbibliotheken ausdrückt, überlegen zu sein. Die Mehrfachfunktionalität der Hochschulbibliothek, auch im außeruniversitären Bereich, bliebe, was für eine zweckentsprechende Literaturversorgung aller Benutzer besonders wichtig ist, dann erhalten.

OTWIN VINZENT

Leihverkehr der deutschen Bibliotheken – Anlaß zu Optimismus?

Verfolgte man in den letzten 20 Jahren die Diskussionen um den Leihverkehr der deutschen Bibliotheken, so konnte man feststellen, daß Leihverkehr und Lamentieren eng zusammengehören. Mehr und mehr scheint sich in den deutschen Bibliotheken in Sachen Leihverkehr Resignation breit zu machen[1]. Vor allem sehen sich die deutschen wissenschaftlichen Bibliotheken trotz oder gerade wegen vieler Bibliotheksneugründungen einer ständig steigenden Zahl von Fernleihbestellungen gegenüber, die – so klagt man – den Leihverkehr immer schwerfälliger, die Wartezeiten immer länger, den Unmut der Benutzer immer größer werden lassen und schließlich zum Zusammenbruch des Leihverkehrs führen müssen. Ist dieser Pessimismus wirklich berechtigt?

Umfragen bei Benutzern scheinen das negative Bild des Leihverkehrs zu bestätigen. So wird seitens der Benutzer behauptet, zumindest, wenn man den vorab bekannt gewordenen Ergebnissen der Benutzerforschung, wie sie im Auftrag der Deutschen Forschungsgemeinschaft 1974 unternommen worden war, Glauben schenken darf, daß mehr als 40% aller Bestellungen für eine sinnvolle Benutzung zu spät einträfen. Ein ähnlich trauriges Ergebnis zeigte die Umfrage einer Bibliothekspraktikantin der UB Saarbrücken im Jahre 1975. Hier antworteten 30,4% der befragten Benutzer, daß die Fernleihe zu lange dauere und 43,5% der Benutzer, daß die Literatur zu spät komme[2].

Es steht zu befürchten, daß mit der Verbesserung der Informationsdienste und der Erleichterung ihrer Benutzung (z. B. der neuerdings propagierte kostenlose Zugang zu DIMDI bereits für Doktoranden) die kritischen Stimmen über die Bibliotheken und ihren Leihverkehr erheblich zunehmen werden. Oft wird es uns Bibliothekaren entgegenschallen, daß man Informationen und bibliographische Hinweise in Sekundenschnelle erhält, aber die dazugehörigen Objekte, seien es Zeitschriftenaufsätze oder Monographien, zu deren Vermittlung noch die Bibliotheken eingeschaltet werden müssen, erst nach Wochen und Monaten.

[1] Hartwig Lohse: Rezension des Werkes Jobst Tehnzen und Wilhelm Jacob: Die regionalen Zentralkataloge, die „Negativstelle" und das GAZS. In: Verband der Bibliotheken des Landes Nordrhein-Westfalen. Mitteilungsblatt N. F. 27. 1977, S. 323–326 [Mit einschlägigen Literaturhinweisen].

[2] Hildegard Benninger: Deutscher Leihverkehr und direkter Leihverkehr aus der Sicht von Benutzern und Bibliotheken, Köln 1976, IV, 33, XXII S. [Diplom-Arbeit. Bibliothekar-Lehrinstitut des Landes Nordrhein-Westfalen in Köln]

Tragen wir Bibliothekare nicht noch selbst zu diesem negativen Ansehen bei, wenn wir solche Behauptungen ungeprüft übernehmen? Ist es denn verwunderlich, daß bei der ständig steigenden Zahl von Forschenden, Lehrenden, Lernenden und bei der nahezu unüberschaubar angeschwollenen Literaturflut, bei gleichzeitiger fortwährender Verbesserung der Informations- und Dokumentationsdienste auch die Fernleihbestellungen in die Höhe gehen? Sind nicht die Bestellungen in der Ortsleihe in viel stärkerem Maße gestiegen? Ein Blick in die Betriebsstatistik des Vereins Deutscher Bibliothekare der Jahre 1973 bis 1975[3] verdeutlicht dies, und aus ihr entnehme ich folgende Zahlen:

Tabelle 1:
Orts- und Fernleihbestellungen der Bibliotheken der Bundesrepublik Deutschland

Jahr	Insgesamt	Ortsleihe	% Anteil	Ortsleihe positiv erledigt	% Anteil
1973	9309746	7958080	85,5	6064699	76,2
1974	12032992	10339950	85,9	8509397	82,3
1975	13488353	11751368	87,1	9811742	83,5
Steigerung %	44,9	47,7		61,8	

Jahr	Fernleihe	% Anteil	Fernleihe positiv erledigt	% Anteil	dav. Kopien
1973	1351666	14,5	872748	64,6	502452
1974	1693042	14,1	1123699	66,4	737327
1975	1736985	12,9	1179098	67,9	693637
Steigerung %	28,5		35,1		

In der Statistik wird deutlich, daß die Benutzung der deutschen wissenschaftlichen Bibliotheken innerhalb von 3 Jahren um nahezu 45% gestiegen ist. Es zeigt sich aber auch, daß die Steigerungsrate der Benutzung in erster Linie auf die Ortsleihe zurückzuführen ist, die, setzen wir die Gesamtzahl der Bestellungen gleich 100, von einem Anteil von 85,5% auf 87,1% kletterte, dem ein relativer Rückgang der Fernleihbestellungen von 14,5% auf 12,9% gegenübersteht oder anders ausgedrückt: während die Bestellungen in der Ortsleihe um 47,7% anstiegen, wuchs die Zahl der Fernleihbestellungen im gleichen Zeitraum nur um 28,5%. Aus dieser Statistik läßt sich aber auch ablesen, daß trotz der exorbitan-

[3] Verein Deutscher Bibliothekare e.V. Betriebsstatistik 1973ff. C1.C2.

ten Steigerung der Ausleihzahlen der Anteil der positiv erledigten Bestellungen größer wurde. Konnten 1973 nur 76,2% der Ortsausleihbestellungen positiv erledigt werden, so waren es 1975 bereits 83,5%. Das bedeutet, daß die positiv erledigten Bestellungen innerhalb von drei Jahren um 61,8%, nämlich von rund 6 Mill. auf nahezu 10 Mill. anstiegen, während sich die Anzahl der insgesamt abgegebenen Bestellungen nur um 47,7% von nahezu 8 Mill. auf 11750000 vermehrte. Aber auch bei der Fernleihe – und dies ist erfreulich zu berichten – ging bei einer Zunahme von insgesamt 28,5% im gleichen Zeitraum der Anteil der positiv erledigten Bestellungen um 35,1% in die Höhe. Da es sich bei Fernleihbestellungen in der Regel um spezielle Literatur, sogenannte Spitzenliteratur handelt, muß deren Erfolgsquote naturgemäß niedriger als in der Ortsausleihe liegen. Sie stieg aber auch bei der Fernleihe von 64,6% auf 67,9% im Durchschnitt aller Bibliotheken.

Alles in allem wird hier ein beachtlicher Wille zur Leistungssteigerung der deutschen wissenschaftlichen Bibliotheken sichtbar, und ich meine, es sei an der Zeit, dies auch einmal öffentlich herauszustellen. Die Ursachen dieser positiven Bilanz dürften vielschichtig sein. Einige Faktoren will ich aufzählen, ohne Anspruch auf Vollständigkeit zu erheben. An erster Stelle muß hier die enorme finanzielle Hilfe der Deutschen Forschungsgemeinschaft mit ihrem Beschaffungsprogramm in den SSG-Bibliotheken und zentralen Fachbibliotheken, das auf den Leihverkehr hin konzipiert worden ist, genannt werden. Unter Aufwendung von enormen Mitteln durch die Landesregierungen und mit tatkräftiger Unterstützung der Deutschen Forschungsgemeinschaft wurden 7 regionale Zentralkataloge aufgebaut. Sie stellen das Rückgrat des deutschen Leihverkehrs dar. Parallel hierzu wurden zentrale überregionale Zeitschriftenverzeichnisse wie GAZS, GDZS, GZS u. a. begonnen. Sie stellen erstklassige Steuerungsmöglichkeiten für den Leihverkehr dar. Regionale Zeitschriftenverzeichnisse sind entstanden bzw. entstehen, wie das niedersächsische, das hessische, das baden-württembergische, das bayerische, nicht zu vergessen die Datenbank in Berlin. Daneben sind viele örtliche Zeitschriftenverzeichnisse erarbeitet worden, die uns zeigen, wieviel unausgeschöpfte Möglichkeiten am Ort selbst noch vorhanden sind. Große fachlich ausgerichtete Zentralbibliotheken sind aufgebaut worden. Zeitschriftenverzeichnisse von SSG-Bibliotheken liegen vor bzw. sollen nach den Vorstellungen der DFG erarbeitet werden. Bücherbusse wurden beschafft, die einen beschleunigten Transport innerhalb der Leihverkehrsregionen bewirken sollen. Kopiermöglichkeiten von Zeitschriftenaufsätzen, vor allem spezieller ausländischer Periodika, wurden eröffnet. Mit dem Bibliotheksplan 1973 setzt eine neue Ausrichtung in der Beschaffung vor allem des deutschsprachigen Schrifttums ein, die auf eine größere Autarkie der einzelnen Regionen abzielt und damit ebenfalls zur Verbesserung der Literaturversorgung beitragen soll. Die geringeren Etats des Jahres 1976 und vermutlich auch der kommenden werden diesen Prozeß der koordinierten Beschaffung einer ganzen Leihverkehrsregion noch beschleunigen, ähnlich wie es in Nordrhein-Westfalen bereits geschehen ist. Innerhalb der einzelnen Universitäten bemüht man sich um eine stärkere Koordination der Beschaffung durch Aufbau von Bibliotheks- bzw. Literaturversorgungssystemen, die eine verbesserte Ausnützung der am Ort vorhandenen Literatur bezwecken sollen. Gesamtkataloge schließlich weisen den Buch- und Zeitschriftenbestand aller Einrichtungen einer Hochschule aus.

Kurz erwähnt werden müssen auch die Aktivitäten der jüngsten Zeit: Die Bemühungen um eine Novellierung der Leihverkehrsordnung mit dem Ziel der Verbesserung und Beschleunigung des Leihverkehrs, die groß angelegten Experimente des ISBN-Versuchs in Hessen und die Absicht, ganze Teile des Hessischen Zentralkatalogs mittels Mikrofiches zur schnelleren Auffindung des Titels den beteiligten Bibliotheken zur Verfügung zu stellen. Daneben hat die Arbeitsstelle für das Bibliothekswesen im Auftrag des Deutschen Bibliotheksverbandes die Planung eines überregionalen Verbundkatalogs aller mit ADV arbeitenden Bibliotheken übernommen, während sie für die konventionell erfaßten Bestände Überlegungen zur Erstellung eines deutschen Gesamtkatalogs vorantreibt. Wenn sich der Realisierung gerade dieser beiden Projekte auch noch riesige Schwierigkeiten in den Weg stellen dürften, so zeigt sich dennoch, wie das Bewußtsein um die Notwendigkeit der Verbesserung der Literaturversorgung geschärft worden ist. In diese Aufzählung gehören auch die Bemühungen der Bundesregierung mit ihrem Informations- und Dokumentationsprogramm. Gleichzeitig schreitet die Bildung von 16 Fachinformationszentren (FIZ) voran. Daneben bemüht man sich um die Schaffung von regionalen Bibliotheksrechenzentren, mit deren Hilfe der Aufbau eines überregionalen Literaturnachweis- und Fernbestellungssystems erreicht werden soll. Hierin zeigt sich erneut, daß die Lösung der großen Probleme der Information und Dokumentation eines modernen Staates mit Aussicht auf Erfolg nicht mehr von einzelnen Bibliotheken oder kleineren Ländern, sondern nur noch gemeinsam – man ist versucht zu sagen, weltweit – angegangen und betrieben werden kann.

Meine Aufreihung zeigt – und ich meine, daß wir stolz darauf sein können – wie sehr sich die Leihverkehrslandschaft bereits geändert hat oder in der Änderung begriffen ist.

Doch kehren wir nach diesem Ausflug in Projekte der Zukunft in unsere alltägliche Bibliothekspraxis zurück. Unsere Bemühungen müssen darauf abzielen, die uns bereits konkret vorliegenden Möglichkeiten noch besser als bisher zu nutzen und sie ganz bewußt in die Geschäftsgänge und die tägliche Routine einzubauen. Die innerbetriebliche Ablauforganisation habe ich in einem Referat auf der Arbeitstagung der Hochschulbibliotheken 1975 in Bad Godesberg darzustellen versucht[4]. Vor allem wollte ich dabei zeigen, daß ein schnellerer Bearbeitungsablauf ohne zusätzliches Personal erfolgen kann. Der Geschäftsgang – um es zu wiederholen – muß so organisiert sein, daß arbeitsteilige Vorgänge von mehreren Mitarbeitern parallel ausgeführt und dadurch längere Liege- bzw. Wartezeiten vermieden werden. Es muß jedem Mitarbeiter klar gemacht werden, was seine Arbeit für den reibungslosen und schnellen Erledigungsvorgang bedeutet. Die oben aufgezeigten Lenkungsmöglichkeiten durch Kataloge und Verzeichnisse nützen beispielsweise wenig, wenn sie bei der täglichen Arbeit nicht beachtet werden. Daraus folgt, daß die Informationen und Instruktionen z. B. über neue Zeitschriftenverzeichnisse verbessert werden müssen, daß sie den Signierkräften und den Fernleihbearbeitern vorgestellt werden müssen, daß ihre Benutzung erklärt werden muß. Sie dürfen nicht stillschweigend in die Regale gestellt werden, weil sonst die Gefahr besteht, daß sie übersehen werden. Aufgabe des Signierdienstes ist es nicht mehr nur, die abgegebenen Bestellungen bibliographisch nachzuweisen, sondern sie in der zutreffenden Bibliographie zu ermitteln, die gleichzeitig eine Lenkung des Leihwunsches ermöglicht. Hierbei sind die bequemsten Bibliographien nicht immer die besten. Vor allem bei Bibliographien von Zeitschriften muß jeder Signierkraft klar sein, wie wichtig das zutreffende Verzeichnis für eine schnelle Fernleiherledigung ist. Was die Klaviatur für den Pianisten ist, muß für den Signierer die Kenntnis der einschlägigen Bibliographien und Zeitschriftenverzeichnisse sein. So hängt also die Lenkung des Leihverkehrs vielfach von der Qualität der Signierkraft ab. Ihr und nicht nur dem Signierchef oder dem Leiter der Fernleihe müssen die Regeln des Leihverkehrs, die Sammelschwerpunkte der Bibliotheken bekannt sein, wenn das Ergebnis ihrer Arbeit optimal sein soll. Ob Praktikanten, also Berufsanfänger, die von den Bibliotheken gern für diese Arbeiten eingesetzt werden, die geeignetsten Kräfte für das Signiergeschäft sind, sei zumindest als kritische Frage erlaubt. Hier liegt noch ein weites Feld beruflicher und unmittelbar wirksamer Fort- und Weiterbildung vor uns.

Wieviel sich hier mit relativ geringen Mitteln noch verbessern ließe, zeigt die Beobachtung der täglich bei der UB Saarbrücken einlaufenden Fernleihbestellungen. Unser Verzeichnis psychologischer Zeitschriften z. B., das bereits in dritter Auflage vorliegt und mehr als 500 einschlägige Zeitschriften mit ihrem Bestand ausweist, wird leider nur von wenigen Bibliotheken genutzt. Es kann immer wieder festgestellt werden, daß im GAZS gefundene Bestellungen auf Zeitschriften trotz Sigelangaben und einschlägiger Besitznachweise erst an Zentralkataloge geschickt werden. Die Staatsbibliothek ihrerseits klagt darüber, daß

[4] Otwin Vinzent: Organisationsmodell für den Leihverkehr in wissenschaftlichen Universalbibliotheken. In: Zeitschrift für Bibliothekswesen und Bibliographie. 23. 1976, S. 87–93

vielfach nicht einmal das GAZS richtig ausgeschöpft wird, aber auch andere Fakten scheinen den Fernleihstellen vielfach unbekannt zu sein, z. B. die Behandlung von Reportliteratur oder die seit Jahren von der DFG ermöglichte Beschaffung amerikanischer Dissertationen, die in den Dissertation Abstracts nachgewiesen sind. Oft finden sich auf Fernleihscheinen viele unnütze Besitznachweise, manchmal mehr als 20, darunter auch noch Institutssigel. Was sich allein dahinter für eine unnütze Arbeit versteckt! Die Liste ließe sich beliebig verlängern.

Um aber meine Überschrift noch weiter zu rechtfertigen und darzutun, daß der Leihverkehr zumindest unserer Region im ganzen besser ist als sein Ruf, habe ich aus den Betriebsjahren 1975, 1976 und 1977 der Universitätsbibliothek Saarbrücken jeweils mehrere hundert unmittelbar nacheinander aufgegebene Bestellungen von Benutzern der Universitätsbibliothek Saarbrücken auf ihre Laufzeiten überprüft. Erfaßt wurden jeweils alle innerhalb von 14 Tagen angefallenen Bestellungen. Dies wurde anhand von Unterlagen möglich, denn jeder Benutzer der Universitätsbibliothek Saarbrücken muß, wenn er eine Fernleihbestellung aufgeben will, einen weißen besonderen Leihschein als Fernleihauftrag ausfüllen. Dieser Bestellzettel wird bei Abgabe von der Auskunftskraft des Katalogsaals mit dem jeweiligen Tagesstempel versehen. Nachdem er dem jeweils zuständigen Fachreferenten nach Erledigung durch den Signierdienst zwecks Beschaffung oder Lückenergänzung vorgelegt worden war, erhält er in der Fernleihe neben dem Stempel des Absendetages die Angabe des Zielortes, entweder Zentralkatalog oder das Sigel einer Bibliothek bei Direktbestellung. Nach Erledigung der Bestellung wird der Ankunftstag des Bandes bzw. der Kopie vermerkt und alle näheren Einzelheiten aufgetragen, wie verkürzte Leihfrist, Benutzung nur in den Räumen der Bibliothek, Wertpaket u. a. Natürlich wird auch das Rücksendedatum vermerkt. Diese Unterlagen werden aufbewahrt, und aus ihnen lassen sich nun die Laufzeiten genau ablesen. Dabei konnte festgestellt werden, daß von ganz wenigen Fällen abgesehen, das Datum der Abgabe des Bestellzettels durch den Benutzer nur jeweils einen Arbeitstag vor dem Versandtag durch die Fernleihe lag. Der Weg der Bestellung ließ sich jedoch nur in den Fällen mit Sicherheit verfolgen, in denen die angeschriebene Bibliothek auch Lieferantin von Buch oder Kopie war. Nicht feststellen ließ sich leider das Datum der ersten Benutzung. Da aber in Saarbrücken von denjenigen Benutzern, die nicht regelmäßig zur Universitätsbibliothek kommen, bei der Abgabe einer Bestellung gleichzeitig eine Benachrichtigungskarte durch den Benutzer selbst ausgefüllt wird, dürfte die erste Benutzung meist ein, allenfalls zwei Tage nach Eintreffen des Buches oder der Kopie erfolgt sein. Macht sich der Benutzer nicht unmittelbar nach dem Erhalt der Benachrichtigungskarte zur UB auf, ist es in der Regel sein eigenes Verschulden, wenn er, falls die Bibliothek den Leihwunsch innerhalb einer erträglichen Frist erfüllt hat, das Objekt nicht fristgerecht in Händen hält. Auch bei Bestellungen, die die UB Saarbrücken an den für sie zuständigen Zentralkatalog Baden-Württemberg gerichtet hat – selbst wenn sie von Bibliotheken der eigenen Region erledigt werden – läßt sich nicht immer mit Bestimmtheit feststellen, ob die zuerst angegangene Bibliothek die Bestellung erledigen konnte. Dies darf in der Regel wohl angenommen werden. Bei Weiterleitung an andere Zentralkataloge und Erledigung durch Bibliotheken anderer Regionen läßt sich der Weg des Bestellscheins nicht verfolgen. Nicht einmal die Anzahl der hierbei durchlaufenden Stationen läßt sich mit Bestimmtheit ausmachen. Sie hat aber einen großen Einfluß auf die Laufzeiten. Dies gilt auch für Bestellungen, die die UB Saarbrücken an andere Bibliotheken direkt oder an das GAZS bei der Staatsbibliothek Preußischer Kulturbesitz direkt gerichtet hat und die von den angegangenen Stellen nicht selbst erledigt werden konnten.

Die Bestellzettel ließen sich in 7 nachstehend aufgeführten Gruppen gliedern, die den Tabellen 2 bis 5 zugrundegelegt wurden:

1. Direktbestellungen an Bibliotheken der eigenen Region, die von der angegangenen Bibliothek unmittelbar erledigt wurden,

2. Direktbestellungen an Bibliotheken anderer Regionen, die unmittelbar von der jeweiligen Bibliothek erledigt wurden,

3. Direktbestellungen an die Staatsbibliothek Preußischer Kulturbesitz, die von ihr selbst erledigt wurden,

4. Bestellungen an den Zentralkatalog unserer Region, die von einer Bibliothek unserer Region erledigt wurden,

5. Bestellungen an den Zentralkatalog unserer Region, die von Bibliotheken anderer Regionen erledigt wurden,

6. Bestellungen an die Staatsbibliothek Preußischer Kulturbesitz, die von anderen Bibliotheken erledigt wurden,

7. Bestellungen, die direkt an Bibliotheken gerichtet, aber von anderen Bibliotheken erledigt wurden.

Unter Beachtung dieser Gruppierung ergab sich aus den drei Betriebsjahren der UB Saarbrücken folgende Statistik:

Tabelle 2:
Bestellungen der UB Saarbrücken

Die Bestellungen waren gerichtet an:

	1975	%	1976	%	1977	%	insges.	%
1. Bibliothek der Region direkt und erledigt	56	9,8	62	13,5	93	12,7	211	12,0
2. Bibliothek anderer Regionen direkt und erledigt	84	14,7	52	11,4	132	18,0	268	15,2
3. 1a direkt und erledigt	14	2,4	13	2,8	25	3,4	52	3,0
4. ZK, von Bibliothek der Region erledigt	243	42,6	190	41,5	261	35,7	694	39,4
5. ZK, von Bibliothek anderer Regionen erledigt	137	24,0	115	25,1	162	22,1	414	23,5
6. 1a, von anderen Bibliotheken erledigt	25	4,4	9	2,0	26	3,6	60	3,4
7. Bibliothek direkt, von anderen Bibliotheken erledigt	12	2,1	17	3,7	33	4,5	62	3,5
insgesamt	571	100,0	458	100,0	732	100,0	1 761	100,0

Tabelle 2.1:
Bestellungen der UB Saarbrücken, getrennt nach an ZK gerichtete Bestellungen und Direktbestellungen

	1975	%	1976	%	1977	%	insges.	%
an ZK gerichtete Bestellungen	380	66,6	305	66,6	423	57,8	1 108	62,9
Direktbestellungen	191	33,4	153	33,4	309	42,2	653	37,1
	571		458		732		1 761	

Es zeigt sich, daß die Fernleihstelle der UB Saarbrücken nur in geringem Maße (37,1 % aller Fälle) von der Möglichkeit der Direktbestellung Gebrauch macht. Die Masse der Bestellungen geht über den Zentralkatalog, im Schnitt 62,9 %. Aus den nur geringfügig schwankenden prozentualen Anteilen wird deutlich, daß die Fernleihstelle der UB Saarbrücken die Bestellungen nach gleichbleibenden Prinzipien verschickt hat. Erst 1977 zeichnen sich verstärkt Direktbestellungen ab.

Wie verhält es sich aber mit den Laufzeiten der von uns aufgegebenen Bestellungen? Sie zu ermitteln, wurde die Dauer jeder Bestellung nach Arbeitstagen erfaßt und die Gesamtzahl der Arbeitstage durch die Anzahl der erledigten Bestellungen dividiert (s. Tabelle 3). Die Einteilung nach den o. a. Gruppen wurde hierbei beibehalten, so daß für jede Gruppe getrennt die Ermittlung von durchschnittlichen Laufzeiten möglich war. Wie zu vermuten war, ergeben sich hier in den einzelnen Gruppen weit auseinanderliegende Werte.

Die Fernleihstelle der UB Saarbrücken ist gut beraten, wenn sie aus diesen Ergebnissen Konsequenzen für die Steuerung ihrer Bestellungen zieht. Direktbestellungen an Bibliotheken der Region, die von diesen positiv erledigt worden waren, wurden weitaus am schnellsten, nämlich durchschnittlich innerhalb von 7,2 Arbeitstagen erledigt. Was uns erstaunte, war die Feststellung, daß die über den Zentralkatalog Baden-Württemberg geschickten und von Bibliotheken der Region erledigten Bestellungen nur wenig länger, nämlich 9,2 Arbeitstage im Schnitt benötigten, während Bestellungen, die an Bibliotheken anderer Regionen direkt gerichtet und von diesen selbst erledigt worden waren, ungleich länger, nämlich 13,1 Arbeitstage brauchten. Dieses Ergebnis ließ sich in allen drei Jahren feststellen. Deshalb möchte ich nicht versäumen, der Leitung und allen Mitarbeiterinnen und Mitarbeitern des Zentralkatalogs Baden-Württemberg, aber auch allen beteiligten Bibliotheken meine Hochachtung für diese Leistung auszusprechen. Mit dankbarem Erstaunen ließ sich auch registrieren, daß Bestellungen, die wir an die Staatsbibliothek Preußischer Kulturbesitz gerichtet haben, im Jahre 1976 nur noch 10,7 Tage brauchten und 1977 bereits innerhalb von durchschnittlich 8,5 Arbeitstagen erledigt werden, während sie 1975 noch 25,2 Tage im Schnitt benötigten; ebenso dankbar sollten es alle deutschen Bibliotheken begrüßen, daß es der Staatsbibliothek Preußischer Kulturbesitz offensichtlich auch gelungen ist, den Durchlauf von Bestellungen über das GAZS erheblich zu beschleunigen. Bei Bestellungen, die über das GAZS an andere Bibliotheken zur Erledigung gelangt waren, mußten 1975 noch 34,5 Tage, also fast 7 Wochen im Schnitt, gerechnet werden. 1976 waren solche Bestellungen durchschnittlich bereits nach 14,0 und 1977 nach 20,7 Tagen positiv erledigt. Keine Erklärung weiß ich mir für die Feststellung, daß Direktbestellungen an Bibliotheken anderer Regionen einen Durchschnitt von 13,1 Tagen aufweisen. Sollten

Tabelle 3:
Durchschnittliche Dauer der Bestellungen

Die Bestellungen waren gerichtet an:	1975	Tage	Ø	1976	Tage	Ø	1977	Tage	Ø	insges.	Tage	Ø	%
1. Bibl. d. Reg. dir. u. erl.	56	459	8,2	62	453	7,3	93	598	6,4	211	1510	7,2	12,0
2. Bibl. anderer Reg. dir. u. erl.	84	1203	14,3	52	675	13,0	132	1632	12,4	268	3510	13,1	15,2
3. 1a dir. u. erledigt	14	353	25,2	13	139	10,7	25	212	8,5	52	704	13,5	3,0
4. ZK, v. Reg. erl.	243	2175	9,0	190	1741	9,2	261	2500	9,6	694	6416	9,2	39,4
5. ZK, v. Bibl. and. Reg. erl.	137	3626	26,5	115	2487	21,6	162	4045	25,0	414	10158	24,5	23,5
6. 1a, v. anderen Bibl. erl.	25	862	34,5	9	126	14,0	26	539	20,7	60	1527	25,5	3,4
7. Bibl. dir., v. anderen erl.	12	266	22,2	17	292	17,2	33	681	20,6	62	1239	20,0	3,5
insgesamt	571	8944	15,7	458	5913	12,9	732	10207	13,9	1761	25064	14,2	100,0

Tabelle 3.1:
Anteil der Region an den positiv erledigten Bestellungen der UB Saarbrücken

	1975		1976		1977		Insgesamt	
	Anzahl	%	Anzahl	%	Anzahl	%	Anzahl	%
Region	299	52,4	252	55,0	354	48,4	905	51,4
Nicht-Region	272	47,6	206	45,0	378	51,6	856	48,6
	571	100,0	458	100,0	732	100,0	1761	100,0

die Bibliotheken der eigenen Region generell bevorzugt behandelt werden, oder sind diese relativ schnellen Erledigungszeiten nur in unserer Region üblich und möglich? Die von Herrn Plassmann[5] im Zusammenhang mit dem Datex-Projekt genannten Durchschnittszahlen in Nordrhein-Westfalen bei herkömmlichem

Tabelle 4.1:
Laufzeiten von Bestellungen der UB Saarbrücken, die 1975 bis 1977 an Bibliotheken der Region des ZK Baden-Württemberg direkt gerichtet und von diesen positiv erledigt worden waren.

Dauer in Tagen	Anzahl der Bestellungen	davon Kopien
3	4	3
4	22	15
5	56	36
6	58	42
7	20	13
8	12	9
9	14	13
10	5	5
11	3	3
12	3	1
13	4	1
14	1	1
15	1	1
19	1	1
23	1	1
24	2	2
27	1	1
28	2	2
47	1	–
insgesamt:	211	150 = 71,1%

[5] Engelbert Plassmann: Jahresbericht 1975 des Hochschulbibliothekszentrums des Landes Nordrhein-Westfalen. In: Verband der Bibliotheken des Landes Nordrhein-Westfalen. Mitteilungsblatt N. F. 26. 1976, S. 282: „Die Laufzeiterhebung, die von den DATEX-Teilnehmern und der Universitätsbibliothek Bonn im Vorjahr begonnen worden war, wurde abgeschlossen. Die Ergebnisse einer ersten Auswertung konnten in den Abschlußbericht einbezogen werden, die die Laufzeitverkürzung durch den Einsatz des Fernschreibers auf durchschnittlich weniger als die Hälfte der Zeit des herkömmlichen Leihverkehrs – von 25 auf 12 Tage – spezifizieren."

Tabelle 2:

Laufzeiten von Bestellungen der UB Saarbrücken, die 1975 bis 1977 an Bibliotheken anderer Regionen direkt gerichtet und von diesen positiv erledigt worden waren.

Dauer in Tagen	Anzahl der Bestellungen	davon Kopien
4	3	3
5	8	7
6	19	13
7	20	19
8	23	20
9	25	23
10	26	20
11	29	17
12	29	23
13	13	11
14	9	7
15	7	7
16	6	3
17	8	5
18	3	2
19	4	2
20	7	5
21	2	2
22	1	1
23	2	1
24	1	1
25	3	3
26	3	1
29	1	1
31	2	2
32	1	1
33	2	1
34	2	2
38	2	1
39	1	1
40	1	1
48	1	1
50	3	–
69	1	1
insgesamt:	268	208 = 77,6%

Tabelle 4.3:

Laufzeiten von Bestellungen der UB Saarbrücken, die 1975 bis 1977 über den ZK Baden-Württemberg geleitet und von Bibliotheken der Region positiv erledigt wurden.

Dauer in Tagen	Anzahl der Bestellungen	davon Kopien
4	2	–
5	16	5
6	87	15
7	132	24
8	164	21
9	111	24
10	56	18
11	34	12
12	22	11
13	16	6
14	19	5
15	11	1
16	2	–
17	4	
18	2	
19	1	
20	1	
21	1	
22	1	
23	4	
27	2	
40	1	
42	1	
50	1	
56	1	
65	1	
74	1	
insgesamt:	694	142 = 20,5%

Leihverkehr von 25 Tagen im Schnitt könnten darauf hindeuten. Einen statistisch abgesicherten bzw. experimentell festgestellten Wert scheint er hierfür allerdings nicht anzuführen.

Vielleicht läßt sich eine ähnliche Untersuchung, wie sie von mir durchgeführt wurde, in einer anderen Region wiederholen, um die mir vorliegenden Ergebnisse zu bestätigen oder zu korrigieren. Fest steht jedenfalls, daß Bestellungen, die von der Region erledigt werden konnten (s. Tabelle 3.1) bei einem Anteil von 51,4% in durchschnittlich 8,8 Tagen erledigt werden konnten, während die übrigen 48,6% durchschnittlich 20,0 Tage brauchten. Damit wird sogar das Ergebnis des DATEX-Projektes erheblich unterschritten.

Erwähnen möchte ich auch, daß die hier vorgestellten Mittelwerte nicht unter Ausschluß der jeweiligen Extremwerte, seien es positive oder negative, zustandegekommen sind. Deshalb schien es mir interessant, nicht nur die durchschnittlichen Werte der Laufzeiten vorzulegen, sondern auch die Erfolgsquoten und Laufzeiten sowohl nach Tagen (s. Tabellen 4.1, 4.2, 4.3) als auch verkürzt nach Wochen (s. Tabellen 5.1, 5.2, 5.3) zu verzeichnen.

Aus Gründen der Übersichtlichkeit wurden allerdings nach Tagen nur die Direktbestellungen aufgeschlüsselt. Die hohen Extremwerte betreffen wie ersichtlich in jedem Fall nur einzelne wenige Objekte. Die Vermutung liegt nahe, daß die Bestellung nicht ausgeführt werden konnte, weil das Werk entweder verliehen war oder sich beim Buchbinder befand. Diese Umstände leuchten den meisten Benutzern, wenn man sie ihnen erklärt, ein, zumal sie von der Ortsausleihe daran gewöhnt sind, nicht alle Werke sofort zu erhalten, weil auch dort mit ausgeliehenen Werken gerechnet werden muß. Rechtzeitiges Disponieren bei der Aufgabe von Fernleihbestellungen, wie es von Herrn Limburg[6] gefordert wurde, ist nachdrücklich zu unterstreichen. Für die bestellende Bibliothek könnte es hilfreich sein, wenn in solchen Fällen mit den entsprechenden Angaben der Leihschein zurückgeschickt würde. Denkbar ist natürlich auch, daß der Bestellzettel bis zur Erledigung mehrere Bibliotheken der Region durchlaufen mußte. In jedem Falle läßt sich in den letzten drei Jahren ein beachtliches Bemühen um eine schnellere Erledigung konstatieren.

[6] Hans Limburg: Vergessene Präliminarien. Zur überregionalen Literaturversorgung. In: Verband der Bibliotheken des Landes Nordrhein-Westfalen. Mitteilungsblatt. N.F. 26. 1976, S. 312f.

Tabelle 5.1:
Laufzeiten der positiv erledigten Bestellungen 1975

Die Bestellungen waren gerichtet an:	Erledigt nach 1 Woche	nach 2 Wochen	nach 3 Wochen	nach 4 Wochen	nach 5 Wochen	nach 6 Wochen	nach 7 Wochen und mehr
1. Bibl. der Region direkt u. erledigt	18	46	51	52	54	56	56
2. ZK u. v. Biblioth. der Region erledigt	10	200	239	241	243	243	243
3. Bibl. anderer Reg. direkt u. erledigt	4	34	58	72	77	79	84
4. 1a direkt u. v. 1a erledigt	–	1	4	5	7	9	14
5. ZK, aber v. anderen Regionen erledigt	1	6	25	60	83	104	137
6. 1a, v. anderen Bibl. erledigt	–	–	–	3	7	14	25
7. Bibl. direkt u. v. anderen Bibl. erledigt	–	3	4	7	9	9	12
insgesamt	33	290	381	440	480	514	571
%	5,8	50,8	66,7	77,1	84,1	90,0	100

Tabelle 5.2:
Laufzeiten der positiv erledigten Bestellungen 1976

Die Bestellungen waren gerichtet an:	Erledigt nach 1 Woche	nach 2 Wochen	nach 3 Wochen	nach 4 Wochen	nach 5 Wochen	nach 6 Wochen	nach 7 Wochen und mehr
1. Bibl. d. Reg. dir. u. erledigt	26	56	61	61	61	61	62
2. ZK u. v. Reg. erledigt	4	157	179	184	188	189	190
3. Bibl. anderer Regionen direkt u. erl.	1	23	40	46	47	48	52
4. 1a direkt u. v. 1a erledigt	–	7	13	13	13	13	13
5. ZK, v. Bibl. anderer Regionen erl.	–	5	49	72	85	97	115
6. 1a, v. anderen Bibl. erledigt	–	3	6	8	9	9	9
7. Bibl. direkt, v. anderen Bibl. erl.	–	3	9	13	15	16	17
insgesamt	31	254	356	397	418	433	458
%	6,8	55,5	77,7	86,7	91,3	94,5	100

Tabelle 5.3:
Laufzeiten der positiv erledigten Bestellungen 1977

Die Bestellungen waren gerichtet an:	Erledigt nach 1 Woche	nach 2 Wochen	nach 3 Wochen	nach 4 Wochen	nach 5 Wochen	nach 6 Wochen	nach 7 Wochen u. mehr
1. Bibl. der Region direkt und erledigt	38	89	91	91	92	93	93
2. ZK u. v. Bibl. d. Region erledigt	4	211	252	255	255	256	261
3. Bibl. anderer Reg. direkt u. erledigt	6	67	113	121	124	125	132
4. 1a direkt u. v. 1a erledigt	–	23	24	24	24	25	25
5. ZK, v. Bibl. anderer Regionen erledigt	–	10	58	88	108	124	162
6. 1a, v. anderen Bibl. erledigt	–	7	10	10	16	25	26
7. Bibl. direkt, v. anderen Bibl. erledigt	–	7	18	24	24	27	33
insgesamt	48	414	566	613	643	675	732
%	6,6	56,6	77,3	83,7	87,8	92,2	

Begnügt man sich mit der nach Wochen zählenden Statistik, läßt sich feststellen, daß nach einer Woche hauptsächlich dank der Region und ihres Zentralkatalogs 1975 5,8%, 1976 6,8% und 1977 6,6% aller Bestellungen erledigt sind. Nach 2 Wochen sind es 1975 50,8%, 1976 55,5% und 1977 56,6%. Nach 3 Wochen sind es 1975 66,7%, 1976 77,7% und 1977 77,3%, nach 4 Wochen immerhin 1975 77,1%, 1976 86,7% und 1977 83,7%. Nach 5 Wochen sind es dann 1975 84,1%, 1976 91,3% und 1977 87,8%. Diese Durchschnittszahlen können nicht darüber hinwegtäuschen, daß die an Bibliotheken der Region direkt gerichteten Bestellungen, soweit sie von diesen Bibliotheken selbst erledigt werden konnten, innerhalb von 2 Wochen nahezu 100%ig erledigt wurden. Die über unseren ZK an Bibliotheken der Region gegangenen und von diesen erledigten Bestellungen sowie die Bestellungen an Bibliotheken anderer Regionen und 1a – soweit sie von diesen selbst erfüllt werden konnten – sind nach 3 Wochen nahezu restlos abgewickelt.

Diese Zahlen verweisen die meisten kritischen Äußerungen, wie wir sie auch in Saarbrücken erfahren haben, in den Bereich der Emotion. Allerdings müssen wir erkennen, daß Benutzer, die einmal schlechte Erfahrungen mit einer Fernleihbestellung gemacht haben, diese Erfahrung sehr schnell auf andere Bestellungen übertragen und daß sich so eine Negativhaltung des Benutzers seiner UB gegenüber ausbreitet. Diese defätistische Einstellung des Benutzers kann nur dadurch aufgehoben werden, daß alle am Leihverkehr beteiligten Personen – Benutzer eingeschlossen – ihr Möglichstes zum reibungslosen Ablauf tun. Darunter verstehe ich rechtzeitges Disponieren und größtmögliche Genauigkeit bei der Abgabe der Bestellung durch den Benutzer selbst, größtmögliche Sorgfalt und Schnelligkeit in der Bearbeitung durch Zentralkataloge und Bibliotheken. Zur Klimaverbesserung zwischen Bibliothek und Benutzer könnten sowohl Gespräche und Beratungen, wie sie zuletzt von Werner Krieg[7] bei Abgabe der Bestellungen gefordert wurden, als auch Erklärungen bei verspätetem Eintreffen – soweit aus dem Leihschein Gründe der Verspätung erkenntlich werden – beitragen. Man sage mir nicht, die täglich auf uns einströmenden Besuchermassen erlauben eine solche individuelle Kontaktaufnahme nicht. Ich weiß sehr wohl, daß solche Gespräche nicht in jedem einzelnen Fall möglich sind, doch wer als Bibliothekar den Kontakt zum Benutzer sucht, dem werden auch Mittel und Wege hierzu einfallen. Aus der gemeinsamen Interessenlage wird sich dann wiederum eine Objektivierung der Beziehungen herausbilden, die dort Lob spendet, wo es verdient wird, und Tadel dort austeilt, wo er angebracht ist.

Ich meine, daß sich die oben wiedergegebenen statistischen Werte durchaus sehen lassen können und daß sie deshalb auch den Benutzern nahegebracht wer-

[7] Werner Krieg: Zum „Nulltarif" im auswärtigen Leihverkehr. In: Verband der Bibliotheken des Landes Nordrhein-Westfalen. Mitteilungsblatt. N. F. 25. 1975. S. 363–365.

den sollen, wenn wir uns auch nicht mit ihnen zufriedengeben dürfen und immer weiter um die Verbesserung des Leihverkehrs bemüht bleiben müssen. Es zeigt sich bei meiner Untersuchung, daß auch in absoluten Zahlen trotz der vielen Möglichkeiten von entschuldbaren und unentschuldbaren Verzögerungen und Mängeln der Leihverkehr der deutschen Bibliotheken ein brauchbares Instrument der Literaturversorgung der Bundesrepublik Deutschland ist, das – wird es richtig und zur rechten Zeit eingesetzt – noch lange nicht überholt sein wird.

Es zeigt sich aber auch, daß Verbesserungen im Leihverkehr durchaus möglich sind, und daß sich unsere Auskunfts-, Signier- und Fernleihkräfte keineswegs entmutigen lassen müssen. Deshalb kann ich auch mit Überzeugung die in der Überschrift aufgeworfene Frage bejahen.

HARTMUT MÜLLER*

Aspekte der Entwicklung von Programmen zur Benutzerschulung in Universitätsbibliotheken

1. Allgemeine Konzeption von Schulungsprogrammen

Für wissenschaftliche Bibliotheken, insbesondere für Universitätsbibliotheken, ist es zwar Tradition, Hinweise und Hilfen zur Benutzung ihrer umfangreichen Bestände zur Verfügung zu stellen[1]. Aber erst auf dem Hintergrund des immensen Anstiegs von und der vermehrten Nachfrage nach Literatur sowie der damit verbundenen differenzierteren und komplizierteren Struktur von Nutzungsmöglichkeiten hat die Aufgabe der qualifizierten Schulung der Benutzer von Universitätsbibliotheken größere Beachtung gefunden. Diese richtet sich vor allem an die Studenten, von denen es nur einem verhältnismäßig kleinen Kreis gelingt – häufig auf der Basis selbständig gewonnener Kenntnisse – die von den Universitätsbibliotheken angebotenen Leistungen auszuschöpfen. Bei der Mehrzahl der studentischen Benutzer verhindert die komplexe Struktur der Universitätsbibliotheken einen mehr als nur oberflächlichen Zugang zu den vorhandenen Beständen. Darüberhinaus besteht noch ein erhebliches Potential von Studenten, die die Universitätsbibliotheken überhaupt nicht benutzen[2].

Damit sind bereits die wichtigsten Zielgruppen der Benutzerschulung in Universitätsbibliotheken benannt: Erstbenutzer, fortgeschrittene Benutzer und Nichtbenutzer[3]. Den Hauptanteil dieser Zielgruppen bilden, wie gesagt, die Studenten, die je nach Fachrichtung ihre unterschiedlichen Informationsinteressen und Literaturwünsche zu verschiedenen, durch den Studienverlauf bestimmten Zeitpunkten verwirklichen wollen[4]. Bibliotheksbenutzung ist meist eine unmittelbare Funktion der sich im Studienverlauf stellenden Aufgaben. Die Unterweisung in die Benutzung, d. h. die Benutzerschulung sollte sich daran

* Der Verfasser ist Projektleiter eines von der Deutschen Forschungsgemeinschaft geförderten Projekts zur Benutzerschulung. Die im Verlauf dieses Projekts erarbeiteten Untersuchungsergebnisse sollen in nächster Zeit veröffentlicht werden. Sie können daher hier nur am Rande berücksichtigt werden.

[1] Egbert Haase: Benutzungshilfen an deutschen Hochschulbibliotheken. Hausarbeit BLI NRW. Köln 1971, S. 5f.

[2] s. z. B. John Lubans Jr.: Nonuse of an Academic Library. In College and Research Library. 32. 1971, S. 362–67.

[3] Aufgrund nicht ausreichenden Untersuchungsmaterials bleiben die Nichtbenutzer im folgenden unberücksichtigt.

[4] s. die Ergebnisse des Benutzerforschungsprojekts I der Deutschen Forschungsgemeinschaft.

orientieren, zumal es unter den verschärften Studienbedingungen für die Mehrzahl der Studenten kaum möglich ist, über die aktuellen Erfordernisse des Studiums hinaus weitergehende Interessen zu verfolgen. Wenn auch Bibliotheksbenutzung schon immer als mehr arbeitstechnisches Hilfsmittel angesehen wurde, so wird demgegenüber mit der fortschreitenden Verschulung des Studiums der Gesichtspunkt der Forschung mittels der Bestände von Universitätsbibliotheken weiter zurückgedrängt. Für die Bibliothekare hat das zur Konsequenz, weit umfangreicher als bisher Dienstleistungen in Form von Programmen zur Benutzerschulung anzubieten, die sowohl eine rationelle und effektive Inanspruchnahme der Benutzungseinrichtungen ermöglichen als auch den Zugang zu den Beständen erleichtern.

Das erfordert zwangsläufig einen erhöhten Mitteleinsatz für Schulungsprogramme. Für den Benutzer muß es als nicht besonders sinnvoll erscheinen, wenn für seine Zwecke mit relativ hohem Personal- und Kostenaufwand die Bibliotheksbestände ständig erweitert werden, und andererseits nur geringe Mittel für deren Präsentation zur Verfügung stehen. Die notwendige quantitative Entwicklung des Schulungsangebots ist aber ohne eine wesentliche qualitative Veränderung der vorhandenen Programme nicht denkbar. Die Problematik der bestehenden Schulungskonzepte in Universitätsbibliotheken der Bundesrepublik Deutschland ist der weitgehende Mangel an didaktischen Grundlagen. Die allgemein üblichen Methoden für die Gestaltung von Unterrichtsprozessen kommen nur vereinzelt zur Anwendung. Das bezieht sich sowohl auf die Makrostruktur der Schulung in den Universitätsbibliotheken als auch auf die Mikrostruktur der dabei verwendeten Schulungsformen.

Die Makrostruktur weist darauf hin, wie das Schulungsprogramm einer Universitätsbibliothek hinsichtlich der vorhandenen Zielgruppen differenziert ist. Differenzierung hat zum Ziel, die spezifischen Eigenschaften und Erwartungen dieser Zielgruppen zu berücksichtigen und die Lernangebote entsprechend anzupassen[5]. Eine solche Differenzierung findet aber kaum statt. Zum einen sind die im Rahmen des DFG-Projekts Benutzerschulung untersuchten Schulungsprogramme in fast allen Fällen für Studenten der ersten Semester bestimmt; andere Zielgruppen finden nur vereinzelt Berücksichtigung bzw. werden einfach unter die Erstsemester subsummiert. Zum anderen übersteigen die Anforderungen an die Schulungsteilnehmer deren Leistungsfähigkeit, da ihnen in zu kurzer Zeit und mit unvollkommener didaktischer Aufbereitung eine zu große Informationsmenge vermittelt werden soll. Auch sind die Komponenten der Programme (Führung, gedruckte und AV-Materialien etc.) zu wenig aufeinander bezogen und ergänzen sich kaum.

[5] Arnold Fröhlich: Die auditiven, visuellen und audiovisuellen Unterrichtsmittel. Basel 1974, S. 16.

Folgt man jedoch der oben angegebenen Unterteilung der Benutzer einer Universitätsbibliothek in Erstbenutzer und fortgeschrittene Benutzer, so lassen sich genauere Ansätze für eine Differenzierung von Schulungsprogrammen finden.

Erstbenutzer: Das sind vor allem Studenten der ersten Semester, die je nach Fachrichtung mehr oder weniger begrenzte Literaturwünsche haben (Grundlagenliteratur, Lehrbücher). Sie verfügen nur über geringe Vorkenntnisse in der Benutzung wissenschaftlicher Bibliotheken und sind für eine Schulung nicht sehr motiviert. Für sie ist es zunächst wichtig, grundlegende Bibliothekskenntnisse zu erwerben (Ausleihverfahren, Lehrbuchsammlung, Grundregeln des alphabetischen Katalogs etc.). Psychische Faktoren, die eine aktive Bibliotheksbenutzung behindern, sind verstärkt vorhanden. Das Schulungsprogramm soll daher besonders den affektiven Bereich ansprechen. Die Wissensvermittlung ist auf das Notwendigste zu begrenzen.

Ein mögliches Schulungskonzept: Kurzfilm über die Bibliothek und ihre Benutzung (affektiv) – Tonbildschau zur Einführung in die Bibliotheksbenutzung (kognitiv) – anschließende Führung mit praktischen Übungen (affektiv und kognitiv) – Merkblatt mit Inhaltszusammenfassung der Schulung und den wichtigsten Daten der Bibliothek (Telefonnummer, Öffnungszeiten etc.) (kognitiv).

Fortgeschrittene Benutzer: Diese Zielgruppe ist sehr vielschichtig. Den Kern bilden die Studenten höherer Semester aus allen Fachbereichen. Aber sowohl Erstsemester literaturintensiver geisteswissenschaftlicher Fächer als auch Doktoranden und das wissenschaftliche Personal der Universitäten sind dazuzurechnen. So vielschichtig wie diese Zielgruppe und deren Literaturinteressen (von der gängigen bis zur speziellsten Forschungsliteratur) ist der Inhalt der entsprechenden Schulungsprogramme: von den erweiterten Regeln des alphabetischen Katalogs bis zu den Besonderheiten der Literaturrecherche in Dokumentationskarteien und -dateien. Der inhaltliche Umfang und die Komplexität der Zielgruppen erfordern eine Unterteilung in zwei Stufen. Die eine Stufe soll sich bis zu den Grundkenntnissen in der Benutzung von Bibliographien erstrecken (Studenten ausschließlich Examenskandidaten). Die andere Stufe soll daran anschließend die Fachbibliographien, Dokumentationen etc. umfassen (alle anderen Zielgruppen).

Das Programm ist durch Schulungseinheiten zu ergänzen, die sich nur auf einen Ort bzw. ein Objekt der Benutzung beziehen (Point-of-use-instruction oder Schulung am Benutzungsort), damit auch die von den zwei Kernprogrammen nicht erfaßten Zielgruppen oder Benutzungseinrichtungen geschult werden können. Diese Form des „direct teaching" ist außerdem angebracht, um die Gestaltung individueller Lernprozesse zu ermöglichen. Von grundsätzlicher Bedeutung ist die Integration der Benutzerschulung in den akademischen Unterricht, die besonders für die letztgenannten zwei Stufen relevant und anzustreben ist[6].

Dies sind wie gesagt nur Ansätze für eine Differenzierung der Benutzerschulung. Die genannten Aspekte können hier aus Platzgründen nur in Stichworten und ohne nähere Begründung aufgeführt werden. Zusammenfassend ergibt sich, daß es sinnvoll erscheint, das Schulungsprogramm einer Universitätsbibliothek in drei Stufen zu gliedern, die aufeinander aufbauen und miteinander verschränkt sein sollten.

Dies trifft ebenfalls für die verschiedenen Formen und Materialien der Benutzerschulung zu. Die gegenwärtig am häufigsten angewendeten Schulungsformen sind die bereits traditionellen Führungen sowie die schriftlichen Materialien (Benutzungsanleitungen, Merkblätter u. ä.)[7]. Verbreitet sind auch Vorlesungen und Übungen, die sowohl in Universitätsbibliotheken als auch als Teil des Hochschulunterrichtes veranstaltet werden. Neben den mehr persönlichen Schulungsformen, wie Führungen und Vorlesungen, werden in den letzten Jahren verstärkt technische Schulungsmittel eingesetzt. Dabei konnten die computergestützten Lernprogramme wegen ihres sehr hohen technischen und finanziellen Aufwandes nur vereinzelt entwickelt werden[8]. Die audiovisuellen Medien (Film, Tonbildschauen etc.) dagegen stehen heute in ihrer Bedeutung und ihrer Verbreitung in einigen Ländern (USA, Großbritannien) gleichrangig neben den genannten traditionellen Formen, auch wenn die anfänglich zu hoch gesteckten Erwartungen hinsichtlich der didaktischen Qualitäten und der zu erzielenden rationalisierenden Effekte durch die AV-Medien nicht erfüllt werden konnten.

Auch in den Universitätsbibliotheken der Bundesrepublik Deutschland steigt das Interesse, die vorhandenen Schulungsprogramme durch den Einsatz von AV-Medien zu verbessern und zu erweitern. Es scheint daher angebracht, an dieser Stelle einige Hinweise zu den Bedingungen und Problemen bei der Entwicklung von AV-Programmen zu geben.

2. *Die didaktische Konzeption von AV-Schulungsprogrammen*

Bei der Entwicklung von AV-Schulungsprogrammen sind zunächst drei Aspekte zu berücksichtigen:

[6] Ein ausgezeichnetes Beispiel für die Integration der Benutzerschulung in den akademischen Unterricht ist das Programm der Bibliothek der Technischen Hochschule Göteborg. s. Nancy Fjällbrant: User education programms in Swedish academic libraries. CTHB-Publikation Nr. 14. Göteborg 1977.

[7] s. Anm. 1, S. 39f.; Nancy Fjällbrant: A comparison of user instruction in Scandinavian and British academic libraries. Chalmers University of Technology, Transactions No. 337. Göteborg 1975; Verna V. Melum: 1971 survey of library orientation and instruction programms. Drexel Library Quarterly. 7. 1971, S. 225 (für USA).

[8] Alice S. Clark: Computer-assisted library instruction. In: Educating the library user. Hrsg. von John Lubans Jr. New York, London 1974, S. 336f.

1. eine Adressatenanalyse (Zielgruppenbestimmung) ist durchzuführen
2. didaktische Entscheidungen sind zu treffen
3. die betriebswirtschaftlichen Möglichkeiten zur Verwirklichung des Programms sind zu überprüfen.

Der Produktionsablauf sollte von dieser Reihenfolge bestimmt sein. Das ist besonders für die betriebswirtschaftlichen Entscheidungen wichtig, die sich aus den ersten beiden Arbeitsschritten ergeben sollten. Dabei wäre es ideal, wenn sie nur eine Randbedingung für die Verwirklichung des Programms darstellen würden. Sehr häufig ist es jedoch der Fall, daß die didaktischen Entscheidungen (z. B. Wahl und Gestaltung des Schulungsmediums) aufgrund der bestehenden finanziellen und personellen Beschränkungen getroffen werden. Auf eine Adressatenanalyse wird ganz verzichtet, obwohl gerade auch damit Fehlinvestitionen verhindert werden können. Um eine Fehlinvestition handelt es sich letztlich, wenn die Informationsbedürfnisse der Schulungsteilnehmer durch Überforderung oder Unterforderung nicht befriedigt werden können; z. B. wenn eine Tonbildschau produziert wird, die sich an Benutzergruppen unterschiedlichster Bibliothekskompetenz und/oder gegensätzlicher Literatur- und Informationsinteressen richtet.

2.1 Adressatenanalyse

Die Adressatenanalyse soll Angaben zu den Vorkenntnissen, zur Fragehaltung, zur Motivation und zum kognitiven Verhalten der Zielgruppen hervorbringen[9]. Die Ermittlung der *Vorkenntnisse* ermöglicht „Entscheidungen über den Inhalt des Programms"; Daten über die *Fragehaltung* führen zu „Entscheidungen über den Zeitpunkt des Einstiegs in das Programm, bzw. in einzelne Programmsequenzen"; die *Motivation* gibt Hinweise auf den „möglichen Lernanstieg"; Daten über das *kognitive Verhalten* ermöglichen „Entscheidungen darüber, welche Medien eingesetzt werden, auf welcher Abstraktionsebene sich das Programm bewegen darf und welcher Art die Aufgabenstellungen im Programm sein sollten"[10].

Im allgemeinen ist eine derartige Adressatenanalyse methodisch sehr aufwendig, wenn sie zu exakten und gesicherten Ergebnissen kommen soll[11]. Sind die Bedingungen für eine umfangreiche Analyse nicht gegeben, dann genügt es häufig, aus der Zielgruppe einige Personen auszuwählen und mit ihnen ein sogenanntes Expertengespräch zu den oben genannten Fragen durchzuführen, wobei darauf zu achten ist, daß zu diesen Personen sowohl „Experten" mit positi-

[9] Norbert Heymen: Zur Adressatenanalyse vor der Erstellung von Lehrprogrammen. In: Programmiertes Lernen, Unterrichtstechnologie und Unterrichtsforschung. 8. 1971, S. 228.

[10] ebd.

[11] ebd., S. 228 f.; s. a. Nancy Fjällbrant: Evaluation in a user education programme. In: Journal of Librarianship. 9. 1977, S. 83–95.

ver als auch negativer Grundhaltung gehören. Aus der Gegenüberstellung der dabei gewonnenen Erkenntnisse zu den Meinungen und Haltungen anderer mittelbar oder unmittelbar beteiligter Gruppen (Hochschullehrer, Bibliothekare) können die Voraussetzungen für die zu treffenden didaktischen Entscheidungen weiter verbessert werden[12].

2.2 Didaktische Entscheidungen

Der Unterrichtsprozeß (Schulungsprozeß) wird durch mehrere Variablen bestimmt: Lernziele, Motivation, Unterrichtsmedien usw. Mit der jeweiligen Anordnung dieser Variablen in unterschiedlichen Systemen von Abhängigkeiten, bzw. Hierarchien ist die Reihenfolge der zu treffenden didaktischen Entscheidungen vorgegeben.
Ein Modell der Ordnung der Variablen bietet Gagné an[13]:

Didaktische Entscheidungen

1. Lernziele 2. Lernstruktur 3. Motivation	interne Bedingungen	primäre ↕ Variablen
4. Unterrichtssituation 5. Unterrichtsmedien 6. Unterrichtsformen	externe Bedingungen	sekundäre ↕ Variablen

Der erste Schritt der didaktischen Entscheidungen ist demnach „die operationelle Definition des erwarteten Endverhaltens“ der Schulungsteilnehmer, also der Lernziele[14]. Danach wird analysiert, durch welchen Typ des Lernens die Lernziele optimal vermittelt werden können (Lerntypen nach Gagné: u. a. Begriffslernen, Regellernen, Problemlösen)[15].

Es folgt die Untersuchung der motivationalen Bedingungen[16]. Die sekundären Variablen dienen dazu, die Gestaltung des Unterrichts zu organisieren. Die Unterrichtssituation kann organisiert oder gestaltet werden durch a) die Reizsituation; b) die sprachliche Kommunikation, sowie c) die Rückmeldung.

[12] Nancy Fjällbrant: The need for library user orientation and the design and development of material and methods to meet this need. In: Aspects of educational technology. Hrsg. von Philip Hills u. John Gilbert. Bd. 11. London 1977. S. 100f.

[13] zitiert in: Peter Strittmatter: Zur Entwicklung von multi-medialen Lehrsystemen. In: Programmiertes Lernen, Unterrichtstechnologie u. Unterrichtsforschung. 8. 1971, S. 156.

[14] ebd.

[15] ebd., S. 157

[16] s. hierzu: Nathaniel L. Gage u. David C. Berliner: Pädagogische Psychologie. München 1977, S. 267f.

Erst in der vorletzten Stufe bekommt die Frage nach dem Einsatz der richtigen Medien eine Bedeutung. Damit widerspricht Gagné denen, die die didaktischen Entscheidungen primär von der spezifischen Art audiovisueller Medien abhängig machen wollen[17]. Aber „erst die begründete Antwort auf die Frage nach den Lernzielen und den adressatenspezifischen Voraussetzungen ermöglicht die begründete Entscheidung über... die Realisierung der Lernziele durch Methoden und Medien"[18]. Mit dem letzten Schritt werden die Unterrichtsformen festgelegt (Vorlesungsmethode, Diskussionsmethode u. a.).

Die einzelnen Variablen sind für die Entwicklung von AV-Schulungsprogrammen nicht gleichmäßig relevant. Wert muß vor allem auf die Lernziele und die Unterrichtsmedien gelegt werden; sie sollen daher eine ausführlichere Darstellung erfahren. Dabei wird auch noch kurz auf Lernstruktur, Motivation und Unterrichtssituation eingegangen. Die Unterrichtsformen spielen für die AV-Schulung kaum eine Rolle, dagegen umsomehr bei der Gestaltung von Führungen, Vorträgen oder Übungen[19].

2.3 Lernziele

Die Forderungen nach einem lernzielorientierten Unterricht werden in der Benutzerschulung – wenn auch bisher hauptsächlich im Ausland – verstärkt verwirklicht[20]. Die Lernzielorientierung beinhaltet, daß der Akzent der Vorbereitung von Schulungsprogrammen „auf die Analyse und Planung der gewünschten *Verhaltensänderungen*" der Adressaten zu legen ist[21]. Die Formulierung von Lernzielen hilft dem Produzenten, die richtige Auswahl des Lernstoffes zu treffen und durch optimale Gestaltung des Schulungsablaufes die Motivation und damit die Lernleistung der Adressaten zu fördern. Die Lernzielbestimmung impliziert außerdem die Evaluierung des Programms[22].

Lernziele helfen den Schulungsteilnehmern, etwas über die an sie gestellten Erwartungen und den Verwendungszweck der Lerninhalte zu erfahren. Sie können den Lernerfolg selbst überprüfen[23]. Um zu verhindern, daß die gewünschten Lernergebnisse, oder besser Verhaltensänderungen zu einseitig von

[17] s. z. B. Volker Otto: Beurteilungskriterien für Unterrichtsmedien in der Erwachsenenbildung. In: AV-Praxis, 25. 1975. H. 3, S. 16.

[18] Strittmatter: a. a. O., S. 150.

[19] hierzu s. Sigrid Metz-Göckel: Theorie und Praxis der Hochschuldidaktik. Frankfurt a. M. 1975.

[20] Johanna Herriek: Writing objectives. In: Writing objectives for bibliographic instruction in academic Libraries. 2. Aufl. Detroit 1977; Toward guidelines for bibliographic instruction in academic Libraries. In: College and Research Library News. 9. 1975, S. 137–139, 163–171; Nancy Fjällbrant: Planning a programme of library user education. In: Journal of Librarianship. 9. 1977, S. 199–211.

[21] Hilbert L. Meyer: Trainingsprogramm zur Lehrzielanalyse. Frankfurt a. M. 1974, S. 14.

[22] s. Anm. 17: Writing objectives..., S. 19f.

[23] ebd.

den Interessen des Produzenten geprägt sind, ist bei der Lernzielbestimmung eine enge Zusammenarbeit mit den jeweiligen Adressaten anzustreben. Sonst kann es geschehen, daß die Lernziele vom Lehrer nicht akzeptiert werden[24].

Eine erste Überprüfung der Lernziele kann durch folgende drei Fragen geschehen:

„1. Beschreibt die Formulierung, welches *Verhalten* der Lernende zeigen sollte, wenn er den Beweis dafür ablegt, daß er das Ziel erreicht hat?

2. Beinhaltet die Formulierung die wichtigsten *Rahmenbedingungen* (vorgegebene bzw. einschränkende Faktoren), unter denen der Lernende seine Kompetenz beweisen soll?

3. Beinhaltet die Formulierung einen Hinweis darüber, wie der Lernende bewertet wird, welches spezifische *Leistungsniveau* er erreichen soll?"[25]

Lernziele können nach mehreren Kriterien eingeteilt werden. Eine Möglichkeit ist, sie nach ihrem *Wirkungszeitraum* zu unterscheiden (kurz-, mittel-, langfristig). Lernziele mit kurzfristiger Wirkung sind z. B. für die in einem bestimmten Studienabschnitt bei Studenten auftretenden Probleme der Bibliotheksbenutzung zu formulieren. Lernziele mit mittelfristiger Wirkung beziehen sich auf das ganze Studium, während die langfristigen darüberhinaus bis ins Berufsleben reichen. Diese Unterscheidung dient dazu, zu verhindern, Lernziele mit mittel- oder langfristiger Wirkung auch dann verwirklichen zu wollen, wenn sie für die Adressaten kurzfristig ohne Bedeutung sind. So erscheint es wenig sinnvoll, Studenten des ersten Semesters zu befähigen, Recherchen in Fachbibliographien durchführen zu können.

Lernziele können nach Bloom in die *Dimensionen* kognitive, affektive und psychomotorische Lernziele eingeteilt werden[26]. „*Kognitive* Lernziele handeln von Prozessen wie Wissen, Wahrnehmen, Erkennen, Denken, Auffassen, Beurteilen und Begründen ... *Affektive* Lernziele haben etwas mit Gefühl, Emotion, Einstellung, Anerkennung oder Wertschätzung zu tun ... *Psychomotorische* Lernziele handeln von Bewegungsfertigkeiten"[27]. Für die Benutzerschulung sind vor allem die in den kognitiven und affektiven Bereich fallenden Lernziele von Interesse.

Kognitiver Bereich: den Adressaten werden Begriffe und Fakten über die Räumlichkeiten, die Benutzungseinrichtungen, den Ausleihvorgang usw. vermittelt. Sie sollen verstehen, wie diese Dinge zusammenhängen. Sie sollen lernen, ihr Wissen anzuwenden.

Affektiver Bereich: es soll die Bereitschaft gefördert werden, die Begriffe und Fakten aufzunehmen und anzuwenden; d. h., die Adressaten sollen motiviert

[24] s. Anm. 17: Fjällbrant: Planning..., S. 201.

[25] Robert F. Mager: Preparing instructional objectives. Palo Alto, Californien 1962, S. 52.

[26] s. Anm. 18, S. 80.

[27] s. Anm. 13, S. 45.

werden, die Bibliothek aktiv zu benutzen. Bei ihnen soll eine positive Einstellung zur Bibliothek erreicht werden, um soziale Distanzen abzubauen.

Kognitive und affektive Lernziele bedingen einander, sie stellen im Prinzip eine Einheit dar. ,,Der Begriff affektiv ist... ein komplementärer, kein entgegengesetzter zum Begriff kognitiv"[28]. Denn auch die Art und Weise, wie die Wissensvermittlung gestaltet wird, beeinflußt die Einstellung zur Bibliotheksbenutzung. Ist das Schulungsprogramm mit Fakten überladen oder sind diese schlecht strukturiert, so daß nur ein geringer Lernerfolg erzielt wird, dann wird sich sicherlich die Einstellung der Adressaten zur Bibliothek verschlechtern.

Eine deutliche Unterscheidung der Lernziele ist aber angebracht, wenn in einem Schulungsprogramm entsprechende Schwerpunkte zu setzen sind. Eine Betonung der affektiven Lernziele ist z. B. bei Erstbenutzern angebracht, da bei ihnen die zu überwindenden psychischen Barrieren, die die Bibliotheksbenutzung behindern, größer sind als bei aktiven Benutzern. Das ist in dem AV-Medienprogramm der GHB Essen berücksichtigt worden, in dem mit einem Film mehr der affektive und mit einer Tonbildschau mehr der kognitive Bereich angesprochen werden soll.

Lernziele können in eine *Hierarchie* eingegliedert werden. In der Lernzielhierarchie werden die Lernziele nach ihrem Schwierigkeitsgrad geordnet und zwar analog des Anstiegs von den einfachen zu immer komplexeren Lernaufgaben[29]. Zwei Modelle einer Lernzielhierarchie sollen hier genannt werden, das von Gagné und das von Bloom.

Die Hierarchie von Gagné ist nach Lerntypen aufgebaut und besteht aus acht Elementen[30]:

1. Signallernen, 2. Reizreaktionslernen, 3. Verkettung, 4. Lernen durch verbale Assoziation, 5. multiples Dikriminationslernen, 6. konzeptuelles Lernen, 7. Lernen von (abstrakten) Regeln und Prinzipien, 8. Problemlösen.

Nach Gagné sind mit dieser Abfolge die aufeinander aufbauenden Schritte des Lernens gekennzeichnet, d. h. ,,das Erlernen eines in der Hierarchie niedrigeren Lerntypus (ist) Vorbedingung für das Erlernen eines höheren"[31].

Auch Bloom baut die Lernzielhierarchie nach Schwierigkeitsgraden auf, wobei wiederum eine niedrigere Stufe die Voraussetzung für die nächsthöhere ist. Seine Taxomonie bezieht sich auf die Dimensionen der Lernziele. Die kognitive Dimension hat z. B. sechs Hierarchiestufen[32]:

1. Kenntnisse, 2. Verständnis, 3. Anwendung, 4. Analyse, 5. Synthese, 6. Beurteilung.

[28] s. Anm. 18, S. 83.
[29] s. Anm. 13, S. 54.
[30] ebd.
[31] ebd., S. 55.
[32] s. Anm. 18, S. 99 und S. 138f.

Diese Hierarchien sind keine theoretischen Konstruktionen, sondern empirisch belegt. Sie haben sich als ein sehr wirksames Instrument bei der Formulierung von Lernzielen erwiesen. Durch die richtige Zuordnung – in eine Hierarchie – von angestrebten Lernzielen wird vermieden, daß an Schulungsteilnehmer Anforderungen gestellt werden, für die sie keine Voraussetzungen mitbringen.

Letztlich können Lernziele auch nach ihrem *Abstraktionsniveau* unterschieden werden. Darunter ist zu verstehen, in welchem Maße ein formuliertes Lernziel alternative Konkretisierungen zuläßt, d. h. wie groß der Kreis möglicher Inhalte ist[33]. Es werden im allgemeinen drei Ebenen unterschieden[34]:

,,Lernziele *hohen* Abstraktionsniveaus (Richtziele)
mittleren Abstraktionsniveaus (Grobziele)
niedrigen Abstraktionsniveaus (Feinziele)
Dazu ein Beispiel:

Richtziel: Der Benutzer soll die Befähigung und Bereitschaft haben, die Universitätsbibliothek aktiv zu benutzen.

Grobziel: Der Benutzer soll die verschiedenen Katalogarten der Universitätsbibliothek kennen.

Feinziel: Der Benutzer soll von 10 ihm ausgehändigten Katalogkarten mindestens 8 den Katalogen richtig zuordnen können.

Richtziele zeichnen sich durch sehr allgemein gehaltene Formulierungen aus und deuten eben nur die Richtung des Lernprozesses an *(aktive* Bibliotheksbenutzung). Die Grob- und Feinziele dagegen können bereits Voraussetzung unterschiedlich gestalteter Schulungsprogramme sein. Das genannte Grobziel kann z. B. ein Lernziel eines Programms für auswärtige Besucher der Bibliothek sein, während das Feinziel in einer Schulung für Erstbenutzer angestrebt wird. Die Unterscheidung von Lernzielen nach ihrem Abstraktionsniveau hat jedoch nichts mit ihrer Hierarchisierung zu tun, sondern ist ein Hilfsmittel, um festzulegen, wie weit die Lernziele eines Schulungsprogramms für bestimmte Adressaten konkretisiert, bzw. verfeinert werden müssen.

Abschließend noch einige Bemerkungen zum Begriff der *Evaluation.* Er bezeichnet die systematische und mit wissenschaftlichen Methoden durchgeführte Sammlung von Daten über ein Schulungsprogramm oder einzelne seiner Komponenten. Die Resultate der Evaluation sind die Grundlage, die für ein Programm getroffenen pädagogischen Entscheidungen zu bestätigen, zu ergänzen oder zu revidieren. Dafür reicht es nicht aus, nur das Lernergebnis der Schulungsteilnehmer zu bemessen. Alle Komponenten eines Schulungssystems sind zu untersuchen und zu bewerten (Adressaten, Lernziele, Lernbedingungen, Unterrichtsmedien usw.). So kann z. B. ein Test ergeben, daß die Schulungsteil-

[33] ebd., S. 37f.
[34] ebd., S. 48.

nehmer zwar gute Kenntnisse über den alphabetischen Katalog haben, aber immer wieder Fehler beim Ausfüllen eines Leihscheins machen. Die Überprüfung der formulierten Lernziele macht eventuell deutlich, daß diese nur auf Wissensvermittlung und zu wenig auf die praktische Anwendung orientiert waren.

Generell wird zwischen formativer und summativer Evaluation unterschieden. Die formative Evaluation ist die Form der begleitenden Untersuchung. Alle Maßnahmen werden vom Beginn der Entwicklung des Schulungsprogramms an überprüft und bewertet. Diese Form ist zwar aufwendiger als die anhand des fertigen Programms durchzuführende summative Evaluation, sie erlaubt aber die frühzeitige und ständige Erweiterung bzw. Revision der getroffenen Maßnahmen. Die bei der Evaluation verwandten Methoden dienen entweder der Sammlung oder der Analyse von Daten und sind die allgemein üblichen sozialwissenschaftlichen Verfahren wie Befragung, Beobachtung usw.[35].

2.4 Kriterien zur Wahl von Unterrichtsmedien

Die Zahl der Formen von Unterrichtsmedien variiert je nachdem, wie umfassend der Begriff Medium definiert wird. Die weitgehendste Definition ist wohl: Medien sind „alle Träger von in die Lernsituation involvierten, vom Standpunkt der Lernenden aus externen Reize“[36]. Sowohl die personellen als auch die technischen Mittler von Reizen sind Unterrichtsmedien. Aus der Vielzahl der mit dieser Definition bestimmbaren Medienformen können hier nur die audio-visuellen Medien berücksichtigt werden und unter diesen hauptsächlich die dynamisch-visuellen, die auditiven sowie die Kombination von auditiven und visuellen.

Nach der weiter oben beschriebenen Abfolge der zu treffenden didaktischen Entscheidungen müssen die Unterrichtsmedien lernzieladäquat sein. Um für die jeweiligen Lernziele die didaktisch relevanten AV-Medien auswählen zu können, sind verschiedene Versuche gemacht worden, deren charakteristische Eigenschaften zu benennen, abzugrenzen und zu klassifizieren. Diese Medientaxonomien sind noch relativ unvollständig und in sich widersprüchlich. Sie sind auch nur schwer empirisch abzusichern.

Die phänomenologischen Gesetzmäßigkeiten von AV-Medien führen zu ihrer Unterscheidung nach *Funktionsbereichen:* „Der Funktionsbereich des Visuellen ist... aufzugliedern in dynamisch- und statisch-visuelle Präsentation“[37]. Die dynamisch-visuelle Präsentation ist nur dann didaktisch sinnvoll, wenn es einen dynamischen Aspekt gibt. Sie ist Ereignissen adäquat, die in der Zeit ab-

[35] s. Anm. 8, S. 85f.

[36] Hermann Kalkofen: Einige Probleme des Einsatzes und der Verwendung audiovisueller Medien. In: Audiovisuelle Medien in Hochschulbibliotheken. Hrsg. v. E. Franzen und G. Pflug. München 1972. S. 79f.

[37] Norbert Heymen, Klaus Boeckmann: Didaktische Theorie und technische Medien. In: AV-Praxis. 25. 1975. H. 2, S. 14.

laufen, z. B. wenn das tatsächliche Verhalten von Benutzern mit filmischen Mitteln lebendig darzustellen ist. Bei dieser Medienform kommt es in der Regel zu einer hohen Identifikationsleistung auf seiten des Betrachters. Er überwindet dadurch leichter vorhandene psychische Barrieren zur aktiven Bibliotheksbenutzung.

Die statisch-visuelle Präsentation ist dann vorzuziehen, wenn die dynamisch-visuelle nicht erforderlich ist. Sie ist dann überlegen, ,,wenn der Adressat eine nicht begrenzte Betrachtungszeit benötigt“[38]. Das gilt z. B. für die Erläuterung von Katalogkarten. Es ist völlig ausreichend, hierfür eine Folge von Dias zur Verfügung zu stellen. Die Systematik eines Sachkatalogs wiederum ist am günstigsten durch eine Schautafel am Katalog zu vermitteln.

Der Funktionsbereich des Auditiven liegt in der akustischen Identifikation von Phänomenen, die durch visuelle Mittel kaum dargestellt werden können (z. B. Fremdsprachen, Musik). Unterrichtsmittel ist es jedoch vor allem im Verbund mit dem Visuellen.

Im Funktionsbereich des Audiovisuellen ,,übernimmt die auditive Präsentation in den häufigsten Fällen die Hintergrundinformationen, die Erklärungen und begrifflichen Assoziationen zu den visuell dargebotenen Kerninformationen“[39]. Das Audiovisuelle ist ein 2-kanaliges System, in dem das Visuelle im allgemeinen den optimalen Kanal für die Informationsvermittlung darstellt. Da nicht immer alle Informationen visualisiert werden können, ohne die Adressaten zu überfordern, ist das Auditive notwendige sprachliche Ergänzung. Der Bildkanal wird durch den Tonkanal gestützt. ,,Audiovisuelles Lernen ist weniger ermüdend als visuelles Lernen oder auditives Lernen“[40]. Als Einführung in die Bibliotheksbenutzung ist eine (gute) Tonbildschau lerneffektiver als eine (gute) stumme Diareihe. Selbst dann, wenn das Auditive als Hauptinformationsträger eingesetzt wird, vermittelt es nicht mehr als die Hintergrundinformationen (Self-guiding-tour: Einzelführung durch die Bibliothek mittels Tonband).

Im audiovisuellen Verbund sind die auditive und visuelle Darbietung je nach dem anzustebenden Lernziel unterschiedlich zu gewichten. Bei der Verwirklichung kognitiver Lernziele treten dabei zwei Probleme auf: 1. die statisch-visuelle Präsentation wird gegenüber der auditiven nicht genügend betont. In Tonbildschauen werden häufig zu viele Informationen über den Tonkanal vermittelt, die nicht als Informationen im Dia erscheinen. Die Menge der gesprochenen Textinformationen ist sehr viel höher als die Bildinformationen[41]. Da aber in 2-

[38] ebd.

[39] ebd., S. 15.

[40] s. Christian K. Friede u. a.: Untersuchungen zum Problem des audiovisuellen, visuellen und auditiven Lernens. In: Schule und Psychologie 18. 1971, S. 252.

[41] ein Ergebnis von Untersuchungen anhand deutscher und englischer Tonbildschauen zur Benutzerschulung im Rahmen des DFG-Projekts Benutzerschulung.

kanaligen Systemen Informationen „vom Menschen vornehmlich über einen Kanal aufgenommen (werden), und zwar über den, der in bezug auf das Informationsmaterial optimal ist", ist ein Informationsverlust und verminderte Lerneffektivität zu verzeichnen, denn der visuelle ist der optimale Kanal. 2. Die dynamisch-visuelle Präsentation wird überbewertet, denn sie erzielt gegenüber der statisch-visuellen niedrigere Lernergebnisse[42]. Zur Verwirklichung kognitiver Lernziele kann eine Tonbildschau besser geeignet sein als ein Tonfilm, obwohl beim Film durch die Bewegung eine ständige Veränderung der Reizsituation veranlaßt wird und dadurch eine bessere Lenkung der Aufmerksamkeit zu erzielen ist. Die starke Reizsituation bedingt aber gleichzeitig mehr Ablenkungseffekte, und das besonders bei farbiger Darstellung[43]. Die Wahrnehmung und Verarbeitung der vermehrten Reize des Films lenkt von den zentralen wichtigen Informationen ab. Filme werden zwar bevorzugt, da Tonbildschauen oft eine weniger interessante Fassung von Inhalten anbieten, jedoch wird mit diesen mehr gelernt[44].

Aus den bisherigen Darlegungen ist zu entnehmen, daß die von Medien ausgehende Reizstärke ein wichtiges Kriterium sein kann, um deren unterrichtlichen Verwendungszweck zu bestimmen. Die menschlichen Sinnesorgane haben eine physiologisch bedingte unterschiedliche Kapazität für die Aufnahme von Informationen (Reizen). Das Sehen ist mit 78% und das Hören mit 13% an der Informationsaufnahme beteiligt. Auch bei der Gedächtnishaftung sind beim Gesichtssinn höhere Werte gegeben als beim Gehörsinn, „wobei besonders auffällig die erhebliche Steigerung ist, die bei einer Koppelung beider Sinne eintritt"[45]:

	Gedächtnishaftung nach 3 Stunden	3 Tagen
Sehen	72%	20%
Hören	70%	10%
Sehen und Hören	85%	65%

[42] Engelbert Schinzler u. Gerhard Glück: Der Lernerfolg bei Film, Dia und Bildtextheft. In: Programmiertes Lernen, Unterrichtstechnologie und -forschung. 9. 1972. H. 1, S. 44f.

[43] Wolfgang Neubauer: Lehreffekte verschiedener Methoden audiovisueller Darbietung. In: AV-Forschung. 11. 1974, S. 40.

[44] s. Anm. 39, S. 46.

[45] Monika Arlt: Über das Visuelle in der Audiovision. In: Audiovision. 5. März 1974, S. 24.

Eine durchgehend an die Reizkategorie orientierte Medientaxonomie hat Edling entwickelt. Einteilungskriterien sind die Dimensionen Reizmenge und Modalität der Sinneserfahrungen (s. Abb. 1). Bewertet werden die Medien jedoch nur nach der Reizmenge. Problematisch an dieser Klassifikation ist, daß nicht zu ersehen ist, welche Kategorien der Bewertung zugrunde gelegt wurden und wie die Medien zu beurteilen sind, die im Verbund angewandt werden (Tonbildschau, Tonfilm usw.).

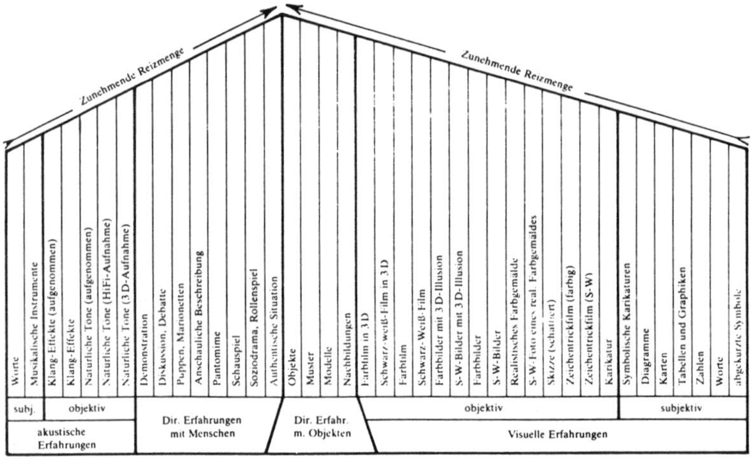

Abbildung 1: Medienklassifizierung anhand der Stimulusdimension nach Edling

Die Taxonomie von Edling ist unbefriedigend, nicht zuletzt auch wegen ihrer nur eindimensionalen Bewertungsbasis. Die Reizmenge von Unterrichtsmedien ist sicherlich ein wesentliches Kriterium für deren Lerneffizienz. Das ist durch eine Reihe Untersuchungen bewiesen[46]. Auch hat es Sinn, bei der Medienwahl für eine Multi-Media-Schau die Reizmenge als Kriterium zu verwenden, um den wichtigsten Sequenzen eines Programms Medien mit starken Stimuli und weniger wichtigen solche mit schwachen Stimuli zuzuordnen (s. z. B. Modell einer Multi-Media-Schau zur Bibliothekseinführung von F. Wolf (UB Saarbrücken)). In die lernzielorientierte Medienentscheidung sind jedoch weitere Kategorien einzubeziehen. Unter Heranziehung der Kategorien „Funktionen der Lernsituation" bzw. „Lernziele" haben Gangné bzw. Allen versucht, ein Klassifikationsschema zu entwickeln, bei denen der Bezug zu den Medien allerdings nur

[46] z. B. auch Günther und Christa Gottmann: Text – Ton – Bild. In: AV-Forschung. 8. 1973, S. 5f.

durch deren diffuse Charakterisierung als „Quelle des Reizes" hergestellt wird[47].

Tosti und Ball dagegen betonen, „daß man zwischen Medien, Präsentationsformen und Inhalten unterscheiden muß"[48]. Für didaktische Entscheidungen sind weniger die Medien, sondern die Darbietungsstrukturen interessant. Die Abbildung einer Katalogkarte in einem Buch, ihre Projektion mit einem Dia oder auch in einem Film hat dieselbe Darbietungsstruktur. Diese sind mit den Kategorien Stimulus, Reiz-Reaktion und Organisation der Lernprozesse zu bestimmen[49].

Neben diesen gibt es noch einige andere Versuche, Klassifizierungsschemata für Unterrichtsmedien zu entwickeln[50]. Sie können aber ebensowenig voll überzeugen wie die bisher genannten. Das hauptsächliche Problem dieser Taxonomien ist, daß die Auswahlkriterien der Medien sowie ihre Zuordnung zu verschiedenen Kategorien zu ungenau und zu wenig durch Untersuchungen abgesichert sind. Es ist jedenfalls nicht möglich, sich bei der Medienwahl nur auf eine Taxonomie zu stützen. Das aber kann nicht heißen, deshalb bei der Entwicklung von Schulungsprogrammen ganz auf diese Hilfsmittel zu verzichten.

Die vielfältigen Medien, die für die Schulung und Information eingesetzt werden können, sollen als Mittler zwischen den spezifischen Informationsinteressen unterschiedlicher Benutzergruppen sowie den umfangreichen und differenzierten Leistungsangeboten der Universitätsbibliotheken dienen. Und ebenso differenziert wie die Leistungsangebote oder Informationsinteressen sollte das Schulungsprogramm bzw. das Medienangebot sein, das, bestehend aus einer Benutzungsanleitung und einer Tonbildschau, für alle Benutzergruppen den vorhandenen Anforderungen nicht wird entsprechen können. Das differenzierte Angebot muß nicht unbedingt die aufwendigsten und dabei häufig nur spektakulären Medienformen umfassen. Wichtiger ist die sinnvolle Abstimmung des in der Bibliothek vorhandenen Medienverbundes zur Schulung und Information von Benutzern entsprechend den angestrebten Lernzielen der Adressaten. Diese Abstimmung kann durch die Medientaxonomien wesentlich erleichtert werden.

[47] abgedruckt in: Erhard U. Heidt u. Dieter Schwittmann: Medientaxonomien – ein kritischer Überblick. In: Unterrichtstechnologie und Mediendidaktik. Hrsg. von J. Issing und H. Knigge-Illner. Weinheim 1976, S. 130f. – Gagné hat seine Taxonomie in neuerer Zeit auch selbst nicht mehr verwertet –.

[48] ebd., S. 132.

[49] s. Anm. 33, S. 80f.

[50] ein interessanter, sehr differenzierter und auf die Problematik der Lernziele orientierter Versuch ist: Cordula von Heyl: Diskussion um Medientaxonomien. In: Unterrichtswissenschaft 1975. H. 3, S. 89–95. – Ein auf die Benutzerschulung bezogenes Schema bietet Fjällbrant: s. Anm. 9, S. 104.

Möglicherweise erscheint die in diesem Aufsatz dargestellte didaktische Problematik der Benutzerschulung zu anspruchsvoll, soll sie in der Entwicklung von Schulungsprogrammen ihre volle Verwirklichung finden. Sicherlich sind, verglichen mit dem Unterricht in den Schulen und Hochschulen, die unterrichtlichen Prozesse der Benutzerschulung realtiv einfach strukturiert. Jedoch: gerade das Einfache will gut organisiert und gestaltet sein. Und: Im Grundatz wirken dieselben Faktoren ein. Letztlich: Die Benutzerschulung steht erst am Anfang ihrer Entwicklung zur Anwendung qualifizierterer Unterrichtsformen.

GÜNTHER PFLUG

Bibliothekarische Kooperation und zentrale Dienstleistungen

I

Bei der Lektüre von Gelehrtenbriefen des 19. Jahrhunderts entsteht der Eindruck, daß ein nicht geringer Teil der zahllosen Briefe lediglich zu dem Zweck geschrieben wurde, die kollegiale Hilfe bei der Beschaffung von Literatur aus den Universitätsbibliotheken zu erbitten, und manche Antwort zeigt, welche Widerstände von Indolenz und bösem Willen bei den Bibliothekaren überwunden werden mußten, um den Literaturbedarf der Wissenschaftler zu decken. Erst aufgrund der Intervention von Heinrich von Treitschke änderte sich das System[1]. Was bislang privater Initiative der Forscher anheimfiel, wurde gegen Ende des Jahrhunderts zu einer bibliothekarischen Aufgabe entwickelt, zuerst in Preußen, schließlich im ganzen Deutschen Reich[2].

Während Treitschke ein einfaches Hilfsmittel plante – allerdings in der für einen Berliner Professor charakteristisch verkürzten Weise lediglich zum Nutzen der Mitglieder der Berliner Universität und Akademie –, bemühten sich die Bibliothekare um ein an Perfektion kaum zu überbietendes Instrument. Wollte Treitschke lediglich in den Räumen der Königlichen Bibliothek die Realkataloge der sechs preußischen Bibliotheken Königsberg, Breslau, Halle, Berlin, Göttingen und Bonn neben den der Königlichen Bibliothek aufstellen, damit die dort Arbeitenden sich zugleich über die Buchbestände der anderen Universitätsbibliotheken unterrichten konnten, so schuf der bibliothekarische Ehrgeiz gleich drei Instrumente: einen gemeinsamen – nun allerdings nicht systematisch, sondern alphabetisch ordnenden – Gesamtkatalog dieser sechs Bibliotheken, ein gemeinsames Regelwerk als Basis für dieses Jahrhundertwerk und eine Leihverkehrsorganisation, die den Austausch der Buchbestände unter den Bibliotheken eindeutig regeln sollte. Alle drei Teilaufgaben sind heute noch unabgeschlossen, sie sind ihrem Charakter nach nicht abschließbar und bedürfen ständiger bibliothekarischer Bemühungen zu ihrer Realisierung.

Mit dieser Trias der Aufgaben ist gleich zu Anfang das Feld abgesteckt: Normung, Dienstleistung und Organisationsmaßnahmen bilden zwar drei getrennte Gebiete der bibliothekarischen Zusammenarbeit, doch greifen sie so ineinander,

[1] Heinrich v. Treitschke: Die Königliche Bibliothek in Berlin. In: Preußische Jahrbücher.53. 1884, S. 473–492, hier besonders 491.

[2] Walter Koschorreck: Geschichte des „Deutschen Leihverkehrs", Wiesbaden 1958, S. 1–2.

daß nur bei einer gleichmäßigen Entwicklung aller drei Felder das Ziel einer Kooperation erreicht werden kann.

Dabei bedarf es wohl nur weniger Worte, um die Notwendigkeit der Kooperation zwischen den Bibliotheken zu begründen. Für Treitschke stellte sich diese Frage noch verhältnismäßig einfach. Sie entstand für einen Hochschullehrer an einer jungen Universität, der in erheblichem Maße die wissenschaftliche Literatur des 18. Jahrhunderts in den Berliner Bibliotheken vermißte und auf die in dieser Richtung besser ausgestattete Göttinger Bibliothek zurückgreifen wollte. Das ausgehende 19. und beginnende 20. Jahrhundert haben die Bibliothekare jedoch gelehrt, daß das Ziel, alle wissenschaftlich relevante Literatur an einer Hochschule zu sammeln, immer weniger erreichbar wurde. Die ursprüngliche Idee einer retrospektiven Kooperation wurde daher sehr bald überlagert durch das Bestreben, den Leihverkehr als ein Instrument derivativer Erwerbungspolitik einzusetzen. Dabei blieb zwar das Ziel bibliothekarischer Kooperation formaliter unangetastet, es erhielt aber eine neue Begründung. Es ging nicht mehr vordringlich darum, die alten Bestände der traditionsreichen Bibliotheken für die jüngeren Einrichtungen nutzbar zu machen. Diese im Prinzip abschließbare Aufgabe wurde verdrängt von dem Ziel, die Neuerwerbungen der Bibliotheken allgemein bekannt zu machen, um so die Leistungsfähigkeit der Hochschulbibliotheken – ursprünglich in Preußen, schließlich in Deutschland – zu erhöhen, zeigten doch bereits die ersten Erfahrungen mit dem Gesamtkatalog in Berlin, daß nicht nur im Altbestand, sondern auch in den Neuerwerbungen eine erhebliche Diversifikation zwischen den deutschen Bibliotheken bestand. Diese Zielsetzung für die bibliothekarische Zusammenarbeit hielt länger als zwei Generationen und spornte die Bibliothekare auch dann noch zu erheblichen Anstrengungen an, als sich längst gezeigt hatte, daß die von ihnen geschaffenen organisatorischen Maßnahmen nicht mehr in der Lage waren, das erstrebte Ziel zu erreichen. Weder können die Bibliothekare heute die Voraussetzungen für ein hinreichendes Funktionement dieses Kooperationssystems gewährleisten, noch gelingt es den Zentralkatalogen, die ihnen zugedachten Steuerfunktionen zu erfüllen, da sie in der Flut der unbearbeiteten Meldungen ersticken.

Das kooperative Bestandssystem ist längst zu einem kooperativen Organisationssystem geworden, und alle Überlegungen, wie die Koordinierung des Bestandsaufbaus verbessert werden könne, vergrößern nur noch die Organisationsmisere, da durch sie die zu verarbeitende Titelmenge nur noch größer wird, ohne daß sich organisatorische Verbesserungen abzeichnen. Natürlich soll hier nicht verkannt werden, daß der bibliothekarische Scharfsinn in den letzten Jahren eine Reihe von Vorschlägen ersonnen hat, die die organisatorischen Schwierigkeiten beheben oder doch zumindest verringern wollen, seien es die Vorschläge der Deutschen Forschungsgemeinschaft zum Gesamtsystem der Literaturversorgung[3], der Entwurf einer neuen Leihverkehrsordnung[4] oder die zahlreichen Modelle zu einer besseren Ausnutzung der lokalen Buchbestände im Bibliotheksplan[5] und in den Strukturpapieren einzelner Bundesländer. Doch zeigen gerade diese Veröffentlichungen, daß das Problem der bibliothekarischen Kooperation eine neue Dimension erhalten hat. Neben oder gar vor die Frage der Literaturversorgung ist das Problem der arbeitstechnischen Bewältigung getreten. Die Grundlage der Kooperation lautet daher nicht mehr: wie können die verschiedenen Ressourcen bei den einzelnen Bibliotheken allgemein für Forschung und Lehre zugänglich gemacht werden? Vor diese Frage hat sich das grundlegende Problem geschoben: wie können die Bibliotheken mit der Fülle des Materials unter vertretbarem Kostenaufwand in einer für Forschung und Lehre vertretbaren Bearbeitungszeit fertig werden?

Wenn also auch das ursprüngliche Ziel der bibliothekarischen Kooperation, so wie es Treitschke gegen den bibliothekarischen Tagesbetrieb der zweiten Hälfte des 19. Jahrhunderts formuliert hat, im Grundsatz unverändert geblieben ist, so haben sich seine Motivationen doch deutlich verlagert. Bei aller Anerkennung der Unveränderlichkeit der Dienstleistungsfunktionen der Bibliotheken, stellt sich heute die Frage der Erfüllung ihrer Dienstleistungsaufgabe differenzierter. Dachte Treitschke an den inneren Betrieb mit kaum einem Gedanken, stand für ihn dagegen die Ausleihe als typischer Service noch ganz im Vordergrund, so haben wir uns heute auch erheblich mit den derivativen Funktionen der Bibliothek – der Akzession, der Katalogisierung, der Lenkung der Ströme von Leihzetteln – zu befassen, da ihr reibungsloser Ablauf Grundvoraussetzung für das Funktionement der primären Dienstleistung, der Bereitstellung von Literatur auf Anfrage, darstellt.

Manchem Außenstehenden – und leider nicht nur diesen – mag es so scheinen, als ob die Bibliotheken sich heute nur noch selbst verwalten. Man hat dafür den Begriff der Bibliokratie gebildet, der als ein Pejorativ verstanden werden soll. Ein wenig Einsicht in die Zusammenhänge der bibliothekarischen Organisationsprobleme sollte allen die Augen öffnen, daß die Bibliokratie heute eine indispensable Voraussetzung für die Erfüllung der Dienstleistungsaufgaben ist.

War die Fernleihe, die ursprünglich die bibliothekarische Zusammenarbeit entstehen ließ, lediglich eine kleine Teilfunktion bibliothekarischer Dienstleistungen, so haben die Entwicklungen im 20. Jahrhundert gezeigt, daß die Not-

[3] Bibliotheksausschuß der Deutschen Forschungsgemeinschaft. Überregionale Literaturversorgung von Wissenschaft und Forschung in der Bundesrepublik Deutschland. Boppard 1975.

[4] Entwurf für eine Leihverkehrsordnung. Erarbeitet vom Ausschuß zur Reform der Leihverkehrsordnung von 1966. o.O. 1977.

[5] Deutsche Bibliothekskonferenz. Bibliotheksplan 1973. Entwurf eines umfassenden Bibliotheksnetzes für die Bundesrepublik Deutschland. Berlin 1973.

wendigkeit der bibliothekarischen Kooperation weit über diesen Bereich hinausgetreten ist. Was einst bibliothekarisches Addendum war, ist heute Kern der Bibliotheksorganisation geworden. Kooperation ist nicht mehr etwas, das sich als ein Überbau über eine isolierte und unabhängige Bibliotheksorganisation stülpen läßt, sie ist vielmehr Basis bibliothekarischer Aufgabenerfüllung. In dieser Form ist dies zuerst für die Öffentlichen Bibliotheken im Bibliotheksplan[6] mit seinen drei Stufen formuliert und dann im Bibliotheksplan 1973 auf die Gesamtheit des Bibliothekswesens übertragen worden, wenn auch die Konsequenzen für die Öffentlichen Bibliotheken in dieser Planung deutlicher herausgearbeitet wurden als die für die wissenschaftlichen.

Bei aller Wandlung der Inhalte haben sich die Felder der bibliothekarischen Kooperation als erstaunlich konstant erwiesen. Wie in der zweiten Hälfte des 19. Jahrhunderts, so ist es auch in der zweiten Hälfte des 20. Jahrhunderts die oben genannte Trias von Normierung, zentraler Dienstleistung und kooperativer Organisation, die die Formen bibliothekarischer Zusammenarbeit bestimmt. Schon das mag als Anzeichen dafür gelten, daß die viel berufene Bibliokratie nur eine notwendige Anpassung der Dienstleistungsaufgabe an die veränderten Gegebenheiten darstellt.

Dabei sollte natürlich nicht verkannt werden, daß die drei kooperativen Felder sich selbst nicht mehr in der einfachen Zweckbestimmung präsentieren, die ihnen die Bibliothekare der neunziger Jahre des vorigen Jahrhunderts zu geben beabsichtigten. Das zeigt sich schon an der Normaufgabe, obwohl gerade diese Aufgabe sehr früh derivierte. Die Preußischen Instruktionen sind eigentlich niemals nur Hilfsmittel zur Verbesserung des Leihverkehrs gewesen. Der Normierungswille der Bibliothekare ging sehr bald über dieses Ziel hinaus, wenigstens in Preußen, während die Deutsche Bücherei noch mehr als eine halbe Generation später sich nicht entscheiden konnte, sich diesen Regeln anzuschließen. Doch unterliegt es keinem Zweifel, daß die Preußischen Instruktionen bis zum 2. Weltkrieg längst eine allgemeine Norm für die Katalogisierung von Bibliotheksbeständen im Deutschen Reich geworden sind, die mit ihren subtilen Präzisierungen das ursprüngliche Ziel der Leihverkehrslenkung weit hinter sich gelassen haben. Sie stellten die Basis für ein kooperatives Verwaltungssystem dar, das sich allerdings nur erst rudimentär – wenn auch nicht ohne Redundanz – in den Titeldrucken der beiden großen Bibliotheken in Berlin und Leipzig realisierte. Der 2. Weltkrieg hat hier mehr vernichtet als nur Bibliotheksbestände. Er hat bei den Bibliothekaren mit dem Bewußtsein eines völligen Neuanfangs auch den Zweifel in die Richtigkeit des Normansatzes hervorgerufen und selbst diejeni-

[6] Deutscher Büchereiverband. Bibliotheksplan. Entwurf für ein umfassendes Netz Öffentlicher Bibliotheken und Büchereien. Berlin 1969.

gen, die – wie Hermann Fuchs[7] – im Grundsatz an den Preußischen Instruktionen festhalten wollten, fanden Begründungen für die Bemühungen um eine generelle Revision der Katalogisierungsregeln. Der ursprüngliche Optimismus ist auch hier längst gewichen; die von Bauhuis[8] geforderten einfachen und doch präzisen Katalogisierungsregeln haben sich als Nachkriegsillusion erwiesen. In der Alternative zwischen Vereinfachung und Präzisierung hat die Präzisierung immer einen (oft verhängnisvollen) Sieg erringen können. Die schließlich vorgelegten Regeln für die alphabetische Katalogisierung haben denn auch unter den Bibliothekaren eher Skepsis als Begeisterung ausgelöst. Das mag hier zuerst einmal wertungsfrei festgestellt werden, beruht doch sicherlich manche Skepsis auf einem Mißverständnis über die Stellung der Katalogisierungsregeln innerhalb eines Systems bibliothekarischer Kooperation, so wie es heute verstanden werden muß.

Spätestens seit den Bibliotheksempfehlungen des Wissenschaftsrates[9] aus dem Jahre 1964 weiß die bibliothekarische Öffentlichkeit, daß die alphabetische Katalogisierung zu den engsten Nadelöhren in Bibliotheken gehört. Nur eine grundsätzliche Änderung der Katalogisierungspraxis kann hier Abhilfe schaffen. Seit dieser Zeit hören die Bibliothekare denn auch aus ministeriellen Mündern den Hinweis auf das Unrationelle eines Systems, das jedes Buch in jeder Bibliothek neu katalogisieren läßt, obwohl sich hier doch eine Zentralisierung geradezu anböte. Ohne an dieser Stelle schon in die Diskussion über die zentralen Dienstleistungen eintreten zu wollen, weisen diese Bemerkungen doch auf einen Aspekt hin, der bei der Beurteilung der neuen Katalogisierungsregeln nicht außer Acht bleiben dürfte. Die zentrale Norm sollte zu wesentlichen Teilen heute als eine Norm für die Zentrale verstanden werden. Der Kooperationseffekt derartiger Normen, wie sie die Regeln für die alphabetische Katalogisierung darstellen, ist eben nicht mehr unter der Devise zu betrachten, unter der die Preußischen Instruktionen in den neunziger Jahren des vorigen Jahrhunderts angetreten sind. Nicht mehr die einzelne Bibliothek katalogisiert für eine Zentrale, die lediglich einen großen Datenspeicher darstellt. Die Zentrale soll vielmehr den einzelnen Bibliotheken einen erheblichen Teil der Katalogisierungslast abnehmen, allerdings – wohlverstanden – nur einen erheblichen Teil. Ginge nämlich die ganze Last auf die Zentrale über, so wäre zumindest die Veröffentlichung detaillierter Regeln nicht eigentlich erforderlich. Da jedoch die Zentrale lediglich

[7] Hermann Fuchs: Für und wider die preußischen Instruktionen. In: Nachrichten für wissenschaftliche Bibliotheken. 1. 1948, S. 173–185.

Hermann Fuchs: Stellungnahme zu dem vorliegenden Entwurf neuer Katalogregeln. In: Verband der Bibliotheken des Landes Nordrhein-Westfalen. Mitteilungsblatt. N.F. 9. 1959, S. 19–21.

[8] Verband der Bibliotheken des Landes Nordrhein-Westfalen. Zusammenstellung der Stellungnahmen zu den „Regeln für den alphabetischen Katalog". Köln 1959, S. 3–4.

[9] Empfehlungen des Wissenschaftsrates zum Ausbau der wissenschaftlichen Einrichtungen. T. 2. Wissenschaftliche Bibliotheken. Köln 1964.

das Schriftgut des nationalen Bereichs – was auch immer bei einem so komplizierten politischen Raum wie dem deutschen Kulturraum darunter zu verstehen ist – bearbeiten kann und soll, bleibt den anderen Bibliotheken noch genug zu tun, entsprechend ihrem Anteil an ausländischer Literatur in ihrer Erwerbungspolitik und dem Entwicklungsstand der zentralen Dienstleistungen in anderen Ländern.

Unter diesem Aspekt bibliothekarischer Kooperation stellen die Katalogisierungsregeln eine fundamentale Voraussetzung dar, die nicht leichtfertig in der Stringenz ihrer Geltung verwässert werden darf. Dies kann nicht deutlich genug herausgestellt werden angesichts der ständig weiter um sich greifenden Tendenzen, lokale oder regionale Sonderformeln zu den Regeln für die alphabetische Katalogisierung zu entwickeln. Zwar nutzen die Betreiber dieses Handwerks nicht ungeschickt das bibliothekarische Entsetzen über die komplexen Strukturen des neuen Regelwerks für ihre Zwecke aus und verheißen der gläubigen Menge jenes Zauberbuch sowohl hinreichender wie einfacher Regeln und scheinen damit alle bibliothekarischen Träume zu erfüllen. Blickt man jedoch schärfer auf die Hintergründe, so offenbaren sich sehr bald die Motive der Propheten. Mir ist jedenfalls unter den fünf oder sechs Kurzformen zu den Regeln für die alphabetische Katalogisierung kein Fall bekannt, bei dem nicht das wirkliche Motiv in einem gewissen örtlichen Interesse liegt, vorhandene Datenstrukturen oder elektronische Programmsysteme nicht ändern zu müssen. Dieses Motiv ist zwar durchaus ehrenvoll und entspricht sicherlich alter bibliothekarischer Tradition. Man muß sich daher wundern, warum eine allgemeine Camouflage betrieben wird und den wahren Gründen andere untergeschoben werden müssen. Das bibliothekarische kooperative Bewußtsein offenbart sich in diesem Vorgang sicher nicht von seiner besten Seite.

Es soll nicht einmal in Abrede gestellt werden, daß die neuen Regeln für die alphabetische Katalogisierung keineswegs ein ideales Normenwerk für die bibliothekarische Kooperation darstellen. Dabei scheinen mir die Mängel nicht so sehr in der Komplexität der Regulierungen und in dem Faktum zu liegen, daß es keineswegs immer gelungen ist und leider wohl auch nicht immer angestrebt wurde –, auch für Nichtbibliothekare, die ja immerhin die Kataloge nutzen sollen, einsichtige Lösungen zu finden. Dies sind zwar Schönheitsfehler – andere Systeme besitzen andere –, treffen jedoch den Nerv nicht. Viel gravierender ist, daß die Regeln in nicht wenigen Fällen ihre Hauptaufgabe, normierend zu wirken, aus den Augen verlieren und den erstaunten Anwendern statt einer klaren Anweisung einen bunten Strauß von Möglichkeiten zur gefälligen Bedienung anbieten. Hier hat man es allen recht machen wollen und schließlich keinem genutzt. Die Anweisung, jede Bibliothek müsse vor Einführung des neuen Regelwerks zuerst für sich festlegen, welche Alternativen sie anwenden will, kommt einer schlichten Aufforderung zu bibliothekarischem Partikularismus gleich[10].

In dieser Situation hilft nur eine nachträgliche normative Festlegung der Alternativen auf einheitliche klare Regeln. Die Deutsche Bibliothek, die an der Entwicklung der neuen Regeln mit den ihnen innewohnenden Problemen nicht unschuldig ist, hat sich daher entschlossen, auch für die Normierung der noch offenen Alternativen ein Angebot zu machen, indem sie ihre eigenen Festlegungen und Interpretationen der Regeln für die alphabetische Katalogisierung veröffentlicht, und zwar als Fortschreibung in Form einer Loseblattausgabe[11]. Darin mag der Purist bereits wiederum einen Sündenfall erblicken, hält sich die Deutsche Bibliothek mit dieser Publikationsform doch ausdrücklich die Möglichkeit offen, einmal Publiziertes wieder zurückzunehmen und zu alterieren. Doch scheint dies die notwendige Konsequenz aus der allgemeinen Situation zu sein, in der weder alle Untiefen der neuen Katalogisierungsregeln ausgelotet, die divergierenden Interessen der verschiedenen Bibliothekstypen hinreichend bekannt noch die rechtlichen Durchsetzungsmöglichkeiten derartiger Normen in der Bundesrepublik Deutschland ausreichend geklärt sind. Was die Deutsche Bibliothek daher bieten kann, ist nicht mehr als ein Angebot, das zu seiner Marktgängigkeit natürlich mit einiger Attraktivität ausgestatttet werden muß. Diese Attraktivität wird in der relativen Offenheit der publizierten Hausregeln gesehen. Vielleicht kommen die deutschen Bibliotheken mit der Deutschen Bibliothek über dieses Angebot ins Gespräch. Die Empfehlung, die Hausregeln zu publizieren, ging – dies mag ein gutes Omen sein – von einem Hearing aus, auf dem die Teilnehmer die zentralen Dienstleistungen der Deutschen Bibliothek eingehend erörterten.

Zweifellos sind die Regeln für die alphabetische Katalogisierung die indispensable Grundlage für jede Form bibliothekarischer Kooperation. Sie stellen die bibliothekarische Norm par excellence dar, so daß die deutschen Bibliotheken sich glücklich schätzen sollten, überhaupt eine derartige Grundlage zu besitzen, bei all den Einwendungen, die im einzelen gegen sie erhoben werden. Doch kann und darf diese Norm nicht als die einzige Basis bibliothekarischer Kooperation betrachtet werden. Es muß immerhin zu denken geben, daß Treitschke bei seinen Bemühungen um eine Vergrößerung der Durchsichtigkeit der Buchbestände in den preußischen Universitätsbibliotheken nicht von der alphabetischen Katalogisierung ausging, sondern von den systematischen Katalogen. Zwar ist nicht zu vermuten, daß er sich bei diesem Vorschlag über die bibliothekarischen theoretischen Implikationen wesentliche Gedanken gemacht hat. Es entspricht überhaupt der bibliothekarischen Tradition in der Mitte des 19. Jahr-

[10] Regeln für die alphabetische Katalogisierung RAK. Wiesbaden 1977, S. VII–VIII.

[11] Deutsche Bibliothek. RAK-Anwendung in der Deutschen Bibliothek. Präzisierungen und Erläuterungen zu einzelnen Paragraphen. München 1978.

hunderts – sieht man von dem Sonderfall Schrettinger[12] ab –, die Buchbestände nur durch einen standortgebundenen systematischen Katalog zu erschließen. Man mag daher die ganze Frage der Sacherschließung als Phänomen betrachten, dem nur noch historisches Interesse zukommt. Der Abbruch systematischer Bibliothekskataloge in einigen Hochschulbibliotheken während der letzten Jahre scheint diese Interpretation Treitschkescher Initiative zu stützen. Doch lassen sich auch andere Phänomene mit entgegengesetzter Tendenz aufweisen. Das große Interesse, das die Bemühungen um eine Einheitsklassifikation in den letzten Jahren gefunden hat, mag hier als ein deutliches Beispiel für das bibliothekarische Interesse an systematischer Ordnung dienen, selbst wenn dieses Unternehmen bereits in einem Stadium eingestellt wurde, in dem der Bereich der Unverbindlichkeit noch nicht überstiegen werden mußte und die Bibliotheken nicht vor konkrete Entscheidungen gestellt wurden.

So mag man für die Bundesrepublik Deutschland ein gebrochenes Verhältnis der Bibliothekare zu systematischen Fragen konstatieren. Für den internationalen Raum gilt diese Ambivalenz ebenso wenig wie für die Dokumentare in der Bundesrepublik. Die von der UNESCO im September 1977 in Paris veranstaltete Internationale Konferenz über Nationalbibliographien hat eindeutig gezeigt, daß die Sacherschließung uneingeschränkt und ungebrochen zum Selbstverständnis der Bibliothekare gehört und daß nach allgemeinen Normvorstellungen eine einheitliche Klassifikation der nationalen Buchproduktion nach einem international bereits üblichen System zu den Grundaufgaben der Nationalbibliotheken gehört. Die von dieser Konferenz entwickelten Mindestnormen für Nationalbibliographien umfassen daher auch die Klassifizierung und Indexierung der angezeigten Literatur.

Es zeigt sich also, daß die Situation auf dem Gebiet der Sacherschließung nicht so weit entfernt ist von der in der alphabetischen Katalogisierung. Auch hier wird – vorerst wohl nur außerhalb des deutschen Sprachraums – eine Norm erwartet, die es allen Bibliotheken ermöglicht, zugleich zentrale Dienstleistungen auf diesem Gebiet zu übernehmen wie auch eigene Dienstleistungen nahtlos in dieses System einzubringen. Also ist die Einheitsklassifikation doch nicht so fern aller bibliothekarischer Notwendigkeit angesiedelt gewesen?

Die Untersuchungen, die als Arbeitspapiere auf der Pariser Konferenz präsentiert wurden, zeigten, daß die Zeit des großen Systemeschmiedens vorbei ist. Das Ausland hat sich längst festgelegt, schon seit Jahrzehnten, zum Teil seit einem Jahrhundert. Der Versuch, hier ein neues System international zur Geltung zu bringen, dürfte daher bereits von Anfang an zum Scheitern verurteilt sein. Dies jedenfalls bekamen die deutschen Vertreter in Paris zu hören.

[12] Martin Schrettinger: Handbuch der Bibliothekswissenschaft. Wien 1834.

Die ganze Frage der Systematik bedarf eines neuen Impulses und einer gründlichen, von weniger Optimismus und mehr internationaler Offenheit geleiteten Prüfung. Sie stellt zweifellos eine der bibliothekarischen Gemeinschaftsaufgaben für die nächsten Jahre dar, wobei ein erhebliches Maß an Kompromißbereitschaft wohl unerläßlich erscheint, will man überhaupt zu Ergebnissen gelangen, die sich in überschaubarer Zeit realisieren lassen.

Anders, wenn auch nicht weniger drängend, stellt sich die Problematik auf dem Gebiet der Indexierung. Die Deutsche Bibliothek hat Jahrzehnte lang ihr Sacherschließungssystem ausschließlich als ein Register zu ihren kumulierenden Bibliographien betrachtet. Die zu den einzelnen Titeln vergebenen Schlagwörter wurden weder in der Primärbibliographie veröffentlicht noch den verschiedenen Formen ihrer zentralen Dienstleistungen beigegeben. An einer Ausnutzung dieser Leistungen durch andere Bibliotheken war nicht gedacht. Die Problemlage änderte sich jedoch mit der Errichtung einer elektronischen Datenbank für bibliographische Daten im Jahre 1976. Zwar war diese Datenbank bislang nur intern zugänglich, vor allem für die bibliographische Auskunft, jedoch auch für die Sacherschließung. Eine Öffnung auch für andere Bibliotheken und Dokumentationsstellen befindet sich im Erprobungsstadium. Doch hat schon die interne Nutzung gezeigt, daß die Praxis der Sacherschließung der Deutschen Bibliothek grundlegend geändert werden muß, wenn nicht nur Register zu den kumulierenden Bibliographien bedient werden sollen. Eine Öffnung für die Öffentlichkeit mit dem Ziel einer zentralen Dienstleistung verlangt zugleich eine Anpassung der Strukturen an die Bedürfnisse dieser Öffentlichkeit. Damit steht die Indexierung vor den gleichen Normierungsproblemen wie die alphabetische Katalogisierung am Ende des 19. Jahrhunderts. Was Not tut, ist eine normative Festlegung der Indexierung, damit auf diesem Gebiet der gleiche Effekt erzielt werden kann, wie bei der alphabetischen Katalogisierung.

Nun ist jedoch nicht zu übersehen, daß diese normative Festlegung für ein kooperatives Indexierungssystem um einiges komplexer ist als die für ein System alphabetischer Katalogisierung. Zwar haben in den letzten Jahrzehnten einige Bibliotheken Regeln für die Vergabe von Schlagwörtern entwickelt[13], die sicherlich eine gute Grundlage für ein kooperatives Regelwerk abzugeben in der Lage sind. Dieser Teil der Normierungsaufgabe dürfte daher wesentlich schneller zu bewältigen sein, als es etwa die Regeln für die alphabetische Katalogisierung wa-

[13] Regeln für den Schlagwortkatalog „Erlanger Regelwerk". Im Auftrag der Universitätsbibliothek Erlangen–Nürnberg bearbeitet v. Agnes Stählin u. Roswitha Poll. 4. Aufl. München 1977.
Regeln für den Schlagwortkatalog der Universitätsbibliothek der Freien Universität Berlin. Zus.gest. v. Wolfhart Unte. 2. Aufl. Berlin 1976.
Universitätsbibliothek Augsburg / Gesamthochschulbibliothek Bamberg / Universitätsbibliothek Bayreuth / Universitätsbibliothek Regensburg. Regeln für den Schlagwortkatalog. Vorläufige Fassung. Augsburg 1970.

ren. Doch kann dies noch keineswegs als die Lösung der Normierungsaufgabe angesehen werden.

Die deutschen Bibliotheken sprechen immer noch von einer Schlagwortvergabe und befinden sich mit dieser Terminologie um mindestens eine Generation hinter dem Stande der Diskussion um die Indexierung. Die innerhalb der Dokumentation und der Abstractdienste mit Intensität geführte Erörterung über die Anforderungen, die an moderne kooperative Indexierungssysteme zu stellen sind, haben die Bibliotheken – wenigstens im deutschen Sprachraum – nicht zur Kenntnis genommen. Einige wenige Versuche, Prinzipien der Facettenklassifikation in deutschen Hochschulbibliotheken einzuführen, sind bald wieder versandet. Die Entwicklung von Thesauri vollzog sich ohne Beteiligung der Bibliothekare. Hier ist für die Bibliotheken noch erst ein erhebliches Wissenspotential aufzuarbeiten, bis die Ergebnisse der Indexierungsdiskussion auch für die Sacherschließung der Deutschen Bibliographie genutzt werden können.

Dabei ist es wohl unbestreitbar, daß eine kooperative Indexierung nur funktionieren kann, wenn sie auf den zwei Säulen eines normierten Wortschatzes in Form eines Thesaurus ruht. Die Entwicklung des ersten muß als eine bibliothekarische Gemeinschaftsaufgabe betrachtet werden, ähnlich der Entwicklung der Regeln für die alphabetische Katalogisierung. Bei der zweiten Aufgabe können die Bibliothekare der umfassenden Hilfe ihrer dokumentarischen Kollegen nicht entraten. Die Deutsche Bibliothek hat ein erstes Pilotprojekt begonnen, das die Formen der Zusammenarbeit erproben wird. Dabei bildet der bisher von der Deutschen Bibliothek verwendetete Wortschatz die Untersuchungsbasis, über der Fragen der erforderlichen Hierarchieebenen, der benötigten Relationen, der Behandlung von Namen und Quasinamen sowie vor allem der Grenze des Übergangs von thesaurusgebundener zur freien Indexierung untersucht werden sollen. Erst nach Abschluß dieser, die Grundfragen klärenden Untersuchung werden die Fragen der praktischen Erstellung des Thesaurus, der formalen Regelungen bei seiner Pflege und Erweiterung sowie seiner normierenden Einführungen geklärt werden können. Wie so oft im bibliothekarischen Bereich wird manchem der Zeitpunkt der Lösung dieser Fragen als zu spät erscheinen, da sich die meisten Bibliotheken schon festgelegt haben. Eine kooperative Lösung läßt sich jedoch kaum übers Knie brechen, auf dem Gebiet der Sacherschließung noch weniger als auf anderen Feldern. Hier arbeiten wir heute lediglich für die Zukunft.

Schließlich bleibt noch eine weitere Form der Normierung zu nennen, die sich in den letzten Jahren zu den Regeln für die alphabetische und systematische Katalogisierung hinzugesellt hat, die Festlegung von elektronischen Datenformaten für den Tausch bibliograhischer Daten auf Magnetbändern. Von der Library of Congress ist ein Standard entwickelt worden, der – durch die ISO normiert –

gute Aussichten hatte[14], verbindliche internationale Norm zu werden. Leider haben die Erfahrungen gezeigt, daß diese Norm nicht völlig unabhängig von den jeweiligen Katalogisierungsregeln formuliert werden kann. So gibt es mit dem MAB-Format auch hier eine Norm für die deutschen Bibliotheken[15], die von dem internationalen Standard abweicht, wenn auch die Koordinierungsprobleme hier um einiges geringer sind als diejenigen zwischen den verschiedenen nationalen Regeln zur alphabetischen Katalogisierung.

Regeln für die alphabetische Katalogisierung, Regeln für die Indexierung (Schlagwortvergabe), allgemeiner Thesaurus für Bibliotheken und verbindliches Austauschformat – vier große Normwerke, die die Grundlage für alle bibliothekarische Leistungskooperation bilden, jener Kooperation, die als einzige heute noch einen durchgreifenden Erfolg verspricht. Erst ein kleiner Teil dieser bibliothekarischen Aufgaben ist gelöst. Selbst bei der Norminierung der alphabetischen Titelaufnahme ist nur erst eine Voraussetzung für die Kooperation geschaffen. Andere wichtige wie die verbindliche Einführung der Regeln für die alphabetische Katalogisierung in deutschen Bibliotheken fehlen noch. Ob hier – im Gegensatz zur Deutschen Demokratischen Republik[16] – in der Bundesrepublik Deutschland mehr zu erreichen ist als eine freiwillige Einigung auf die Anwendung der neuen Regeln, allenfalls unter sanftem Druck oder unter wohlwollender Billigung der zuständigen Ministerien, mag mit Fug bezweifelt werden. Doch sollten wir die Hoffnung in die bibliothekarische Einsicht nicht zu gering ansetzen, zumal die Umstände manchen in den nächsten Jahren nötigen werden, nach ökonomischen Hilfen Ausschau zu halten.

II.

Während die Normierungen unabdingbare Voraussetzungen für jedes Funktionieren von Kooperationssystemen sind, stellen die zentralen Dienstleistungen lediglich Angebote dar, die jede Bibliothek übernehmen oder zurückweisen kann, je nach ihrer speziellen Arbeitslage und Aufgabenstellung. Aus dieser unterschiedlichen Situation ergeben sich natürlich besondere Bedingungen für diejenigen bibliothekarischen Einrichtungen, die zentrale Dienstleistungen produzieren. Hier ist es zum Beispiel nicht damit getan, daß ein Einheitstyp von Dienstleistungen – etwa ein Katalogdienst – angeboten wird. Das Verhalten der

[14] MARC format. – Specifications for magnetic tapes containing catalog records for books. 5th. ed. Washington 1972.
The Exchange of bibliographic Data and the MARC format. München 1972.

[15] Maschinelles Austauschformat für Bibliotheken (MAB 1). Red. Ernst Kohl. Berlin 1973.
Ernst Kohl: EDV-Austauschformat für bibliographische Daten: MAB 1. In: Zeitschrift für Bibliothekswesen und Bibliographie. 21. 1974, S. 97–113.

[16] Anweisung über die Einführung der „Regeln für die alphabetische Katalogisierung" (RAK) in den Bibliotheken. In: Verfügungen und Mitteilungen des Ministeriums für Hoch- und Fachschulwesen der Deutschen Demokratischen Republik. 1975 Nr. 9, S. 111.

produzierenden Zentrale muß sich vielmehr an den unterschiedlichen sachlichen und technischen Bedürfnissen der Bibliotheken orientieren. Dabei gestaltet sich bereits heute das Bild der Dienstleistungen vielfältig; es wird in naher Zukunft wohl noch stärker aufgefächert werden, und erst in ferner Zukunft kann sich über einen Normierungseffekt eine gewisse Einheitlichkeit der Systeme einstellen.

Das Angebot an zentralen Dienstleistungen reicht bis in den Ausgang des vorigen Jahrhunderts zurück und ist eng mit der Entwicklung bibliothekarischer Normen verknüpft. Dabei standen von Anfang an zwei Dienstleistungen im Vordergrund: bibliographische und Katalogisierungsleistungen. Auf den ersten Blick scheinen diese beiden Formen nur Varietäten der gleichen Leistung zu sein. In ihrer Funktion wie in ihrer Entstehung sind sie jedoch deutlich voneinander abgesetzt. Im einen Fall wird Information angeboten, die bibliothekarische Handlungen bestimmt oder erleichtern soll, im anderen Fall handelt es sich um eine Leistung, die den Bibliotheken Arbeit abnimmt, eine echte Substitution.

Wie die oben zitierten Pläne Treitschkes zeigen, stand die Idee der Informationleistung am Anfang der bibliothekarischen Aktivitäten zur Schaffung von zentralen Dienstleistungen. Zentralkataloge sind denn auch bis heute Prototypen von zentralen Informationsspeichern geblieben. Schon im ersten Jahrzehnt dieses Jahrhunderts hat sich zum Zentralkatalog das gedruckte Zeitschriftenverzeichnis gesellt, das sich – wenigstens in den Wünschen der Bibliothekare – allgemeiner Hochschätzung erfreut. Dabei scheint es heute fast wie ein bibliothekarischer Kanon, daß monographische Literatur nur in Zentralkatalogen gespeichert, periodische Literatur jedoch in Form von Verzeichnissen angeboten werden soll, wenn es auch nicht an Versuchen fehlt, auch die monographische Literatur in periodisch erscheinenden Bestandsverzeichnissen anzuzeigen. Post festum läßt sich jedenfalls feststellen, daß die Argumente der Apologeten der Zentralkataloge gegen den Zentralkatalog der ausländischen Literatur wohl nicht recht überzeugen[17]. Die Kataloge der kommunalen Sondersammelgebiete in Nordrhein-Westfalen widerlegen schon manche dieser Argumente[18]. Es sind jedoch zwei Entwicklungen, die der Diskussion um die zentralen Informationsleistungen zur Lenkung des Leihverkehrs neue Impulse gegeben haben: der Aufbau einer Zeitschriften-Datenbank durch die Staatsbibliothek Preußischer Kulturbesitz und die Arbeitsstelle für Bibliothekstechnik in Berlin[19] und die

[17] vergl. die Diskussion über die Einschaltung der Zentralkataloge in den Leihverkehr auf dem 51. Deutschen Bibliothekartag in München im Jahre 1961. In: Zeitschrift für Bibliothekswesen und Bibliographie. 8. 1961, S. 297–298.

[18] Sondersammelgebiete der kommunalen Bibliotheken und Büchereien. Hrsg. v. Verband der Bibliotheken des Landes Nordrhein-Westfalen. Jahreskatalog 1958/9 ff. Köln 1960 ff.

[19] Rudolf Lais: Die Zeitschriftendatenbank der ABT. In: Die Zukunft automatisierter Bibliotheksnetze in der Bundesrepublik Deutschland. München 1977, S. 112–113.

Publizierung von ISBN-Listen durch den Hessischen Zentralkatalog[20]. Das Ziel des ersten Unternehmens ist natürlich die Erzeugung von Steuerinstrumenten für den Leihverkehr auf einem Feld, auf dem die Zentralkataloge sich seit langem als unzureichend erwiesen haben, und zwar nicht aufgrund gewisser organisatorischer Mängel, sondern aus prinzipiellen Gründen. Mit dem Übergang von konventioneller zu elektronischer Bearbeitung fällt jedoch ein Arbeitsinstrument an, das in seiner Flexibilität deutlich über das gesteckte Ziel hinausreicht und in der Form normierter Zeitschriftentitelaufnahmen auch eine entscheidende Funktion in der Neukatalogisierung der Zeitschriftenbestände der deutschen Bibliotheken bei der Umstellung ihrer Kataloge auf die neuen Katalogisierungsregeln übernehmen kann. Es ist bedauerlich, daß das sicherlich bewundernswerte Parallelunternehmen in Niedersachsen die Kraft zu dem Entschluß, veraltete Datenstrukturen über Bord zu werfen und sich der modernen Entwicklung anzupassen, bisher nicht hat aufbringen können[21]. Hier kann nämlich ein ursprünglich in seiner Funktion eingeschränktes Werkzeug zu einem multifunktionalen Instrument ausgebaut werden.

Eine zentrale Informationsleistung, die von den deutschen Bibliotheken erst verhältnismäßig spät aufgenommen wurde, obwohl sie heute zu einer völligen Selbstverständlichkeit geworden ist, stellt die Nationalbibliographie dar. Sie ist in ihrer Verwendung so differenziert, daß für diese verschiedenen Bedürfnisse längst eine Reihe von Ausgaben entwickelt wurden. Neben die Grundbibliographie sind nicht nur Kumulierungen, sondern auch spezielle Verzeichnisse getreten, die besonderen Bedürfnissen Rechnung tragen. Das ist alles wohlbekannt und bedarf hier keiner näheren Ausführung. Entscheidend für die weitere Entwicklung der Nationalbibliographie sind jedoch zwei Tendenzen, die in den letzten Jahren in den Vordergrund getreten sind: der Übergang von der gedruckten zur Mikroficheausgabe und die Entwicklung einer bibliographischen Datenbank, die nicht nur bibliothekarisch-interne Funktionen im Arbeitsablauf der Deutschen Bibliothek übernimmt, sondern auch anderen Bibliotheken, Dokumentationsstellen und Buchhandlungen zu Informationszwecken zur Verfügung steht. Diese Datenbank, die zur Zeit dem deutschen Informationsnetz ODIN und dem europäischen Netz EURONET integriert wird, trägt den Namen BIBLIO DATA und umfaßt zur Zeit die bibliographischen Daten der Deutschen Bibliothek seit 1972[22]. Im Jahre 1978 werden die ersten Benutzer

[20] Klaus-Dieter Lehmann: Verwendung der ISBN im Bereich des Hessischen Zentralkatalogs. In: Zeitschrift für Bibliothekswesen und Bibliographie. 21. 1974, S. 466–468.

Hildegard Hüttermann: Zwei Jahre ISBN-Projekt beim Hessischen Zentralkatalog. In: Zeitschrift für Bibliothekswesen und Bibliographie. 24. 1977, S. 34–42.

[21] Helmut Vogt: EDV-Verbundplanung in Niedersachsen. In: Die Zukunft automatisierter Verbundnetze in der Bundesrepublik Deutschland. Berlin 1977, S. 218–221.

[22] Kurt Nowak: Die Deutsche Bibliothek 1959–1975: Rückblick und Ausblick. In: Bibliothek – Buch – Geschichte. Kurt Köster zum 65. Geburtstag. Frankfurt 1977, S. 25–33, besonders S. 31–32.

probeweise angeschlossen. Die allgemeine Öffnung der Datenbank wird angestrebt.

Damit keine falschen Vorstellungen entstehen, soll hier ausdrücklich betont werden, daß es sich bei dieser Datenbank um ein Informationsinstrument handelt, das keine Manipulation der Daten zuläßt. Der von den deutschen Bibliotheken erwartete zentrale Datenspeicher, aus dem sich die Bibliotheken im Dialogverkehr ihre benötigten Titelaufnahmen abrufen können, wird mit dieser Datenbank nicht geliefert. Das erlaubt weder die Struktur des Datenspeichers noch die Organisation des Systems, wie an späterer Stelle ausgeführt wird.

Es ist natürlich eine noch offene Frage, wie groß der Bedarf der deutschen Bibliotheken an einem derartigen Speicher ist. Im Dokumentationsbereich wie in der eigenen Auskunftsarbeit der Deutschen Bibliothek ist das Interesse an diesem Spreicher deutlich wachsend. Das hängt nicht nur mit der sich nur langsam umstellenden Arbeitstechnik zusammen, die die Vorteile eines solchen Instruments erst mit der zunehmenden Erfahrung erscheinen läßt, sondern auch mit dem wachsenden Speicher, der sich jedes Jahr um rund 75000 Titelaufnahmen vergrößert und damit natürlich an Informationswert gewinnt. Es bleibt jedoch abzuwarten, inwieweit ein solcher Speicher, der ein direktes Pendant zu den Fachinformationssystemen darstellt – beschränkt auf monographische Literatur – neben einem zu entwickelnden deutschen Speicher für die Unterstützung der Titelaufnahmen in den Bibliotheken in der praktischen Arbeit der Bibliotheken von Interesse sein wird. Für die Deutsche Bibliothek hat er als internes Arbeitsinstrument seine funktionelle Feuerprobe bestanden.

Auch in den USA bedienen sich zahlreiche Bibliotheken der Dialogdienste von Informationsdatenbanken, wie die Tagung „On-line-Revolution in Libraries“ ergab, die im November 1977 in Pittsburgh stattfand[23].

Die andere Tendenz, der Übergang von gedruckter zu Mikrofiche-Ausgabe der Bibliographien, bietet sich natürlich vor allem bei den kumulierenden Bibliographien an. Hier sind es im wesentlichen zwei Aspekte, die diesen Übergang begünstigen, ein Zeit- und ein Kostenaspekt.

Der Rückstand der kumulierenden Bibliographien der Deutschen Bibliothek konnte zwar in den letzten Jahren wesentllich verringert werden. Die Halbjahresverzeichnisse sind auf dem laufenden. Auch die Mehrjahresverzeichnisse liegen abgeschlossen vor, so weit es sich um die alphabetischen Teile handelt. Die Bearbeitungszeit eines Verzeichnisses beträgt jedoch noch immer rund fünf Jahre. Ob an dieser Bearbeitungszeit ohne grundlegende Änderungen der Erscheinungsform viel abzukürzen ist, bleibt zweifelhaft. Will man also die Erscheinungszeiten dieser Verzeichnisse verkürzen, so bietet sich nur der Übergang zu

[23] Karl Nyren: The Online Revolution in Libraries. In: Library Journal. 1978, S. 439–441.

zeitsparenden Veröffentlichungsformen an, das heißt die Ausgabe des Verzeichnisses in Mikroform.

Ähnlich steht es mit den Kostenüberlegungen. Die deutsche Buchproduktion hat sich in der letzten Dekade so ausgeweitet, daß die Fünfjahresverzeichnisse einen Umfang annehmen, der zu einer erheblichen Steigerung der Lieferpreise führte. Zwar konnte die Deutsche Bibliothek die ständigen Kostensteigerungen bei dem Setz- und Druckvorgang noch weitgehend kalkulatorisch auffangen, es war aber dennoch nicht zu vermeiden, daß das Verzeichnis 1971–1975 – mit einer Umfangsverdoppelung gegenüber 1966–1970 – die 10000-Mark-Grenze überschritt. Wenn man darüber hinaus bedenkt, daß das Fünfjahresverzeichnis keineswegs das gesamte Schrifttum der Berichtsperiode, sondern nur das Verlagsschrifttum unter Ausschluß der Reihen B, C und H umfaßt, so kann man sich leicht ausrechnen, was eine wirklich umfassende Bibliographie kosten müßte.

In diesem Zwiespalt hat sich die Deutsche Bibliothek entschlossen, die Bibliographie 1971–1975 in einer doppelten Form erscheinen zu lassen: der konventionellen Form wurde – für die Subskribenten kostenlos – eine Mikrofiche-Edition vorausgeschickt, die bereits im Oktober 1977 abgeschlossen vorlag, da auf alle redaktionelle Bearbeitung verzichtet wurde. Leider umfaßt dieser erste Versuch auch nur die Buchhandelsveröffentlichungen, da die Erweiterung des Verzeichnisses um die Reihen B, C und H aus programmtechnischen Gründen in der Kürze der zur Verfügung stehenden Zeit nicht möglich war. Dies soll bei der nächsten Fünfjahresperiode nachgeholt werden. Die Erfahrungen, über die die Bibliotheken hoffentlich berichten werden, wird die Entscheidungsgrundlage für die zukünftige Entwicklung der Kumulationsstufen der Deutschen Bibliographie bilden.

Neben diese Informationsleistungen, die im gewöhnlichen Sprachgebrauch nicht eigentlich zu den zentralen Diensten gerechnet werden – die zumindest nicht so leicht in den Blick geraten, wenn von zentralen Diensten gesprochen wird –, treten die der alphabetischen Katalogisierung – und letztlich auch der Sacherschließung dienenden Leistungen. Die Geschichte der Titeldrucke stellt in Deutschland ein wechselvolles Kapitel zentraler Dienstleistungen dar. Wirklich durchgreifenden Erfolg hat dieses Unternehmen niemals gehabt, vergleicht man es etwa mit demjenigen in den Vereinigten Staaten. Vollends nach dem 2. Weltkrieg hat diese Form der zentralen Dienstleistungen nicht mehr an Boden gewinnen können, so daß die Deutsche Bibliothek sogar einige Jahre die Produktion zentraler Titelkarten eingestellt hatte. Organisatorische und Zeitverzögerungsgründe wurden genannt. Die Behebung der Klagen hatte jedoch nur teilweise Erfolg. Zweifellos stellt diese Form der zentralen Dienstleistungen nicht das Optimum dar. Die Deutsche Bibliothek mußte daher nach anderen

Wegen suchen, den Bibliotheken zentrale Dienstleistungen für Erwerbung und Katalogisierung anzubieten.

In drei Richtungen geht die Erweiterung des Standardangebotes der Titeldrucke: CIP-Eindruck in die Bücher, Kopien von Ablochbelegen und Magnetbanddienste der Titelaufnahmen. Der einfachste dieser Dienste ist die Lieferung der Ablochbelege, im Jargon der Deutschen Bibliothek, der sich auch bei den anderen Bibliotheken durchzusetzen scheint, Schluppen genannt[24]. Dieser Dienst erfüllt gegenüber den Titeldrucken die Forderung nach Aktualität, gelingt es doch, diese Belege rund zwei Wochen nach Eingang des Pflichtexemplares und damit fast sechs Wochen vor Auslieferung der Titeldrucke und des betreffenden Wöchentlichen Verzeichnisses zu versenden. Doch ist dieser Dienst zugleich auch der vom Standpunkt der Deutschen Bibliothek am wenigsten befriedigende, obwohl er sich zunehmender Beliebtheit bei den Beziehern erfreut. Dabei spricht gegen ihn nicht einmal vordringlich, daß es sich bei dem Material um ein noch nicht korrigiertes Zwischenprodukt der Deutschen Bibliothek handelt. Der geringe Fehleranteil wird von den Bibliotheken offensichtlich ohne große Sorge in Kauf genommen. Wesentlicher ist, daß dieser Dienst auf einer Arbeitsorganisation der Deutschen Bibliothek aufbaut, die keineswegs als optimal bezeichnet werden kann und daher in der nächsten Zeit geändert werden muß. Es entsteht dann natürlich die Frage, in welcher Weise dieser Dienst weitergeführt werden kann. Ersetzbar ist er zur Zeit durch keine andere Dienstleistung der Deutschen Bibliothek. Hier werden Gespräche mit den Subskribenten erforderlich.

Ganz anders steht es mit dem Magnetbanddienst. Nach langer Experimentierzeit, bei der die Universitätsbibliothek Bochum und später das Hochschulbibliothekszentrum Köln praktische Erfahrungen sammelten[25], hatte die Deutsche Bibliothek Anfang 1977 ihren wöchentlichen Magnetbanddienst offiziell aufgenommen. Die geringe Resonanz des ersten Jahres hat nicht nur sie überrascht. Doch wäre es falsch, daraus auf ein allgemeines Desinteresse der deutschen Bibliotheken zu schließen. Viel näher liegt die Vermutung, daß die bereits automatisierten Bibliotheken die streng nach den allgemeinen Normen angelegten Magnetbänder mit ihren lokalen Systemen nicht verarbeiten können, die anderen Bibliotheken jedoch mit ihren Vorbereitungen zur Automatisierung noch nicht so weit sind, daß sie diesen Dienst mit Erfolg einzusetzen vermöchten. Die gelegentlich geäußerte Vermutung, daß die Höhe des Subskriptionspreises pro-

[24] Dieter Wolf: Titeldrucke und Vorauszettel als zentrale Dienstleistungen der Deutschen Bibliothek. In: Arbeitsgemeinschaft der Spezialbibliotheken. Bericht über die 15. Tagung in Düsseldorf. Berlin 1976, S. 229–236.

[25] Christine Boßmeyer: Die Arbeitsgänge der maschinellen Verarbeitung. In: Bibliotheksverbund in Nordrhein-Westfalen. München 1976, S. 138–162, besonders S. 138–141.

hibitiv wirkte, kann kaum als richtig akzeptiert werden, da der Preis von DM 10000,– pro Jahr nicht mehr als ein Drittel der Kosten für eine bibliothekarische Fachkraft beträgt. Sollte der Einsatz eines solchen Magnetbandes in einer Bibliothek einen geringeren Rationalisierungserfolg als diese Einsparung ergeben, kann man ihr allerdings nur von dem Einsatz abraten.

Der dritte Dienst ist zugleich der am wenigsten konventionelle. Ob Titelaufnahmen in Kärtchenform, als kopierte Ablochbelege oder auf Magnetband aufgezeichnet verbreitet werden, stellt eigentlich nur einen Wechsel des Datenträgers bei konstanter Datenform dar. Mit dem Eindruck von Titelaufnahmen in die Bücher übernimmt die Deutsche Bibliothek eine andere Technik der Verbreitung[26]. Dadurch wird zugleich für die Bibliotheken das Problem des Zusammenführens von Buch und zentraler Dienstleistung auf optimale Weise gelöst. Natürlich hält sich dieses ganze Verfahren im konventionellen Arbeitsbereich. Jeder Übergang zu automatisierten Formen der Verarbeitung bei den Bibliotheken setzt daher bei Ausnutzung des CIP-Dienstes einen neuen Vorgang der Datenerfassung voraus, sofern nicht parallel dazu der Neuerscheinungen-Sofortdienst als Magnetband bezogen und ausgewertet wird. Damit ist zugleich die Grenze dieses Dienstes in einem modernen Bibliothekssystem aufgezeigt. Doch dürfen die Dienstleistungen nicht ausschließlich als solche für Großbibliotheken verstanden werden. Die Zahl der kleineren Einrichtungen, für die sich auch in Zukunft keine Automatisierung anbietet, werden auch weiterhin auf diesen zentralen Dienst angewiesen sein, vorerst jedoch wohl auch manche der großen Bibliotheken. Leider gibt es über die Ausnutzung der CIP-Aufnahmen in dem Buch selbst und im Neuerscheinungen-Sofortdienst noch zu wenig konkrete Angaben. Hier wären Erfahrungsberichte wünschenswert.

Neben diese beiden bestehenden Dienstleistungen treten zwei weitere, die die deutschen Bibliotheken dringend erwarten, deren Realisierung in den nächsten Jahren daher in Angriff genommen werden sollte. Die erste ist die Einrichtung eines großen Datenspeichers für Katalogisierungsdaten, den die deutschen Bibliotheken im Dialogverfahren für die Katalogisierung ihrer Neuzugänge nutzen können. Ein derartiger Speicher ist den deutschen Bibliotheken durch das Ohio College Library Center vorgezeichnet und stellt für die Katalogisierung das Gegenstück zum BIBLIO DATA-Speicher als Auskunftsorgan dar[27]. Eine einfache Öffnung des BIBLIO DATA-Speichers auch für die Katalogisierungs-

[26] Dieter Wolf: Cataloguing in Publication: eine neue Form zentraler Dienstleistung an der Deutschen Bibliothek. In: Bibliothek – Buch – Geschichte. Kurt Köster zum 65. Geburtstag. Frankfurt 1977, S. 49–59.

[27] OCLC News Letter No 1 ff. Columbus (Ohio) 1969 ff. Frederick G. Kilgour: New Components in librarianship. In: On-line Library and network systems. Symposium held at Dortmund University March 20–24, 1974. Frankfurt 1977, S. 84–93.

routinen ist aus technischen Gründen nicht möglich. Die dort eingesetzten Standardprogramme gehen von den üblichen Strukturen von Dokumentationssystemen aus, die zwar einen Volltextretrieval, nicht aber eine Änderung der Inhalte des Datenspeichers gestatten. Auch das diesem Speicher zugrunde liegende Datenbankkonzept läßt den Einsatz als Katalogisierungsspeicher nicht zu, da die für die Katalogisierung unbedingt benötigten Erfassungsstrukturen nur zum Teil gespeichert und wiedergegeben werden können. Nach dem heutigen Stand der Datenbankentwicklung schließt eine Datenbank für Dokumentationszwecke ihren Einsatz als Katalogisierungshilfe daher weitgehend aus. Deshalb werden wohl im ersten Schritt zwei verschiedene Datenbanken zu entwickeln sein. Die Realisierung der Datenbank für die Katalogisierung soll eng mit dem Gesamtsystem der Datenverarbeitung, wie sie die Deutsche Forschungsgemeinschaft in ihrem Konzept der Regionalen Bibliotheksrechenzentren entwickelt hat, verbunden werden. Über dieses System wird weiter unten noch einiges zu sagen sein.

Während es bei den on-line-Datenspeichern für die Katalogisierung wesentlich programmtechnische und hard-ware-Probleme sind, die zu einer Lösung anstehen, treten bei der zweiten Dienstleistung, die hier betrachtet werden soll, noch Organisationsprobleme hinzu. Die Deutsche Bibliothek ist im Grundsatz in der Lage, für alle deutschsprachigen Neuerscheinungen normierte Titelaufnahmen zu liefern. Eine ähnliche Normierung wäre sicherlich auch für einen Teil der ausländischen Neuerscheinungen wünschenswert. Hier jedoch entstehen die Fragen, welche Titel prophylaktisch durch eine Zentrale umgestellt werden sollten und welcher intellektuelle und organisatorische Aufwand an eine solche Zentrale zu stellen ist. Da die Deutsche Bibliothek aufgrund gegenseitiger Lieferverträge die Magnetbanddienste der ausländischen Nationalbibliographien erhält, wäre eine Angleichung der wichtigeren Titelaufnahmen an den deutschen Katalogisierungsstandard – das heißt eine Überführung der Titelaufnahme in RAK und eine Umsetzung in das deutsche Austauschformat MAB – durch die Deutsche Bibliothek naheliegend. Es fehlt jedoch bisher an praktischer Erfahrung, um abschließend entscheiden zu können, in welchem Umfang eine solche Umstellung maschinell möglich ist, wie weit intellektueller Aufwand erforderlich wird, der ohne Zuhilfenahme des Buches wirksam werden kann, und in welchen Fällen nur ein Rückgriff auf das Werk zu befriedigenden Umstellungsergebnissen führt. Sollte der letzte Anteil sehr hoch sein, scheint das ganze zentralisierte Umstellungsverfahren schon an der entstehenden Zeitverzögerung zu scheitern. Gewisse formale Prozesse, zum Beispiel das Ersetzen der in fremder Terminologie angesetzten Körperkraft durch die nach RAK normierte, lassen sich anhand der im Aufbau befindlichen gemeinsamen Körperschaftsdatei automatisieren. Daß Verfasserschriften nur wenig Schwierigkeiten bereiten, ergibt sich aus den Erfahrungen des Hochschulbibliothekszentrums des Landes Nordrhein-Westfalen[28]. Jedoch sollten hier weitere praktische Erfahrungen gesammelt werden.

Neben diese Formen konventioneller Dienstleistungen ist in den letzten Jahren die Entwicklung und Bereitstellung von elektronischen Programmsystemen und Maschinenkapazität als neue zentrale Dienstleistung getreten. Gerade diese Form wird in Zukunft wesentlich an Bedeutung gewinnen. Dabei haben sich zwei Systeme herausgebildet, das eine auf eine koordinierte, das andere auf eine kooperative Verarbeitung.

Der Prototyp des ersten Systems ist das von der Arbeitsgemeinschaft Kommunaler Datenverarbeitung entwickelte integrierte Bibliothekssystem, das die Operationen in einem batchmode abwickelt, das jedoch für gewisse Katalogisierungsoperationen um Dialogroutinen erweitert ist[29]. Dieses System baut auf einer einheitlichen Maschinenausstattung der nordrhein-westfälischen Großstädte auf und stellt jeder Stadt die entsprechenden Programmpakate zur Verfügung. Es handelt sich also bei dieser zentralen Dienstleistung um die Entwicklung und Pflege eines Programmsystems, dessen Anwendung durch die einzelnen Bibliotheken unabhängig erfolgt.

Natürlich steht dieses System nicht isoliert da. Seit Jahren gehört es vielmehr zum vertrauten Ritual in der Bundesrepublik Deutschland, individuelle, oft sogar skurrile Lösungen als Pilot-Projekte anzubieten, um für diese Entwicklungen allgemeine Finanzquellen zu erschließen. Außer dem durch die Arbeitsgemeinschaft Kommunaler Datenverarbeitung angebotenen hat keines der bisher entwickelten oder sich in Entwicklung befindlichen Systeme, ob sie nun von Bibliotheken oder von Firmen programmiert werden, bis heute das Etikett verdient, unabhängige Systemlösung zu sein. Man sollte über sie zur Tagesordnung übergehen.

Anders steht es jedoch mit den Ansätzen zu echten Verbundsystemen, die nicht intendieren, abstrakte Modellösungen zu bieten, sondern gemeinsam die Probleme einer bestimmten Gruppe von Bibliotheken zu lösen, wie sie uns im Hochschulbibliothekszentrum für das Land Nordrhein-Westfalen, dem bayeri-

[28] Christine Boßmeyer: Erfahrungen mit MARC-Bändern in der Universitätsbibliothek Bochum. In: The Exchange of bibliographic data and the MARC format. München 1972. S. 143–156.
Siehe auch Rudolf Lais: RAK und AACR: Gemeinsamkeiten, Unterschiede, Annäherungstendenzen. In: Zeitschrift für Bibliothekswesen und Bibliographie. 23. 1976, S. 141–150.

[29] Bernhard Petri: Das Bibliotheksprojekt BASIS der AKD. In: Die Zukunft automatisierter Bibliotheksnetze in der Bundesrepublik Deutschland. München 1977, S. 215–217.
Bochum (Stadt): Bibliothekswesen. In: Beiträge zur automatisierten Datenverarbeitung in der öffentlichen Verwaltung. Nordrhein-Westfalen. Hrsg. v. d. AKD. 1976. (nicht im Buchhandel erschienen), S. 367–405.

schen, Berliner, hessischen oder niedersächsischen Verbund entgegentreten[30]. Bei diesen Dienstleistungen soll im Unterschied zu derjenigen der Arbeitsgemeinschaft Kommunale Datenverarbeitung nicht nur ein soft-ware-System, sondern auch ein hard-ware-System gestellt werden. Mit ihnen geht die erste Periode der elektronischen Datenverarbeitung in den deutschen Bibliotheken zu Ende. Die ursprüngliche Hoffnung, die bibliothekarischen Bedürfnisse könnten durch eigene Rechner oder von den Rechenzentren der Hochschulen befriedigt werden, findet zur Zeit ihre Ablösung in der Konzeption, spezielle Anlagen für die bibliothekarischen Probleme einzurichten und damit die bibliothekarischen Arbeiten auf bestimmten Anlagen zu zentralisieren.

Die letzte Konsequenz dieses Gedankens ist der Plan der Errichtung von regionalen Bibliotheksrechenzentren, den der Bundesminister für Forschung und Technologie zur Zeit mit den Ländern erarbeitet. Mit diesem System wird eine völlig neue Ebene der Dienstleistungen erreicht. Eine Leistung in dieser Form kann nicht mehr, wie etwa zentrale Karteidienste oder CIP-Aufnahmen, jeder Bibliothek freibleibend angeboten werden. Hier entstehen komplizierte wechselseitige Bindungen, die aus einer Gemeinschaft von voneinander im Grundsatz unabhängiger Bibliotheken ein festes bibliothekarisches System machen, in dem für bibliothekarischen Partikularismus nur noch wenig, für benutzerorientierte Lösungen aber genügend Platz ist. Damit ist die dritte Form der bibliothekarischen Kooperation erreicht, diejenige der organisatorischen Zusammenarbeit. Zur Erledigung der Arbeiten auf elektronischen Datenverarbeitungsanlagen ist nämlich ein differenzierteres System lokaler, regionaler und zentraler Intelligenz erforderlich, das sorgfältig aufeinander abgestimmt sein muß. Diese Abstimmung setzt einen genauen Arbeitsteilungsplan voraus, in dem die Aufgaben und Verantwortlichkeiten jeder Ebene festgelegt werden. Dabei sollte die Produktion bibliographischer Daten nur zentral erfolgen, die eigentliche Verarbeitung regional, während lokal eine hinreichende maschinelle Intelligenz für die Erfassung, Ergänzung und Pflege lokaler Daten erforderlich ist. Es wird noch erheblicher Bemühungen bedürfen, diesen Gesamtplan auf nationaler und internationaler Ebene zu entwickeln und schließlich zu realisieren. Mit seinem Abschluß wird jedoch das hundertjährige Bemühen der deutschen Bibliothekare um Kooperation gekrönt werden.

[30] Dieter Oertel: Bibliotheksplanung in den Bundesländern. In: Zeitschrift für Bibliothekswesen und Bibliographie. 20. 1973, S. 84–102.
Jochen Briegleb: Der Stand der Bibliotheksautomatisierung in Deutschland. In: Die Zukunft automatisierter Bibliotheksnetze in der Bundesrepublik Deutschland. München 1977, S. 20–35.

SIEGFRIED SUDHOF

Bibliothekarische Spezialitäten

Ein Einblick in die Sondersammlungen der Stadt- und Universitätsbibliothek Frankfurt a. M.

Eine wissenschaftliche Bibliothek, vornehmlich wenn sie eine längere eigene Geschichte hat, ist zumeist ein kompliziertes Instrument, das nicht immer leicht zu verstehen und zu nutzen ist. Dies dürfte von jeher für eine Bibliothek, die ein bestimmtes Volumen überstieg, gegolten haben. Man denke nur etwa an die Benutzung der alten handgeschriebenen Bandkataloge in Heidelberg oder in Weimar. Anderseits hat die Hilfe einer Bibliothek oder eines findigen Bibliothekars literarhistorischer Arbeit häufig zu wesentlicher Erkenntnis verholfen. Als ein Beispiel sei die Rezension S. A. Jørgensens, Kopenhagen, über Eva D. Beckers Buch ,,Der deutsche Roman um 1780" (Stuttgart 1964) genannt, in der er der Verfasserin noch neun Romane – neben den von ihr ermittelten – aus der Zeit von 1779 – 1781 nachgewiesen hat; acht von ihnen sind in der Königlichen Bibliothek in Kopenhagen vorhanden[1]. – In der Zeit nach dem 2. Weltkrieg ist die Bibliotheksarbeit noch schwieriger geworden. Dies hängt einmal mit der Differenzierung der Wissenschaften zusammen, zum anderen aber auch mit dem großen Anstieg der Buch- und Zeitschriftenproduktion in aller Welt. Der internationale Buchmarkt wurde im Grunde erst seit dieser Zeit zu einem immer wichtiger werdenden Bereich der wissenschaftlichen Bibliothek. – Doch hiervon soll im folgenden nicht berichtet werden. Das Thema ist scheinbar enger, ,,nur" auf die Stadt- und Universitätsbibliothek Frankfurt bezogen; es ist aber durch die Erfahrung literarhistorisch-bibliothekarischer Arbeit bestimmt.

Die Aufgaben einer Hochschulbibliothek liegen in erster Linie im Bereich der Literaturversorgung für den akademischen Unterricht. Die Bibliothek soll aber auch allgemeine und spezielle Forschungsaufgaben ermöglichen. Hierzu ist in der Regel ein Buchbestand notwendig, der die normale Anschaffungsfrequenz übersteigt. Da die Stadt- und Universitätsbibliothek Frankfurt u. a. auch die deutsche Literaturwissenschaft als Hauptsammelgebiet betreut, wird einem Germanisten dort auf dem Gebiet der neueren Literatur das Arbeitsmaterial in nur wünschenswerter Vollständigkeit geboten. Für historische Themen gibt es diesen Vorzug jedoch durchweg nicht; hier bleibt im allgemeinen nur der mühevolle und zeitraubende Weg der eigenen Literaturrecherche, dem sich in vielen Fällen die Bestellung über den sog. ,,auswärtigen Leihverkehr" anschließt.

[1] Modern Language Notes. 83. 1968, S. 492–496.

Manchmal bleibt als ultima ratio nur eine Bibliotheksreise übrig. Erfreuliche Ausnahmen stellen jedoch die Buch- und Zeitschriftenbestände aus den Themenkreisen dar, von denen Sondersammlungen existieren[2]. Die Stadt- und Universiätsbibliothek Frankfurt besitzt glücklicherweise eine ganze Reihe solcher speziellen Sammlungen, die für die deutsche Literaturwissenschaft von besonderem Wert ist.

Es ist wie eine Ironie des Schicksals, daß die Carl v. Rothschild'sche öffentliche Bibliothek in Frankfurt den 2. Weltkrieg unversehrt überstanden hat, während die Bestände der alten Stadtbibliothek größtenteils vernichtet wurden. Durch ihre Eingliederung in die Stadt- und Universitätsbibliothek nach dem Krieg verfügt diese heute dennoch über einen bedeutenden Fundus im Bereich der Literaturwissenschaften. Die ehemals Rothschild'schen Bücher sind durch ein Exlibris erkennbar.

Die Rothschild'sche Bibliothek, erst 1887 gegründet, war in ihrer Anschaffungspolitik relativ frei. Man hatte nur den einen Grundsatz, sich nicht mit den Anschaffungen der übrigen Frankfurter Bibliotheken, vornehmlich mit denen der Senckenbergischen Bibliothek, zu überschneiden: „Und so gelangte man schon aus rein praktischen Erwägungen zu lauter jungen Disziplinen der Geisteswissenschaften, der Kunst- und Musikwissenschaft, der neueren Philologie und Philosophie, der Volkskunde und der vergleichenden Sprachwissenschaft."[3] In dieser Weise hat die Rothschild'sche Bibliothek im geisteswissenschaftlichen Bereich ideell dem Gedanken einer Universitätsbibliothek bereits vorgearbeitet – dies jedoch nicht im damals herkömmlichen Sinne: dem Internationalen und dem Zeitgenössischen wurde hier ein größerer Raum gewährt. Dies wurde für die spätere Stadt- und Universitätsbibliothek Frankfurt, die sich um den Ausbau der vorhandenen Schwerpunkte bemühte, von außerordentlichem Wert. Ohne die Grundlage der reichhaltigen Bestände der Rothschild'schen Bibliothek im Bereich der deutschen Literatur wäre der Neubeginn der Stadt- und Universitätsbibliothek Frankfurt nach dem 2. Weltkrieg noch um vieles schwieriger gewesen, als es ohnehin schon der Fall war. Es kann als sicher gelten, daß ein Teil der geschenkten Titel auf anderem Wege gar nicht mehr hätte beschafft werden können. Die Sammlung expressionistischer Literatur z. B., die vor dem 1. Weltkrieg für keine deutsche wissenschaftliche Bibliothek ein ernsthaftes Interessengebiet darstellte, wurde von den Bibliothekaren der Rothschild'schen Bibliothek, wenn auch nicht vollständig, so doch in einer solch breiten Auswahl ge-

[2] Die Sondersammlungen im Bereich der Bundesrepublik und West-Berlins sind ausgezeichnet nachgewiesen bei W. Gebhardt: Spezialbestände deutscher Bibliotheken. Berlin/New York 1977. Die Nachweise für Bibliotheken in Frankfurt finden sich S. 153–171, für die Stadt- und Universitätsbibliothek Frankfurt S. 153–158.

[3] C. W. Berghoeffer, Die Freiherrlich Carl v. Rothschild'sche öffentliche Bibliothek. Frankfurt a. M. 1913. S. VI.

kauft, daß sie heute eine der besten Spezialsammlungen zu diesem Thema darstellt. Neben der Deutschen Bücherei in Leipzig, der Bibliothek des Deutschen Literaturarchivs in Marbach und der Harvard College Library besitzt die Stadt- und Universiätsbibliothek Frankfurt die umfangreichste Sammlung expressionistischer Zeitschriften – die meisten Blätter ursprünglich aus Rothschild'schem Besitz. Hierzu zählen Kostbarkeiten wie Herwarth Waldens eigenes Exemplar des „Sturm", die ersten vierzehn Jahrgänge der „Aktion" oder auch Herwarth Waldens „Sturm-Bühne". – Dank der Initiative von Paul Raabe und Ulfa von den Steinen wird beim Verlag Kraus Reprint ein großer Teil der „Zeitschriften und Sammlungen des Expressionismus"[4] bald in Faksimileausgaben vorliegen. So wichtig diese Unternehmung auch sein wird, um die Texte wieder allgemeiner zugänglich zu machen, so sehr wird sich gerade an diesem Beispiel zeigen, wie stark Original und Reproduktion voneinander abweichen. Die umfassende wissenschaftliche Arbeit über die expressionistischen Zeitschriften ist noch nicht geleistet worden. Sie wird aus literarischen und künstlerischen Gründen keinesfalls auf die Erstdrucke verzichten dürfen.

Fast selbstverständlich vermutet jeder historisch und literarisch Interessierte in Frankfurt eine Sammlung der Literatur um die erste deutsche Nationalversammlung in der Frankfurter Paulskirche im Jahre 1848. Während das Stadtarchiv in Frankfurt seine kostbare Sammlung zu diesem Ereignis zu einem gut Teil im 2. Weltkrieg verlor, blieb die der Stadt- und Universitätsbibliothek Frankfurt erhalten. Im Mittelpunkt stehen die Bibliothek des Parlaments und die gedruckten Protokollsammlungen der Bundesversammlung und der Landtage der deutschen Länder aus diesem Jahr. In den letzten Jahren hat die Bibliothek ein übriges getan, die internationale Forschungsliteratur zum Thema des ersten deutschen Parlaments möglichst vollständig zu sammeln. – So gut diese Sammlung im einzelnen auch sein mag, hier zeigt sich sehr deutlich, daß die Quellen zu einem solch wichtigen Ereignis erst in einem viel größeren Zusammenhang ein wirkliches Bild der Zeit ergeben. Für das Thema „1848" müssen notwendigerweise die Bestände der Staatsbibliothek Bamberg hinzugenommen werden, speziell die Bibliothek des Freiherrn Emil Marschalk von Ostheim[5]. Allein die in Bamberg vorhandenen Zeitungen und Zeitschriften des fraglichen Zeitraums zeigen, wie reichhaltig hier die Überlieferung ist: im gedruckten Katalog werden über 200 Titel genannt. Aber auch die politische, die historische, die wirtschaftliche und nicht zuletzt die literarische Sammlung in Bamberg werden die Frank-

[4] Es ist (nach einer Äußerung des Verlages) beabsichtigt, die in der mit diesem Titel überschriebene Bibliographie P. Raabes, Stuttgart 1964, genannten Werke sämtlich als Reprint herauszubringen.

[5] Diese Sammlung ist in einem gedruckten Katalog verzeichnet: [H. Fischer:] K. Bibliothek Bamberg. Katalog der Bibliothek des Freiherrn Emil Marschalk von Ostheim. 3 Abteilungen. Bamberg 1911–1912.

furter Bestände wesentlich ergänzen. – Doch hiermit nicht genug: vereinzelt gibt es auch noch an anderen Orten kleinere oder größere Sammlungen zu diesem Thema. In Erlangen etwa haben der Oberstudienrat K. D. Hassler und der Orientalist G. H. A. Ewald Flugschriften zur Nationalversammlung gesammelt und etwa 380 Exemplare zusammengetragen[6]. Es ist noch nicht festgestellt worden, wie weit diese kleine Sammlung nur Dubletten zu den Bamberger und Frankfurter Beständen enthält oder ob diese sogar dadurch ergänzt werden können.

Die Frankfurter Stadtbibliothek ist in ihren Anfängen fast ausschließlich von privaten Stiftern getragen worden. Die Schenkung bestimmter Bestände war zugleich stets eine Art Sondersammlung, die häufig auch geschlossen aufgestellt wurde. F. C. Ebrard, der 1896 eine „Geschichte der Stadtbibliothek"[7] schrieb, hat dementsprechend für jedes Direktorat, auch über die „Vermehrung der Bibliothek" berichtet. Als aufschlußreiches Beispiel mag der Passus über die Zeit des Bibliotheks-Direktors Ph. Chr. Th. Haueisen (1864–1883) gelten. In diese Zeit fällt der Übergang der freien Reichsstadt Frankfurt an Preußen und später die Begründung des Deutschen Reiches. Für die Bibliothek war diese Zeit offensichtlich ein Niedergang, von Ebrard zurückhaltend, für den Kenner aber deutlich genug mit der Währungsumstellung von Gulden auf Mark gekennzeichnet. Die Übernahme der Bibliothek der Bundesversammlung, die in diese Zeit fiel, löste nicht eine etwa zu erwartende Freude aus, im Gefühl einer Frankfurterischen patriotischen Depression scheint die Übernahme eher noch schmerzliche Erinnerungen an die frühere selbständige Zeit ausgelöst zu haben. Ebrard schrieb im einzelnen: „Die Vermehrung der Bibliothek konnte, da der dafür ausgesetzte Betrag von jährlich 3300 fl. bezw. M. 5660 während der ganzen zwanzigjährigen Verwaltung Haueisens nicht erhöht wurde, mit den inzwischen gesteigerten Bedürfnissen des Publikums und der von Jahr zu Jahr steigenden Bücherproduktion nicht mehr gleichen Schritt halten, sodaß das Entstehen von bedauerlichen Lücken unvermeidlich war. Von größeren Geschenken sind aus Haueisens Zeit zunächst zwei werthvolle hebräisch-jüdische Spezialsammlungen zu erwähnen. Die eine mit 868 Nummern erhielt die Bibliothek im Jahre 1861 aus dem Nachlaß von Dr. Isaak Markus Jost, die andere mit 694 Nummern stiftete im Jahr 1867 Justizrath Dr. Salomon Fuld zum Gedächtniß seiner Eltern, Aron Moses Fuld und Schönchen Fuld geb. Schuster († 1862). Außerdem erhielt sie von Friedrich August Ravenstein im Jahr 1879 dessen reichhaltige Sammlung von Schriften über Turnwesen und von Geheimrat Dr. Georg Varrentrapp von 1881 an mehrere größere Schenkungen strafrechtlicher, polizeiwissenschaftlicher und statistischer Litteratur. Eine anderweite bedeu-

[6] Diese Sammlung befindet sich heute im Besitz der Universitätsbibliothek Erlangen.

[7] In: F. C. Ebrard: Die Stadtbibliothek in Frankfurt am Main. Frankfurt a.M. 1896, S. 1–73.

tende Vermehrung ward der Anstalt zu Theil, indem ihr auf Antrag der zur Auseinandersetzung des Eigenthums des vormaligen deutschen Bundes zusammengetretenen Bundes-Liquidationskommission vom 30. Januar 1867 die Bibliothek der Bundesversammlung und der Militärkommission, zusammen etwa 10000 Bände stark, sowie das gesamte ehemalige Bundesarchiv mit Einschluß des Archivs der Nationalversammlung von 1848, der Regierung des Reichsverwesers und der Centralkommission seitens der Regierungen des früheren Bundes zum immerwährenden Eigenthum übergeben wurden."[8]

Ebrard, der Haueisen in der Leitung der Bibliothek nachfolgte, hat es anscheinend verstanden, die Frankfurter Bürgerschaft wieder für die Bibliothek zu gewinnen. Während der ersten zwölf Jahre seiner Amtszeit, hat er eine Reihe von Schenkungen veranlassen können. In der genannten Geschichte der Bibliothek führt er elf namhafte Zuwendungen an:

„1. Von Herrn Baron Hugo v. Bethmann in Paris eine Reihe besonders seltener und werthvoller alter Frankfurter Drucke und namentlich Holzschnittwerke;
2. von Frau Constanze du Fay geb. Lutteroth 620 Bände deutscher, französischer und englischer Litteratur, meist Memoirenwerke;
3. von Frau Schöff Helene Souchay geb. Schmidt († 1888) 1069 Bände juristischen, staatswissenschaftlichen und historischen Inhalts aus dem Nachlaß ihres am 30. Juni 1872 verstorbenen Gatten, des Herrn Schöff Dr. Eduard Franz Souchay;
4. von Herrn Bankier Wilhelm Bonn 325 Bände amerikanischer Jurisprudenz;
5. von Herrn Dr. Victor Andreae († 8. Sept. 1889) dessen 356 Bände starke werthvolle chinesische Spezialbibliothek;
6. von Herrn Stadtverordneten Martin May 1504 Bände, darunter viele Seltenheiten, aus der von seinem am 16. Januar 1891 verstorbenen Schwager Herrn Privatier Adam Späth ererbten Bibliothek litterarischen und kulturhistorischen Inhalts;
7. von den Herrn Freiherrn Justinian und Waldemar v. Günderrode die Bibliothek ihres am 27. Mai 1891 verstorbenen Vaters, des Herrn Kammerherrn Freiherrn Justinian Maximilian v. Günderrode mit 2057 Bänden namentlich deutscher schönwissenschaftlicher und staatsrechtlicher Litteratur;
8. von Frau Johanna Flersheim geb. Gerson († 21. März 1892) 1655 Bände meist ausländischer schöner Litteratur;
9. aus dem Nachlaß des Herrn Privatiers August Ehinger († 7. Sept. 1891) 898 Bände aus allen Wissenschaften;

[8] Ebda. S. 47.

10. von Herrn Privatier Heinrich Schäffer eine aus 1597 Bänden bestehende ganz einzigartige Sammlung kostbarer ägyptologischer und assyriologischer, ferner archäologischer, historischer, geographischer und Reisewerke über fast alle Länder der Erde;
11. von dem am 4. Januar 1894 in London verstorbenen Herrn Privatier Christoph Georg Grießbauer, einem alten Frankfurter, seine gesamte 1971 Bände starke Bibliothek, namentlich geschichtlichen Inhalts, nebst einer Sammlung von tausenden von photographischen Ansichten aus allen Ländern und zeitgenössischen Porträts, einer Münz-, Banknoten- und Briefmarkensammlung."[9]

Einschließlich der nicht besonders genannten kleineren Stiftungen handelte es sich um insgesamt 18.820 Buchbinderbände[10]. Leider haben diese Sammlungen den 2. Weltkrieg nicht unversehrt überstanden. Anderseits konnten einige Spezialsammlungen vergrößert oder erweitert werden. So gelang es 1951, die umfangreiche Wieland-Sammlung des Leipziger Arztes Dr. Gerhard Stumme mit etwa 800 Bänden, zu einem großen Teil Erstausgaben der Werke Wielands und Publikationen aus seinem Umkreis, sowie spätere Wieland-Editionen, für die Stadt- und Universitätsbibliothek Frankfurt anzukaufen. Zu dieser Sammlung gehören auch noch mehrere Kassetten mit Sonderdrucken, die z. T. ebenso bis in Wielands Zeit zurückgehen, und mit Zeitschriften und Zeitungsausschnitten. Diese umfängliche Sammlung harrt noch ihrer wissenschaftlichen Nutzung. – Mit diesem Bestand wurden etwa die Sammlungen um Caroline von Günderode, Heinse oder Goethe wesentlich ergänzt. – Hier muß allerdings auch der 2. Teil der Sammeltätigkeit Stummes noch genannt werden, seine Leidenschaft für Goethes „Faust" und die Faust-Dichtung überhaupt. Diese Sammlung kam leider nicht in die Frankfurter Bibliothek; wenige Jahre vor Stummes Tod wurde sie 1954 von den Nationalen Forschungs- und Gedenkstätten der klassischen deutschen Literatur in Weimar erworben[11].

Zwei Frankfurter Sammlungen sehr gemischten Inhalts haben ihre Hauptbestände aus dem literarischen Leben des 16. und 17. Jahrhunderts: die Flugschriftensammlung Gustav Freytag[12] und die Bibliothek Hirzel[13]. Die Flugschriften-

[9] Ebda. S. 53.

[10] Ebda.

[11] H. Henning; Faust-Bibliographie. Teil 3. Berlin u. Weimar 1976. S. 414–416 (Nr. 4691–4717).

[12] P. Hohenemser: Flugschriftensammlung Gustav Freytag. Frankfurt a. M. 1925. – Der Begriff der „Flugschriftensammlung" ist, vornehmlich für den heutigen Leser, vielleicht irreführend. Die Abteilung IV „Populäre Medizin, Krankheiten, Heilmittel" z. B. enthält etwa 140 Drucke, vornehmlich aus der ersten Hälfte des 16. Jahrhunderts. Die meisten Schriften sind medizinische Lehrbücher, zumeist geringeren Umfangs. Sie enthalten zu einem gut Teil Therapien gegen die Hauptseuche der Zeit, die Pest. Es kommen aber auch Behandlungsmethoden gegen andere Krankheiten vor. Unter den Schriften befindet sich ein umfängliches Lehrbuch der Gynäkologie, ein Druck von Meister Albrants Roßarzneibuch und die Handschrift einer anderen Pferde-Arznei. In dieser Weise

sammlung Gustav Freytag ist ein Geschenk Leopold Sonnemanns (1831–1909), des Begründers der „Frankfurter Zeitung", der sich auch als liberaler Politiker einen Namen gemacht hat. Als nach dem Tode G. Freytags (1895) ausländische Interessenten zur Übernahme der Sammlung bereit waren, kaufte Sonnemann den gesamten Bestand und schenkte ihn der Frankfurter Stadtbibliothek. Hier wurde die Flugschriftensammlung immer als ein besonderes Kleinod angesehen. Die Anordnung G. Freytags – obschon sie nicht ganz konsequent ist – wurde beibehalten. Sie gliedert sich in folgende Abschnitte:

1. Aberglauben, Prophezeiungen, Nativitäten, Kalender
   Nr. 1–365
2. Untaten, Unglücksfälle, Wunderbares
   Nr. 366–587
3. Fahrende und Gehrende, Gauner, Räuber, Juden
   Nr. 588–652
4. Populäre Medizin, Krankheiten, Heilmittel
   Nr. 653–790
5. Geld und Preise
   Nr. 791–822
6. Gesetz, Sitte und Mode
   Nr. 823–1119
7. Feste und Feierlichkeiten
   Nr. 1120–1258
8. Küche und Keller
   Nr. 1259–1285
9. Handwerk, Mechanische Künste, Bergbau
   Nr. 1286–1364
10. Schule, Populärer Unterricht, Reisen, Kriegszucht
    Nr. 1365–1535
11. Zeitungen und politische Neuigkeiten aus Deutschland
    Nr. 1536–1627
12. Zeitungen und politische Neuigkeiten aus der Fremde
    Nr. 1628–1850
13. Staats- und Parteischriften
    Nr. 1851–2150
14. Die Kirche vor der Reformation, Bruderschaften, Jesuiten
    Nr. 2151–2267
15. Luther
    Nr. 2268–2725

repräsentiert die Sammlung weitgehend die praktische Medizin jener Zeit. – Die Drucke stammen hauptsächlich aus Straßburg und Nürnberg, aber auch aus Frankfurt und Breslau u. a.

[13] P. Hohenemser: Verzeichnis der Bibliothek Hirzel. Frankfurt a. M. 1927.

16. Hutten
Nr. 2726–2766
17. Reformatoren und Gegner
Nr. 2767–3870
18. Das Volk in Glauben, Spott, Witz
Nr. 3871–4074
19. Humanisten
Nr. 4075–4203
20. Erasmus
Nr. 4204–4254
21. Lieder und Reime
Nr. 4255–4660
22. Hans Sachs
Nr. 4661–4726
23. Dreißigjähriger Krieg
Nr. 4727–5813
24. Flugschriften aus neuerer Zeit
Nr. 5814–6265.

P. Hohenemser stellte in jahrelanger Arbeit ein Verzeichnis mit genauer Beschreibung der einzelnen Stücke zusammen und versah es mit einem ausführlichen Namen-, Sach- und Stichwort-Register (1925). Auf diese Weise war die Grundlage für eine wissenschaftliche Auswertung gegeben, die allerdings nur zögernd einsetzte. In der NS-Zeit und in den ersten Jahren nach dem 2. Weltkrieg hatte man wenig Sinn für die Interpretation von Karikaturen, Satiren oder Parodien; im besonderen war ein politisches Schrifttum dieser Art nicht gefragt. Hier hat sich in den letzten Jahren jedoch ein Wandel angebahnt. Die Sammlung stellt darüber hinaus ein schier unerschöpfliches Arsenal für die historische, volkskundliche oder germanistische Forschung verschiedenster Themenkreise dar. Nicht zuletzt sollte ein besonderes Gewicht auf die Abbildungen gelegt werden, die den Text jeweils nicht nur interpretieren, sondern in vielen Fällen eine eigene künstlerische Leistung sind, dem Text durchaus adäquat, manchmal sogar überlegen.

Die Bibliothek Hirzel ist ganz anderer Art. Salomon Hirzel (1804–1877), dessen Leipziger Verlag auch durch die Brüder Jacob und Wilhelm Grimm berühmt geworden ist, da diese dort nach ihrer Göttinger Entlassung mit der Bearbeitung des Deutschen Wörterbuchs einen Lebensunterhalt erhielten, sammelte in erster Linie handschriftliche und gedruckte Texte Goethes und seines Umkreises. Diese Sammlung wurde testamentarisch der Universiät Leipzig geschenkt, die sie heute noch vollständig besitzt[14]. Ein anderer Teil der Sammlungen Hirzels umfaßte hauptsächlich literarische Werke des 16. und 17. Jahrhunderts. Diese Sammlung hat die Stadtbibliothek Frankfurt im Jahre 1920 gekauft. P. Hohenemser hat auch von dieser Sammlung ein exaktes Verzeichnis angelegt (1927).

In neuerer Zeit konnte die Büchersammlung des 17. Jahrhunderts durch Mikropie-Editionen wesentlich ergänzt werden. In Mikrofilmen wurden etwa die Barockbibliotheken C. v. Faber du Faurs[15] und – als Ergänzung – H. Jantz'[16] erworben. – Nach diesen Vorgängen versteht es sich fast von selbst, daß die vom in- und ausländischen Buchhandel angebotenen Reprintausgaben barocker Texte vollständig angeschafft wurden. Auf diese Weise besitzt die Stadt- und Universitätsbibliothek Frankfurt heute eine der größten Sammlungen barocker Literatur in der Bundesrepublik.

Genannt werden müssen an dieser Stelle die großen Bestände der Bibliothek an mittelalterlichen und neueren Handschriften, die hier, wie in fast allen größeren Bibliotheken, eine eigene Abteilung bilden. Es ist in diesem Rahmen nicht möglich, etwa die mittelalterlichen Handschriften auch nur summarisch zu beschreiben[17]. Auch die zahlreichen Handschriften und Autographen der späteren Zeit müssen unerwähnt bleiben. Zumindest genannt werden sollen jedoch die umfassenden Nachlässe von Wilhelm Heinse (1746–1803), Ludwig Börne (1786–1837) und Karl Gutzkow (1811–1878), deren wenigstens teilweise Erschließung in Angriff genommen ist[18].

[14] R. Fink: Verzeichnis von Salomon Hirzels Goethe-Sammlung der Universitäts-Bibliothek zu Leipzig. Leipzig 1932.

[15] German Baroque Literature. A catalogue of the collection in the Yale University Library. 2 Bde. New Haven 1958–1963.

[16] German Baroque Literature. A descriptive Catalogue of the Collection of Harold Jantz. 2 Bde. New Haven 1974.

[17] Ein umfassendes Katalogwerk der Inkunabeln und Handschriften wird zur Zeit erarbeitet; erschienen sind bisher: Bd 1: Inkunabelkatalog der Stadt- und Universitätsbibliothek und anderer öffentlicher Sammlungen in Frankfurt, bearbeitet v. K. Ohly u. V. Sack, Frankfurt a.M. 1967. – Bd 2: Die Handschriften der Stadt- und Universitätsbibliothek Frankfurt, beschrieben v. G. Powitz. I. Die Handschriften des Dominikanerklosters und des Leonhardstifts in Frankfurt. Frankfurt a.M. 1968; II. Die Handschriften des Bartholomäusstifts und des Karmeliterklosters in Frankfurt. Frankfurt a.M. 1974.

[18] Unter der Leitung von M. L. Baeumer wird eine neue kritische Ausgabe der Werke und Briefe Heinses vorbereitet. – Vgl. auch P. Bürgel: Die Briefe des frühen Gutzkow 1830–1848. Pathographie einer Epoche. Diss. Frankfurt. Bern u. Frankfurt 1975. – In diesem Zusammenhang soll die Theaterabteilung wenigstens erwähnt werden, in der deutsche Bühnenmanuskripte, Regie- und Rollenbücher, Texte von Hör- und Fernsehspielen und schließlich Programmhefte und Theaterzettel möglichst vollständig gesammelt werden. Dieses (von der Deutschen Forschungsgemeinschaft betreute) Sondersammelgebiet hat seinen Ursprung in der Sammlung F. N. Manskopfs (1869–1928), der im ausgehenden 19. und beginnenden 20. Jahrhundert (als Nichtfachmann) eine berühmte musik- und theatergeschichtliche Sammlung angelegt hatte.

Ein zukünftiges Arbeitsgebiet historischer Forschung, besonders im Bereich der Literaturwissenschaft und der Philosophie, stellt die Auswertung der Gelehrtennachlässe dar. Dieses umfängliche Material ist für lange Zeit fast völlig unbeachtet geblieben. Wissenschaftlicher Erarbeitung „würdig" galten im allgemeinen nur die bereits lange Zeit zurückliegenden Vorgänge. Das Werk von Gelehrten wurde nur genannt, wenn es bereits durch die Geschichte bestätigt war. Dies war z. B. bei den Brüdern Grimm und ihren Freunden der Fall. Doch nicht immer brauchte die Patina des Historischen abgewartet zu werden. Goethe etwa gab 1805 Teile der Briefe Winckelmanns heraus[19]. In seiner Zeitschrift „Ueber Kunst und Alterthum" besprach er die Edition von „Solgers nachgelassenen Schriften und Briefwechsel"[20]. – Offensichtlich hat sich in letzter Zeit hier – glücklicherweise – eine Wende angebahnt, wie die bereits erschienenen oder geplanten Werk- und Briefausgaben Wilhelm Diltheys, Max Webers, Hermann Cohens oder Martin Bubers zeigen. Um so wichtiger ist es, die Nachlässe von Gelehrten vor der Vernichtung oder Zerstreuung zu bewahren. Für diesen Sektor kann die Stadt- und Universitätsbibliothek Frankfurt auf eine positive Tradition verweisen. Seit langem bewahrt sie den Nachlaß Johann Friedrich Böhmers (1795–1863), des ersten Herausgebers der Regesta imperii, eines der berühmten Direktoren der Frankfurter Bibliothek, auf. Von 1863 an sammelte sie den Nachlaß Arthur Schopenhauers (1788–1860). In einer eigenen Arbeitsstelle, dem Schopenhauer-Archiv, wird der Nachlaß fachmännisch betreut, seit vielen Jahren durch Arthur Hübscher. Mit dem Archiv ist eine Spezialbibliothek verbunden, die einen großen Teil von Schopenhauers eigenen Büchern enthält und etwa 1500 Bände späterer Editionen seines Werkes und der sekundären Literatur.

In neuerer Zeit gilt die Bemühung der Stadt- und Universitätsbibliothek der Sammlung und Bewahrung der Nachlässe der Träger der sog. „Frankfurter Schule" im Umkreis des Frankfurter Instituts für Sozialforschung. Sie selbst, lieber Herr Köttelwesch, haben hier eine Ihrer vordringlichen Aufgaben gesehen. Die Nachlässe Max Horkheimers (1895–1973) und Friedrich Pollocks (1894–1970) sind bereits in Händen der Bibliothek. Der Nachlaß Horkheimers umfaßt einen Buchbestand von etwa 13.000 Bänden und ein umfängliches Archiv mit den Dokumenten der wissenschaftlichen Arbeit und großen Teilen der Korrespondenz. Die wissenschaftlichen und literarischen, nicht zuletzt die menschlich-freundschaftlichen Kontakte Horkheimers gingen weit über die Fachgebiete der Philosophie und Soziologie hinaus. Als ein Beispiel darf hier – mit Genehmigung von Frau Katja Mann – ein Brief Thomas Manns veröffentlicht werden:

[19] Winkelmann und sein Jahrhundert. In Briefen u. Aufsätzen. Tübingen 1805.
[20] Solger ist 1819 gestorben, Goethes Besprechung erschien 1823.

„Thomas Mann

1550 San Remo Drive
Pacific Palisades, California
30. Sept. 45

Lieber Professor Horkheimer,

ich möchte nicht, dass Sie glauben, unser Freund Adorno habe seine Sendung, mir das Gewissen zu schärfen wegen eines Beitrags für jene jüdische Zeitschrift irgendwie lässig und ungenügend erfüllt, sodass es an ihm im Geringsten läge, wenn ich versage. Als er neulich bei uns war und uns aus der Ihnen gewidmeten erstaunlichen Aphorismen-Sammlung vorlas (ich lese das Manuskript jetzt in Ruhe) hat er wirklich alles aufgeboten und das Menschenmögliche geleistet, um mich für die Sache in Bewegung zu setzen. Er ging bis zu produktiven Vorschlägen und Anregungen. Aber was ist denn mit mir anzufangen! Ich war immer ein unbrauchbarer ‚Mitarbeiter', so ungern ich es fehlen lasse und die Leute vor den Kopf stoße. Sie machen sich keine Vorstellung von meiner geistigen Schwerfälligkeit, von meinen Hemmungen angesichts von aussen gestellter Aufgaben, der Wut und Verzweiflung, in der ich tagelang umhergehe, wenn ich mich aus der Arbeit, die ich für die mir eigentlich obliegende halte, in eine andere habe stossen lassen. Bis ich meinen Kopf dafür gewinne, dafür erwärme, das kostet Wochen, und dass ich in diesem Falle garnicht weiss, was ich von ihm verlangen soll, ist selbst schon das Zeichen äusserster Widerspenstigkeit.

Ich habe mich ja, sehr spät, noch einmal auf einen grossen Roman eingelassen – natürlich kannte ich seine Gefahren nicht, als ich ihn 1943 anfing, und wusste nicht, dass er une mer à boire ist und ein Becken, das alles Mögliche aufnehmen will, Deutschland, die Epoche, die Kunst, alles. Obgleich ich durch nicht abzuweisende Aussenpflichten immer wieder ausgiebig darin unterbrochen wurde, habe ich es auf 500 Blatt damit gebracht, was in Gottes Namen zwei Drittel des Wälzers darstellen mag. Garzu gern möchte ich bis zum Frühjahr damit zu Rande kommen, weil an diesem Horizont Reise-Abenteuer sich unbestimmt abzeichnen. Oft zweifle ich, ob es möglich sein wird. Jedenfalls sind Ungestörtheit, Konzentration, Gedankenfreiheit dafür alles, was ich vom Himmel erflehe – und was natürlich nie völlig gewährt werden kann, denn einzelne Tage sind immer der ‚Welt' zu opfern, selbst von der blossen Korrespondenz wird, besonders seit Europa wieder offen ist, mancher gefordert, und ich bin öfters versucht, mich mit Luther ‚überladen, übermengt, überfallen mit Sachen' zu nennen – es ist ein ausdrucksvoller Seufzer, und im Kleinen weiss ich, wie es tut, wenn viele etwas von einem wollen. – Gut, also Tage. Aber Wochen jetzt – und Wochen würden es sein – an einen mir in der Seele fremden Artikel zu wenden, davor muss ich mich, wenn es der Himmel nicht tut, selbst bewahren.

Ich wollte also zweierlei: Adorno ein glänzendes Zeugnis ausstellen für die Erfüllung seines Auftrags und mich recht herzlich bei Ihnen und den Herren der Zeitschrift entschuldigen, mit der Bitte, nicht an Ungefälligkeit zu glauben, sondern an der Nachsicht bedürftige Unzulänglichkeit.

Ihr ergebener
Thomas Mann."[21]

[21] Ein persönlicher Kontakt zwischen Thomas Mann und Max Horkheimer konnte aus den bisher erschienenen Briefen sowie aus der „Entstehung des Doktor Faustus" bereits erschlossen werden. Horkheimer und seine Gattin waren Zeugen, als Katja und Thomas Mann die amerikanische Staatsbürgerschaft erwarben. Bei einem anschließenden „kräftigen amerikanischen Mahl, pancakes with maple-syrup, and coffee" soll Horkheimer erzählt haben, daß „man ihn auf Ehre und Gewissen gefragt habe", ob Thomas Mann „ein desirable citisen sei". Er habe geantwortet „You bet!" (aus einem Brief Thomas Manns an A. E. Meyer vom 7. Januar 1944; in: Thomas Mann, Briefe 1937–1947, Frankfurt a. M. 1963, S. 346). Diese Szene wird von Katia Mann ähnlich erzählt: Meine ungeschriebenen Memoiren, Frankfurt a. M. 1974, S. 131. – An späterer Stelle (S. 149) sagt sie, daß Horkheimer – nach Ansicht Adornos – „tief verletzt sein" würde, wenn er erführe, daß er in der „Entstehung des Doktor Faustus" nicht erwähnt sei. Die evtl. drohende Kontroverse wurde höchst merkwürdig beigelegt. – Horkheimer hat später in Frankfurt gern von seinen Spaziergängen mit Th. Mann erzählt.
Der Brief zeigt in der Anlage bereits die Wertschätzung Th. Manns für Horkheimer: der Brief ist sorgfältig und gut lesbar geschrieben. Der Aufbau ist überlegt, ganz dem Anliegen Horkheimers gewidmet.
Die erwähnte „jüdische Zeitschrift" läßt sich nicht genau ermitteln. Horkheimer hat zu diesem Zeitpunkt keine eigene Zeitschrift herausgegeben. Wahrscheinlich handelte es sich aber um die Monatsschrift „Commentary" mit dem Untertitel „A Jewish Review". Sie wurde (als Nachfolgeorgan der Zeitschrift „Contemporary Jewish Record") ab November 1945 vom American Jewish Committee herausgegeben, dem Horkheimer von 1944 bis 1947 als Chief Research Consultant angehörte. Auf diese Zeitschrift machte mich Herr Direktor Dr. Fred Grubel, Leo Baeck Institute New York, in einem Brief vom 23. März 1978 aufmerksam. – Horkheimer hat in „Commentary" selbst nicht publiziert. – Th. Mann fand sich später allerdings bereit, die Bitte um Einlieferung einer Arbeit zu erfüllen; im 5. Bd, 1948, veröffentliche er in zwei Folgen seinen Essay „Nietzsche in the Light of Modern Experience" (S. 17–26 und 149–156; deutscher Titel: „Nietzsches Philosophie im Lichte der Erfahrung." Diese Arbeit hatte Thomas Mann im Juni 1947 auf dem PEN-Kongreß in Zürich vorgetragen. Sie erschien zunächst in der Stockholmer „Neuen Rundschau" (58, 1947, S. 359–389), aber auch selbständig. Eine englische Fassung wurde erstmals von der Library of Congress in Washington 1947 gedruckt; Thomas Mann hatte den Vortrag dort am 29. April 1947 in englischer Sprache gehalten. – Über Horkheimers Anfragebrief oder über die Antwort enthält das Tagebuch Th. Manns keinen Eintrag. – Den Nachweis dieser Daten verdanke ich Herrn Peter de Mendelssohn in ausführlichen brieflichen Mitteilungen vom 29. März und 5. April 1978. – Zu erwähnen ist noch, daß die Zeitschrift „Commentary" im 7. Bd. (S. 348–357) Ernst von Kahlers ausführlichen Artikel über „Doktor Faustus" veröffentlichte.
Die Besuche Adornos bei Th. Mann stehen in engem Zusammenhang mit der Arbeit an „Doktor Faustus". Ein Zeugnis dieser Zusammenarbeit ist Th. Manns Brief an Adorno vom 30. Dezember 1945 (Th. Mann, Briefe 1937–1947, Frankfurt a. M. 1963, S. 469–472). – Am 8. November 1947 teilte Th. Mann Adorno mit, daß die „Neue Zürcher Zeitung" „ein Gespräch über das Buch [Doktor Faustus] mit einem Musiker" angekündigt habe. Merkwürdig ist die von Th. Mann formulierte gemeinsame Erwartung: „Seien wir neugierig!". In der „Entstehung des Doktor Faustus" kommt Adorno mehrfach vor. Hier ist jedoch bereits eine gewisse Reserve Th. Manns gegenüber Adorno spürbar. – Bei der genannten „Aphorismen-Sammlung" handelt es sich um die „Minima moralia",

In anderen Sammlungen könnten gewiß ähnlich wichtige und kostbare Dokumente aufgefunden werden. Das Ergebnis sollte sein, die Sammeltätigkeit auch in den Sonderbereichen in Zukunft fortzusetzen, vielleicht sogar zu verstärken.

die indes erst 1951 erschienen; die Widmung an Horkheimer: „Für Max als Dank und Versprechen".

Der „große Roman" ist, wie angedeutet, „Doktor Faustus", an dem Th. Mann zu dieser Zeit schrieb. Die Angabe, „es auf 500 Blatt damit gebracht" zu haben, ist nicht ganz wörtlich zu verstehen. Dem Thomas-Mann-Archiv in Zürich verdanke ich die Auskunft, daß es sich bei Blatt 500 um das 29. Kapitel handelt, genau um das Ende des 10. Abschnitts („... Es war eine [Bl. 501] Ironie...").

Thomas Mann hat im April/Mai 1946 eine Reise nach Chicago gemacht, um sich in Billings Hospital einer Lungenoperation zu unterziehen. Auf diese Reise dürfte hier schwerlich angespielt sein. Über die Krankheit wird in der „Entstehung des Doktor Faustus" ausführlich berichtet (S. 143–163).

Das Wort „Gedankenfreiheit" wird hier in ganz natürlichem Sinn gebraucht: die Gedanken ganz dem Werk widmen zu können; d. h. nicht abgelenkt zu sein.

Das Luther-Zitat stammt aus einem Brief Luthers an den Mansfeldischen Kanzler Kaspar Müller, vom 19. Januar 1536. Im einzelnen heißt es dort: „Lasset Euch meine Weise gefallen (wie Ihr sie wisset); denn ich bin doch so gar hart und grob, groß, grau, grün, uberladen, ubermengt, uberfallen mit Sachen, das ich muß zur Rettung des armen cadaveris zuweilen solch Lustfreudlein von einem Zaun brechen." (Weimarer Ausgabe, Briefwechsel, Bd 7, 1937, S. 350.) Den Nachweis des Zitats verdanke ich Herrn Prof. R. Stupperich, Münster/Westf. – Thomas Mann benutzte dieses Zitat bereits im „Doktor Faustus" und zwar im 16. Kapitel, im Brief Adrian Leverkühns: „Bin also fleißig, zelo virtutis, ja fast überladen und übermengt mit Sachen..." (zu Beginn des 5. Abschnitts dieses Briefes). Diese Angabe verdanke ich dem Thomas-Mann-Archiv in Zürich.

THOMAS MANN

1550 SAN REMO DRIVE
PACIFIC PALISADES, CALIFORNIA

30. Sept. 45

Lieber Professor Horkheimer,

ich möchte nicht, dass Sie glauben, unser Freund Adorno habe seine Sendung, mir das Gewissen zu schärfen wegen eines Beitrags für jene jüdische Zeitschrift irgendwie lässig und ungenügend erfüllt, sodass es an ihm im Geringsten läge, wenn ich versage. Als er neulich bei uns war und uns aus der Ihnen gewidmeten erstaunlichen Aphorismen-Sammlung vorlas (ich lese das Manuskript jetzt in Ruhe), hat er wirklich alles aufgeboten und das Menschenmögliche geleistet, um mich für die Sache in Bewegung zu setzen. Er ging bis zu produktiven Vorschlägen und Anregungen. Aber was ist denn mit mir anzufangen! Ich war immer ein unbrauchbarer „Mitar-

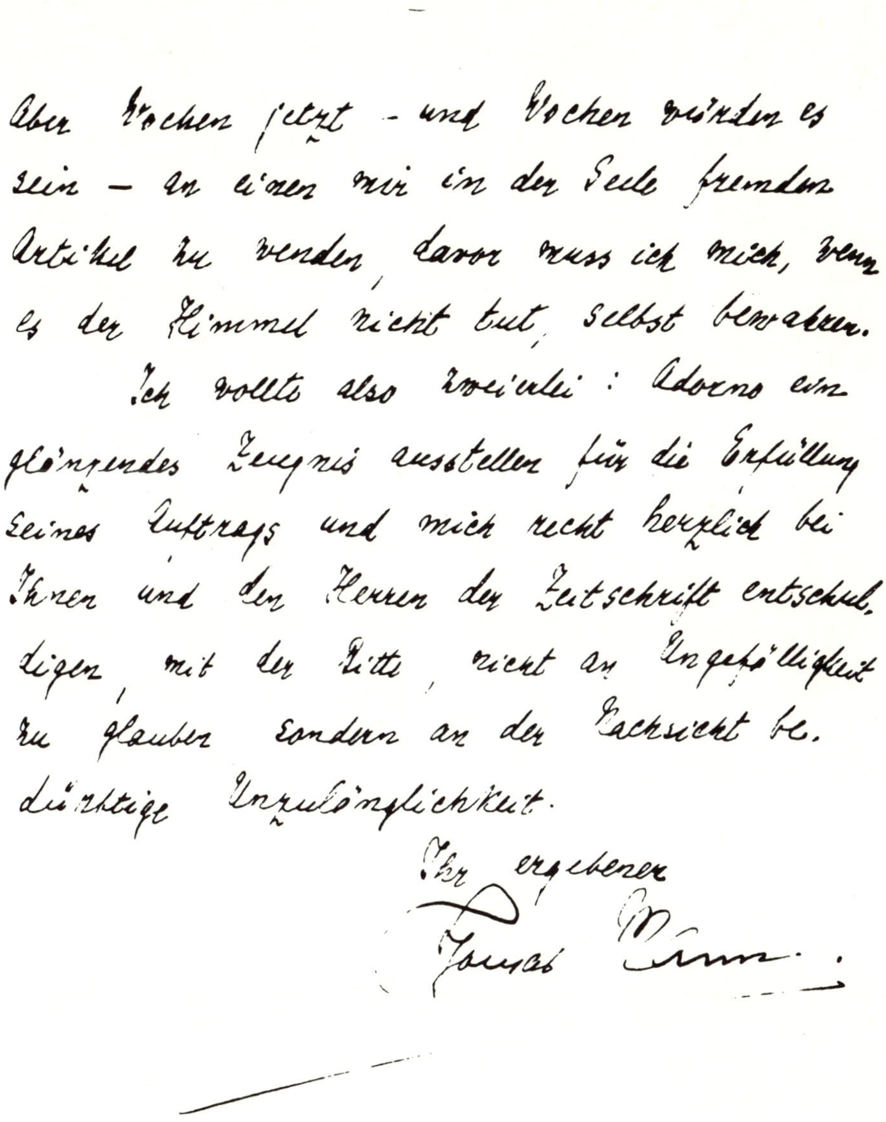
Aber Wochen jetzt – und Wochen würden es sein – an einen mir in der Seele fremden Artikel zu wenden, davor muss ich mich, wenn es der Himmel nicht tut, selbst bewahren.

Ich wollte also zweierlei: Adorno ein glänzendes Zeugnis ausstellen für die Erfüllung seines Auftrags und mich recht herzlich bei Ihnen und den Herren der Zeitschrift entschuldigen, mit der Bitte, nicht an Ungefälligkeit zu glauben sondern an der Nachsicht bedürftige Unzulänglichkeit.

Ihr ergebener

Thomas Mann.

Auszug aus dem Brief von Thomas Mann an Max Horkheimer

Bildanhang

Foto Seitz-Gray

Clemens Köttelwesch

Foto G. Dittmann

Die Stadt- und Universitätsbibliothek Frankfurt von Südosten

Das Informationszentrum 1977

Die Speicherbibliothek Fechenheim

Fotos G. Dittmann

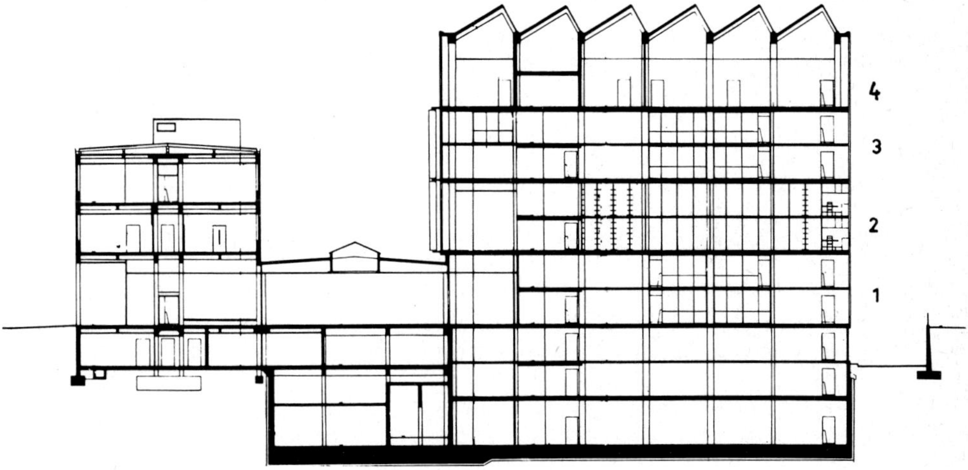

Schnitt

1 Erdgeschoß
2 1. Obergeschoß
3 2. Obergeschoß
4 3. Obergeschoß

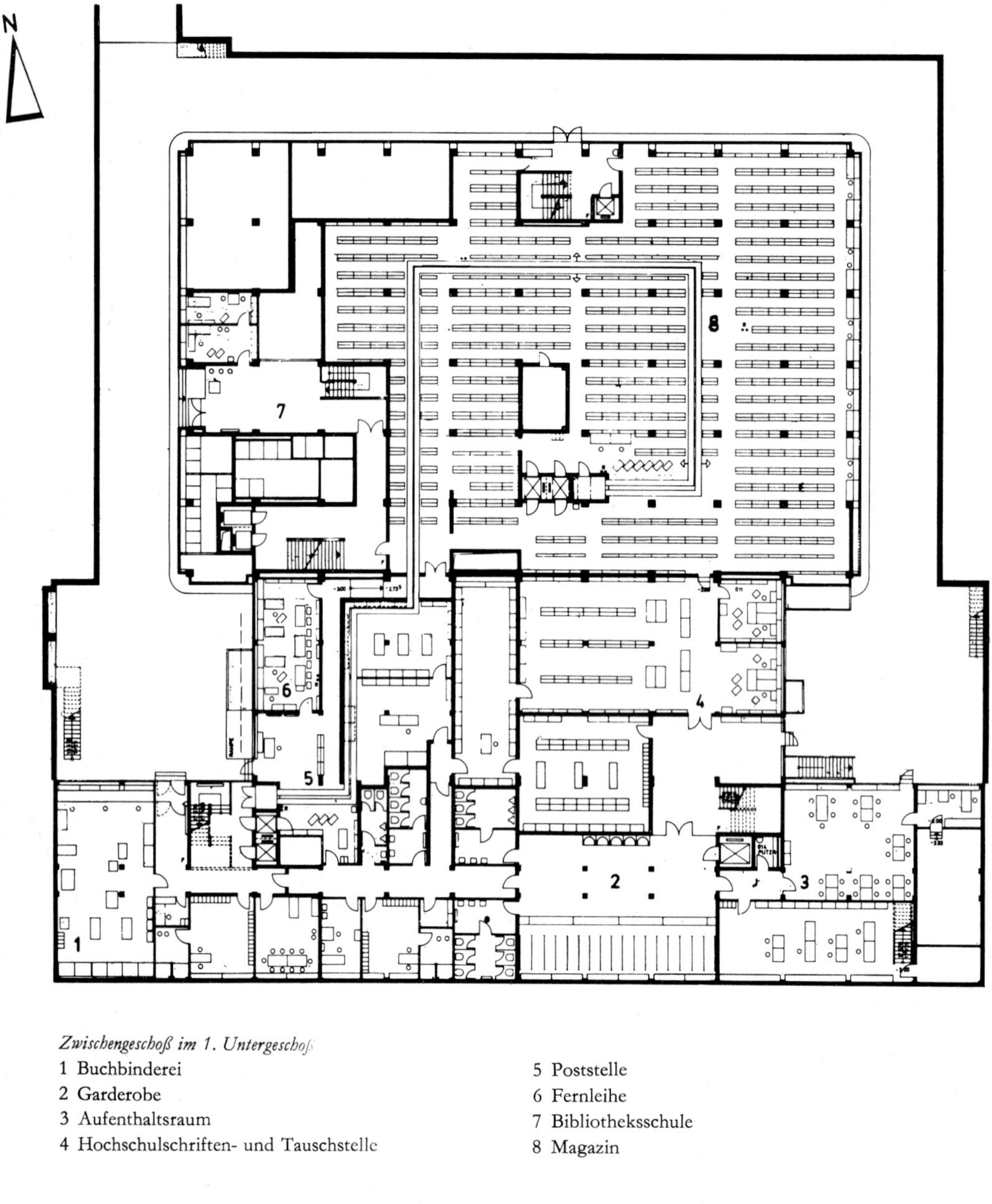

Zwischengeschoß im 1. Untergeschoß

1 Buchbinderei
2 Garderobe
3 Aufenthaltsraum
4 Hochschulschriften- und Tauschstelle
5 Poststelle
6 Fernleihe
7 Bibliotheksschule
8 Magazin

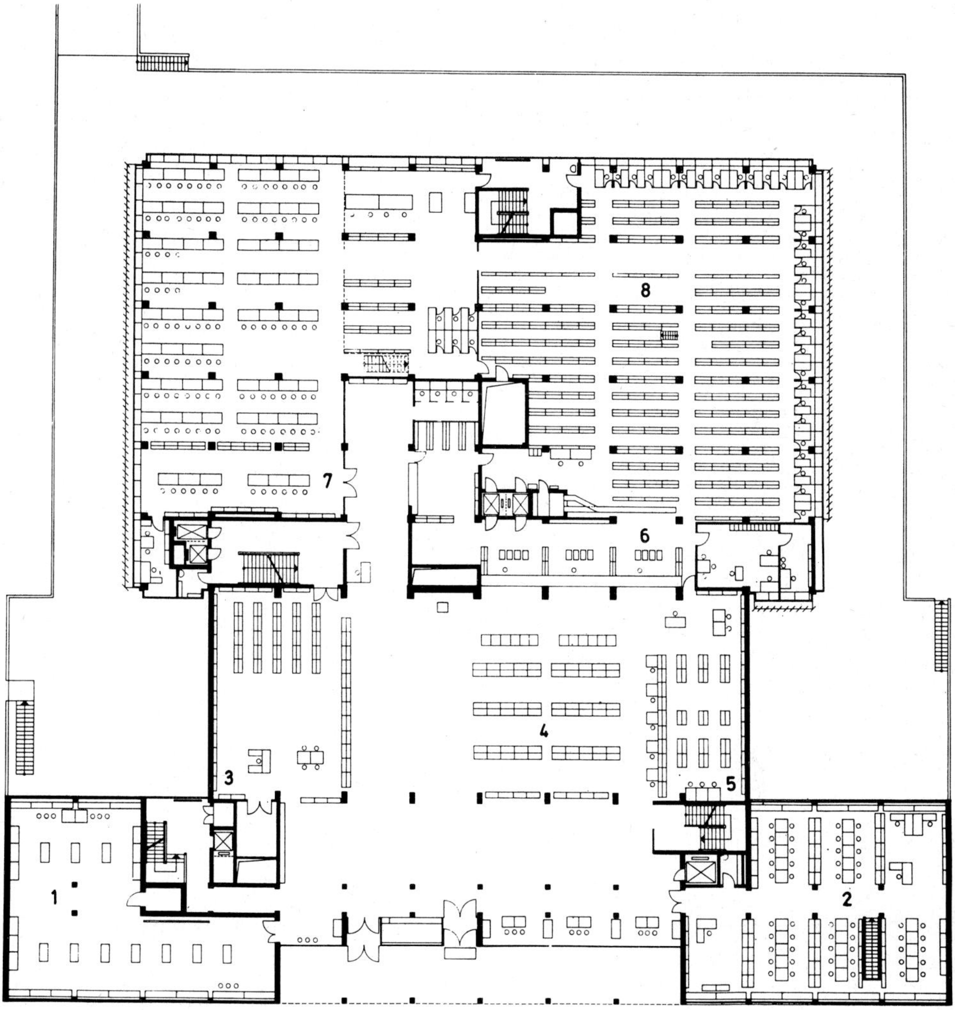

Erdgeschoß

1 Ausstellungsraum
2 Sachkataloge
3 Lehrbuchsammlung
4 Alphabetischer Benutzerkatalog
5 Allgemeine Bibliographien
6 Ausleihe
7 Lesesaal für Geisteswissenschaften
8 Handmagazin

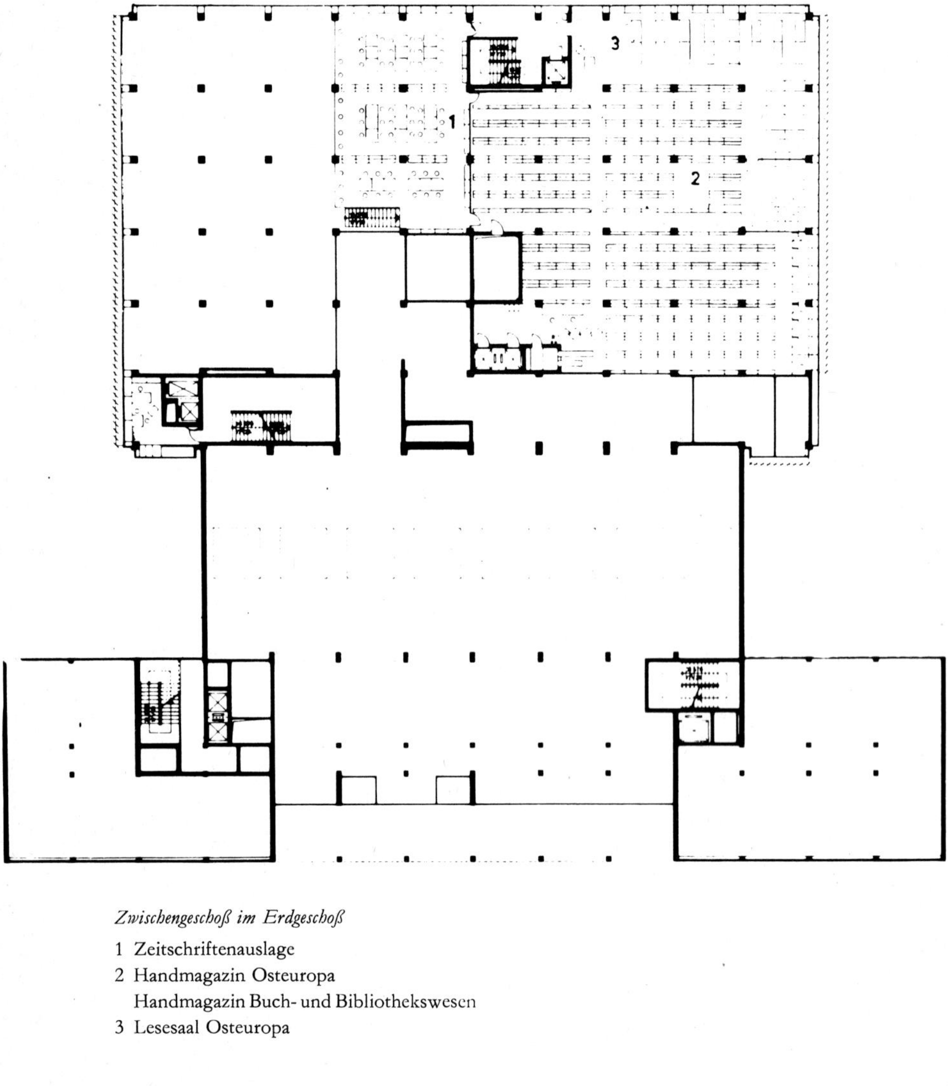

Zwischengeschoß im Erdgeschoß

1 Zeitschriftenauslage
2 Handmagazin Osteuropa
Handmagazin Buch- und Bibliothekswesen
3 Lesesaal Osteuropa

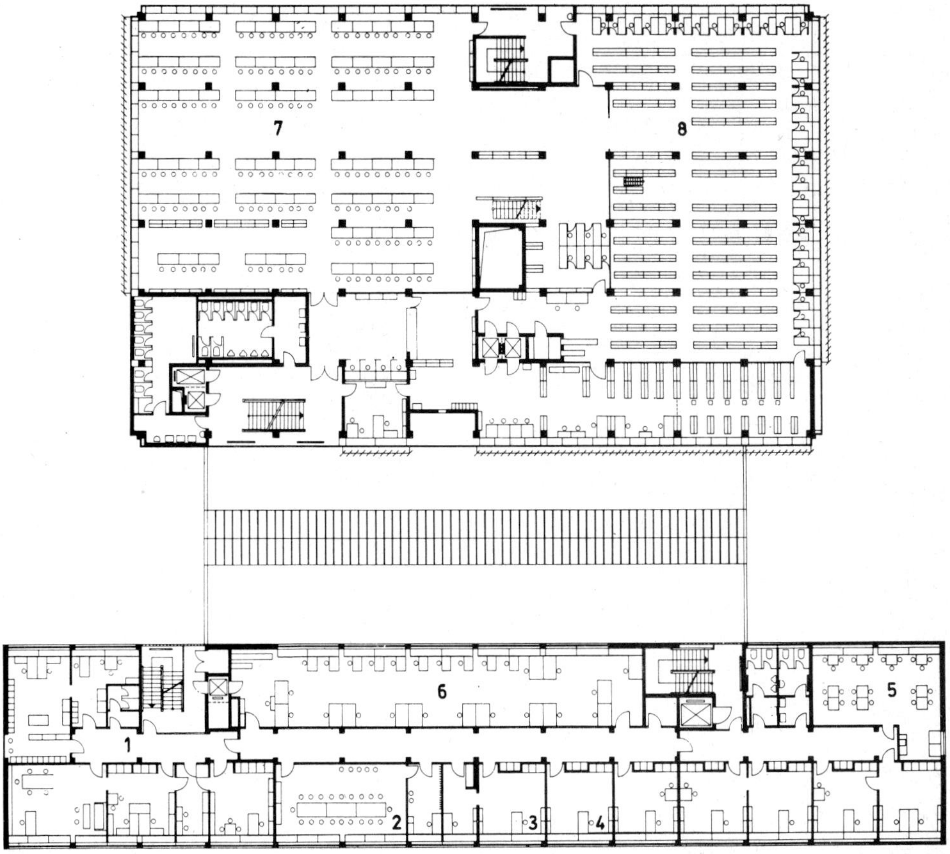

1. *Obergeschoß*

1 Direktion und Verwaltung
2 Sitzungszimmer
3 Leiter der Senckenbergischen Bibliothek
4 Beamtenzimmer
5 Personalaufenthaltsraum
6 Hessischer Zentralkatalog
7 Lesesaal Rechts-, Wirtschafts- und Sozialwissenschaften
8 Handmagazin

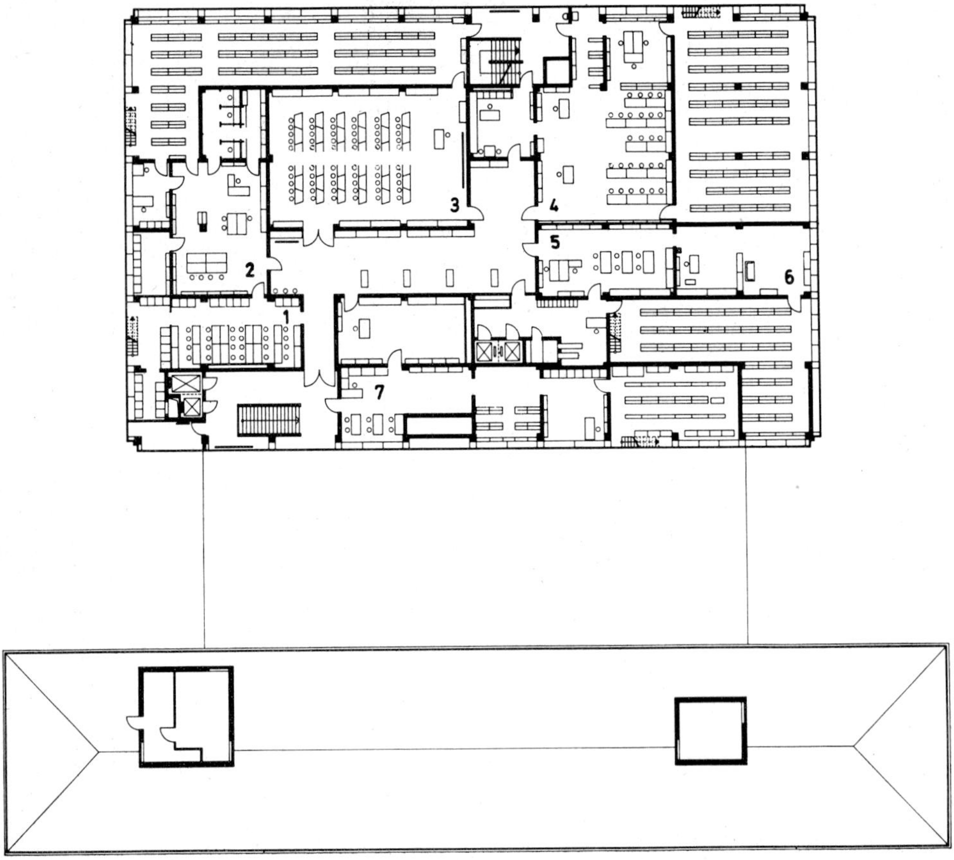

3. Obergeschoß

1 Mikrofilm- und Kartenleseraum
2 Musik- und Theaterabteilung
3 Vortragsraum
4 Orientabteilung
5 Abteilung Frankfurt am Main
6 Schopenhauerzimmer
7 Handschriftenabteilung

Maßstab 1 : 500